모든 존재는 연착한다

모든 존재는 연착(延着)한다

도착하지 않은 시간 속에 머무는 법

윤용진 지음

솔과학

머리말

이 책은 내가 젊은 시절부터 품어온 한 가지 의문에서 시작되었다. 광고 회사에서 일하며 몇 일 밤낮으로 머리를 쥐어짜도 떠오르지 않던 아이디어가, 마감 직전에야 비로소 명확하게 정리되는 경험을 여러 번 했다. 아이디어는 책상 앞에서 바로 만들어지는 것이 아니었다. 보이지 않는 곳에서 서서히 무르익다가, 때가 되면 '문득' 모습을 드러내는 것이었다.

그 후로 나는 아이디어를 내거나 컨셉을 잡을 때 조급함이 많이 사라졌다. 어차피 쉬지 않고 노력하다 보면 좋은 생각이 정리되어 나올 거라는 믿음이 생겼기 때문이다. 이 경험은 나에게 지연(遲延)의 미학을 처음으로 일깨워주었다. 배움의 모든 과정 또한 마찬가지다. 즉각적인 성과를 기대하기보다 지연의 시간을 기꺼이 견뎌내는 힘이야말로 진정한 실력으로 이어진다. 이 깨달음은 내 삶의 모든 현상을 새롭게 바라보는 긴 여정의 출발점이 되었다.

이후 양자역학을 탐구하면서 이 통찰과 다시 마주했다. 입자와 파동이 관측되기 전까지 중첩 상태로 존재하듯, 우리의 노력과 그 결과 또한 단절된 것이 아니라 하나의 장(場) 속에서 긴밀하게 연결되어 있었다. 겉으로는 멈춰 있는 듯 보이지만, 보이지 않는 곳에서는 끊임없이 변화와 축적이 일어나고 있었던 것이다. 그리고 그 잠재적 가능성은 '관측'이라는 사건이 일어나는 순간, 하나의 형태로 수렴했다.

나는 이러한 연착(延着)의 질서가 비단 인간의 노력에만 국한되지 않는다는 것을 깨달았다. 자연은 우리에게 가장 위대한 연착의 교훈을 준다. 마치 대나무가 땅속에서 5년 동안 뿌리만 내리다가 6년째부터 하루 1미터씩 자라나듯, 우리의 노력 또한 보이지 않는 곳에서 성장의 기틀을 다지고 있었던 것이다. 수 년의 시간을 거쳐 조개 안에서 진주가 만들어지듯, 오랜 인고의 시간을 견뎌낸 후에야 비로소 눈부신 결실이 탄생한다.

이와는 달리 현대 사회는 기다림을 받아들이는 데 점점 서툴러지고 있다. 속도와 효율이 곧 미덕이 된 세상에서, 과정의 무게와 깊이보다는 즉각적인 성과가 더 큰 가치를 지니는 듯 보인다. 소셜 미디어는 실패와 좌절의 흔적을 지워버리고, 단 한 순간의 화려한 장면만을 확대해 보여준다. 알고리즘은 우리에게 기다릴 틈조차 주지 않은 채, 끊임없이 새로운 자극과 만족을 던져준다. 그 속에서 기다림은 능력 부족으로, 지연은 실패로 여겨지며, 우리의 마음은 스스로 조급함을 재촉하게 된다.

실제로 주위를 둘러보면 이 지연의 시간을 버티지 못하는 사람들이 많다. "세상은 내 노력을 알아주지 않아", "노력한 만큼 결과가 돌아오지 않는 불공평한 세상이야"라고 한탄하며, 지연을 견뎌낸 연착의 결실을 이해하지 못하고 스스로를 조급함에 옥죄고 있었다. 큰 성공일수록 오래 기다리는 사람에게 찾아오는 법이다. 위대한 결실을 보기까지는 인고의 시간을 견디는 지혜가 반드시 필요하다. 이 기다림은 단순한 멈춤이 아니라, 더 높이 도약하기 위해 힘을 응축하는 필연의 과정이다.

나는 그들에게 전하고 싶었다. 보이지 않는 곳에서 차곡차곡 쌓이는 노력의 가치, 그리고 언젠가 반드시 '연착'하여 도착할 결실에 대한 신뢰를. 그것이 바로 이 책을 쓰게 된 가장 큰 이유다. 이 책은 연착에 관한 깨달음의 기록이다. 독자 여러분이 과학, 자연, 사회, 철학 속 다양한 현상에서 '연착'이라는 시간의 언어를 읽어내고, 즉각적인 성취가 찾아오지 않는 현실 앞에서 좌절하기보다 모든 지연이 만들어내는 조화로운 울림을 들을 수 있기를 소망한다. 부디 이 책이 여러분 마음에 평화와 신뢰를 심어주어, 연착될 미래를 불안해하지 않고 충만한 현재를 살아갈 용기가 되기를 바란다.

歇和 윤용진

차례

머리말 · 5

프롤로그 · 15
실시간이라는 착각, 그리고 불현듯 연착하는 존재

1부

지연의 끝에서 존재는 도약한다 · 19

1장.	연착하는 빛과 '닐스 보어'의 도약	23
2장.	지금처럼 보이는 모든 것은 조금 전이다	28
3장.	'지금'은 없다 – 실시간은 착각이다	31
4장.	후설 – 인식은 항상 '조금 늦은' 구조이다	35
5장.	천둥은 번개보다 늦게 들린다 – 감각의 비동기성	38

2부

존재의 늦은 도착 – 시간과 현전의 본질 · 41

1장.	존재는 왜 즉시 오지 않는가 – 시간과 현전의 구조	45
2장.	존재는 항상 늦게 도착한다	48
3장.	하이데거 – 존재는 항상 지연된 채 나타난다	51
4장.	베르그송 – 시간은 흐름이 아니라 누적이다	54
5장.	인간 생명의 '연착' – 엄마 뱃속 10달의 지연	57

3부

마음의 시차 – 감정의 비동시성 • 61

1장.	사랑은 동시에 오지 않는다 – 감정의 비동시성	64
2장.	카톡 답장이 늦는 이유 – 감정의 딜레이	67
3장.	감정은 천천히 따라온다 – 마음이 늦게 움직이는 이유	70
4장.	화는 즉시 터지지만, 용서는 늦게 온다 – 마음의 회복력에 대한 고찰	73
5장.	실연은 끝나고 나서 아프다 – 감정의 시차	76

4부

연착 감수성의 확장
– 삶의 모든 영역에서 기다림의 지혜 • 79

1장.	교육의 연착 – 성장은 기다려야 한다	83
2장.	예술의 연착 – 영감과 숙성의 시간	87
3장.	역주행 신화와 슬리퍼 히트 – 대중의 지연된 감응	91
4장.	어느 날 갑자기 스타가 되다 – 보이지 않는 노력의 연착	98
5장.	건강의 연착 – 치유와 회복의 더딘 과정	102
6장.	부엌의 연착학 – 맛은 어떻게 지연되어 완성되는가	106
7장.	사회 변화의 연착 – 정의를 기다리는 시간	115
8장.	'연착 감수성(感受性)'이라는 미덕 – 삶의 궁극적 지혜	119

5부

고통과 포기의 심리 – 변화의 그림자와 인내 • 123

1장.	고통은 변화의 그림자일 수 있다 – 성장의 시간성	127
2장.	고통은 진짜 실패일까, 그냥 지연일까	131
3장.	대부분의 포기는 딜레이를 견디지 못하는 조급함 때문이다	135
4장.	다이어트 실패, 그 연착의 심리학	138

6부

학습과 체화의 지연 – 느린 반복의 지혜 • 149

1장.	오늘 공부한 건 다음 달에 나온다 – 피상적 학습의 딜레마	153
2장.	공부는 내일의 나를 바꾼다 – 노력의 시차	157
3장.	노력의 시차 – 왜 지금은 안 변하는가	161
4장.	암기는 사라져도, 반복은 남는다	165
5장.	진짜 이해는 휴식에서 온다 – 쉬는 동안 일하는 뇌	169
6장.	슬럼프는 멈춘 게 아니라, 잠시 보이지 않는 성장이다	173
7장.	지식은 체화에 시간이 걸린다 – 안다고 해서 바로 쓰지 못한다	177
8장.	공부는 '느린 반복'을 견디는 정신 수련이다	181
9장.	등수는 한 번에 오른다 – 실력의 연착 구조	185

7부

몸과 감각의 연착 – 스포츠와 일상의 리듬 • 189

1장.	공은 떠났고, 몸은 아직 반응하지 않았다 – 반응의 시간차	193

2장.	운동선수는 왜 예측하며 반응하는가-스포츠의 딜레이 미학	197
3장.	골프는 왜 어려운가-손은 쳤지만 공은 아직 오지 않았다장	201
4장.	피지컬보다 리듬이 중요하다-감각과 감각 사이의 시간	204
5장.	체력은 훈련보다 회복에서 자란다-회복의 지연된 효과	207
6장.	승리는 타이밍에서 결정된다-0.1초가 만든 세계	210
7장.	경기 전 긴장은 언제 풀리는가-멘탈과 신체 반응의 시차	214

8부

느리게 흐르는 사회-제도와 시스템의 시간차 • 217

1장.	정치는 항상 한 박자 늦다-제도와 위기의 시간차	221
2장.	정의(正義)는 왜 늦게 오는가-분노와 반응의 엇갈림	224
3장.	유령 정체와 시스템의 연착-교통체증은 어디에서 시작되는가	227
4장.	주식 시장을 예측하려는 시도-일목균형표와 정보의 시간차	235
5장.	사람들이 '이제야 깨달았다'고 말할 때	242
6장.	뉴스는 속보지만, 진실은 지연된다	245
7장.	SNS는 즉시성을 강요한다-말과 판단의 착시	249
8장.	SNS는 누가 먼저 말하느냐의 전쟁이다	252
9장.	법은 사건 이후에만 반응한다-제도와 책임의 시간차	255
10장.	문명은 항상 늦게 돌아본다-위기와 반성의 지연	258

9부

자본주의와 기술의 딜레이 – 속도의 함정 • 261

| 1장. | 금리는 과거를 보고 정한다-경제는 예측으로 움직인다 | 265 |
| 2장. | 주식은 기대고, 실적은 과거다 | 268 |

3장.	소비는 지금, 결제는 다음 달-신용과 유예의 심리	271
4장.	경제 위기는 느리게 오고, 갑자기 터진다	274
5장.	기술은 빠르지만 인간은 느리다-딜레이를 견디지 못하는 문명	277
6장.	실시간은 착각이다-인터넷, 데이터, 알고리즘의 지연	280
7장.	AI는 과거로 미래를 흉내 낸다-예측은 실재를 대체하는가	283
8장.	속도는 권력이다-즉시성의 시대와 지연의 정치학	287
9장.	자본주의는 딜레이를 상품화한다-시간의 구조적 착취	290
10장.	돈의 흐름은 감정보다 느리다-투자 심리와 인지 지연	294

10부

기술의 연착 - 디지털 시대의 역설 • 297

1장.	기술은 딜레이를 없애는가-인터넷 속도와 실제	301
2장.	AI와 빅데이터의 딜레이-예측과 실제 사이의 간극	304
3장.	디지털 관계의 시차-온라인 소통의 역설	308
4장.	미디어의 딜레이-뉴스 소비와 정보의 연착	312
5장.	자동화된 삶의 그림자-예측 불가능한 딜레이	316

11부

자연과 우주의 시간 - 거대한 기다림의 지혜 • 321

1장.	계절은 정시에 오지 않는다-자연의 주기는 흐트러진 시계다	325
2장.	식물은 자라지 않는 것처럼 자란다-자연이 가르쳐주는 기다림	329
3장.	우주는 느리고, 인간은 참지 못한다	332
4장.	나무는 속을 드러내지 않는다-나이테는 지나간 시간의 증언이다	336
5장.	단층의 침묵과 지연된 움직임-지진은 갑자기 오지 않는다	339

6장.	지층은 시간을 덮는다-땅은 켜켜이 쌓인 기억이다	343
7장.	화석은 늦게 도착한 생명의 메시지다	346
8장.	산은 무너지지 않는다-시간의 언어로 깎이고 쓸리다	349
9장.	바람은 지나간 후에야 보인다-자연의 흔적은 지연되어 나타난다	353

12부

기다림의 철학 – 현대인의 연착 감수성 • 357

1장.	모든 것이 늦어진다면-기다림의 필연성	361
2장.	'지금'의 함정에서 벗어나기-시간 감각의 재구성	364
3장.	연착하는 삶의 지혜-'느림'의 미학	367
4장.	딜레이를 통한 깨달음-성찰의 시간	371
5장.	미래를 기다린다는 것-희망과 가능성	375

13부

연착 감수성과 존재론적 삶
– 시공간을 초월한 지혜 • 379

1장.	시간의 환상-선형성을 넘어선 존재의 연착	383
2장.	공간의 허물어짐-원격 연결 속의 현전(現前)	386
3장.	죽음과 삶의 연착-궁극적인 딜레이의 이해	390
4장.	연착 감수성과 비물질적 가치-영혼의 시간	394
5장.	궁극적인 연착 감수성-존재론적 평화	397

14부

딜레이를 감내하는 지혜 – 연착의 길 • 401

1장.	결국은 온다 – 다만 늦게 올 뿐	405
2장.	기다림은 기술이다 – 인내가 아니라 감응	408
3장.	딜레이를 견디는 사람이 이긴다	411
4장.	세상은 속도가 아니라 지속으로 바뀐다	414
5장.	기다림은 수행이다 – 딜레이를 감내하는 정신의 기술	417
6장.	신은 왜 즉시 응답하지 않는가 – 기도와 회신의 거리	420
7장.	구원은 예고되지만 오지 않는다 – 종교의 시간성	423
8장.	종교는 기다림의 형식이다 – 메시아, 윤회, 종말	426
9장.	도래하지 않는 메시아 – 벤야민과 종말의 지연	430
10장.	참회는 행동보다 늦게 온다 – 죄의식의 시간 차이	434
11장.	윤회는 지금을 위한 것이 아니다 – 인과와 보상의 시차	438
12장.	불교의 무심 – 응답하지 않음이 응답이 되는 자리	441

에필로그 • **444**
연착의 세계에 머무는 법

참고문헌 • **448**

저자 소개 • **456**

프롤로그

실시간이라는 착각, 그리고 불현듯 연착하는 존재

우리는 지금 이 순간을 살고 있다고 믿는다. 뉴스는 속보를 실시간으로 전하고, 메시지는 즉시 도착하며, 클릭 한 번이면 다음 날 원하는 물건이 문 앞에 도착한다. 화면 속 피드는 친구들의 '현재'를 끊임없이 불러오고, '실시간 라이브'는 지금 이 세계를 손에 쥐고 있는 듯한 착각을 준다. 우리는 '즉각성'과 '동시성'을 숭배하며, 지연(遲延, Delay)은 불편하고 불완전한 것으로 치부한다.

그런데 정말 그럴까? 우리가 보고 듣고 느끼는 이 모든 '지금'은, 진짜 지금일까? 밤하늘의 별빛은 수백, 수천 년 전 출발한 과거의 잔광이고, 번개보다 늦게 들려오는 천둥은 감각의 비동시성을 증명한다. 우리의 눈, 귀, 피부 등 모든 감각기관은 미세한 시간차를 두고 세상을 수신하고 있으며, 그 인식조차도 '지금'이라는 순간을 조금 늦게 도착한 형태로 받아들이고 있다. 이러한 지연은 오류가 아니다. 지연은 존재의 방식이며, 세계의 작동 원리다.

20세기 물리학자 닐스 보어(Niels Bohr)는 상보성 원리를 통해 하나의 실체가 두 개의 양립 불가능한 방식 – 입자와 파동 – 으로 드러날 수 있음을 밝혔다. 하지만 우리는 이 두 모습을 동시에 볼 수 없다. 하나를 관찰하는 순간, 다른 하나는 사라진다. 그 중간 어딘가는 없다. 그것은 존재하지 않는 '중간 단계'다.

세상은 우리가 상상하듯 연속적으로 흐르지 않는다. 코끼리와 기린 사이에 코끼린 같은 동물은 없고, 물고기와 새 사이에 날개 달린 비늘을 가진 생명체도 없다. 세상은 종종, 불연속적으로, 느닷없이, 전혀 이어지지 않은 방식으로 나타난다.

우리는 어떤 일이 '갑자기' 일어났다고 느낀다. 하룻밤 사이에 유명해지고, 문득 어떤 말에 무너지고, 어느 날 외국어가 들리기 시작한다. 하지만 그것은 갑작스러운 것이 아니다. 그것은 단지 오랜 시간 지연되어 축적된 것들이 어느 순간 '연착(延着)'되어 도착했을 뿐이다.

'지연'은 곧 불현듯한 '연착'이 된다. 비행기의 연착처럼 피하고 싶은 것이 아니라, 존재의 본질이 '늦게 도착하는 것'임을 가리키는 이름이다. '연착'은 단순히 비행기의 착륙을 넘어선, 존재의 근원적인 특성을 담고 있는 단어다. 겉으로 보기엔 갑자기 '짠'하고 나타나는 것처럼 보이는 현상들, 예를 들어 어느 날 갑자기 유명해진 스타의 탄생이나 수많은 노력 끝에 마침내 귀가 트이는 외국어 학습의 순간처럼, 중간 단계가 없이 불연속적으로 느껴지는 변화의 순간들. 이 모든 것들은 사실 오랜 시간의 축적과 보이지 않는 연결 속에서 필연적으로 지연되어 우리에게 '도착'하는 존재의 방식을 보여준다.

이 책은 '지연'과 '연착'을 단순한 시간의 문제로 보지 않는다. 시간 자체가 얽혀 있고, 복합적으로 접혀 있으며, 끊임없이 뒤섞이고 있다는 통찰을 바탕에 둔다. 우리가 말하는 '지금'은 단순한 한 점이 아니다. 그 순간은 항상 과거의 잉여물이 남긴 여운, 미래의 그림자가 앞질러 스며든 예감, 그리고 지각의 늦음이 혼재된 혼성의 장(場)이다. '지금'은 완결된 시간이 아니라, 과거·현재·미래가 서로를 향해 연착되어 도착하는 접속 지점이다.

그러므로 진실은 항상 어느 날 늦게 도착한다. 그 늦음은 오차가 아니라, 진실의 리듬이다. 이 책은 그 늦음 속에 담긴 고요한 질서, 그리고 그 '연착'을 감내하고 받아들이는 삶의 태도 - 연착 감수성에 대해 이야기한다. 이 필연적인 지연을 이해하고 받아들일 때, 우리는 비로소 세상과 자신에게 온전히 '연착'할 수 있는 지혜를 얻게 될 것이다. 감정은 즉시 오지 않기에 깊어질 시간을 얻고, 노력은 즉각적인 결과를 내지 않기에 진정한 체화를 이룬다. 사회 시스템은 느리게 반응하지만, 그 느림 속에서 안정과 균형을 찾으려 애쓴다.

당신이 지금 이 문장을 읽고 있다는 사실조차, 사실은 수많은 시간의 지연이 만들어낸 하나의 '늦게 도착한 진실'일지도 모른다. 그리고 그 진실은, 지금 막, 여기에 도착했다. 이 책은 당신의 눈앞에 펼쳐진 '실시간'의 장막을 걷어내고, 진정으로 '연착하는 존재'의 심오한 세계로 당신을 초대할 것이다. 당신은 이제 지연 속에서 발견하는 새로운 진실과 마주하게 될 것이다.

1부

지연의 끝에서
존재는 도약한다

    1부 『지연의 끝에서 존재는 도약한다』는 우리가 너무나 당연하게 여겨온 '지금'이라는 순간, 그리고 '실시간'이라는 개념이 사실 얼마나 허구적이고 환상적인지를 해부하는 여정이다. 이 부에서는 광대한 우주의 빛부터 인간의 감각 기관과 뇌의 처리 속도, 그리고 인식의 구조에 이르기까지, 모든 현상 속에 필연적으로 스며 있는 '시간의 지연(delay)'을 다각도로 조명한다. 별빛은 수백만 년 전의 과거이고, 손끝의 감각은 0.05초 뒤에야 인식되며, 천둥소리는 번개보다 늦게 들린다. 이처럼 우리의 일상적 감각조차도 '지금'에 도달하는 것이 아니라, 언제나 '조금 늦은' 상태로 연착(延着)하여 인식된다.

    여기서 '연착'은 단지 불편한 시간차가 아니라, 존재가 우리에게 도달하는 본질적인 방식이다. 철학자 에드문트 후설(Edmund Husserl)은 우리가 인식하는 '현재'조차 항상 방금 지나간 '보유(retention)'와 다가올 '예지(protention)' 사이에서 형성된다고 말했고, 마르틴 하이데거(Martin Heidegger)는 순수한 '현전(presence)'이란 애초에 불가능하며, 인간 존재는 시간 속에서만 구성된다고 보았다. 결국 '지연'은 물리적 속도의 문제가 아니라, 존재와 인식, 감각과 의미가 형성되는 시간적 구조 자체임을 드러낸다.

하지만 이 지연은 단지 느림이나 정체가 아니다. 존재는 연착하기 때문에 오히려 불현듯 도착한다. 우리는 언어가 갑자기 터지고, 감정이 문득 무너지고, 깨달음이 돌연히 도달한다고 말한다. 그것은 점진적 축적이 아닌, 지연된 끝에서 도약하며 도래하는 존재의 방식이다. 닐스 보어(Niels Bohr)의 상보성 원리가 보여주듯, 어떤 현상은 '중간 상태' 없이 오직 하나의 형태로만 나타나며, 인식은 언제나 불연속적으로 일어난다. 1장는 이러한 관점에서, 우리가 믿어온 '실시간'의 세계가 얼마나 정교하게 구축된 착각인지, 그리고 우리의 삶이 본질적으로 어떻게 불현듯 연착된 현재로 이루어지고 있는지를 밝히는 첫 문을 연다.

1장. 연착하는 빛과 '닐스 보어'의 도약

우리가 일상에서 당연하게 여기는 '지금'이라는 동시성의 감각은, 사실 인간의 제한된 인식 범위 안에서만 허용된 소박한 착각일지 모른다. 이 장에서는 그 착각의 껍질을 벗겨내기 위해 우리의 시야를 가장 거대한 우주와 가장 미시적인 양자의 세계, 양극단으로 확장해본다. 광활한 우주에서 날아오는 빛은 우리에게 '지연'의 피할 수 없는 현실을 가르쳐주고, 가장 작은 입자의 세계는 그 지연의 끝에서 일어나는 '도약'의 경이로운 비밀을 드러낸다. 이 두 세계의 통찰은 '실시간'이라는 믿음이 얼마나 허술한 기반 위에 서 있는지를 증명하는 첫 번째 여정이 될 것이다.

과거에서 온 편지 – 별빛

우리는 밤하늘을 올려다볼 때, 저 수많은 별들이 지금 이 순간에도 빛나고 있다고 생각한다. 반짝이는 별빛은 마치 우리에게 '안녕, 난 지금 여기 있어!'라고 실시간으로 속삭이는 듯하다. 그러나 이 낭만적인 착각은 우주의 거대한 비밀과 마주하는 순간 깨져버린다. 우리가 지금 보고 있는 별빛은, 사실은 수백만 년 전, 심지어 수억 년 전에 출발한 과거의 유령이다. 그 별은 우리가 보는 이 순간에도 여전히 그 자리에 있을까? 어쩌면 이미 오래전에 수명을 다하고 차가운 잔해로 변했을지도 모른다. 우리는 이미 죽은 별의 과거 모습을 현재로 착각하며 보고 있는 셈이다.

이처럼 섬뜩할 정도로 아름다운 현실 뒤에는 물리학의 가장 근본적인 법칙 중 하나, 바로 빛의 속도는 유한하다는 사실이 숨어있다. 빛은 진공에서 초속 약 30만 킬로미터(정확히는 299,792,458 m/s)라는 어마어마한 속도로 우주를 가로지르지만, 아무리 빨라도 유한한 속도다. 우리가 아무리 빠르게 달려도 서울에서 부산까지 도달하는 데 시간이 걸리듯, 빛도 우주라는 광대한 공간을 여행하는 데 반드시 시간(Delay)이 필요하다.

더 먼 곳으로 눈을 돌려보자. 한때 밤하늘에서 가장 밝은 은하 중 하나였던 안드로메다 은하는 우리에게서 약 250만 광년 떨어져 있다. 즉, 우리가 지금 안드로메다 은하를 보고 있다면, 그것은 250만 년 전의 안드로메다 은하의 모습이다. 250만 년 전이라면 인류의 조상이 아프리카 초원을 거닐던 시대다. 그 사이 안드로메다 은하는 수많은 변화를 겪었을 것이고, 심지어 우리 은하와 충돌하고 있는 중일지도 모른다. 하지만 우리는 여전히 250만 년 전의 빛을 보며 '아, 저기 안드로메다 은하가 있네'라고 생각한다.

이러한 빛의 딜레이는 우리에게 우주적 실재에 대한 중요한 질문을 던진다. 우리가 과연 '진짜' 현실을 보고 있는가? 아니, 우리는 늘 과거의 잔상을 보고 있을 뿐이다. '지금'이라는 순간은 우주적 차원에서 볼 때 존재하지 않는 허구에 가깝다. 모든 존재는 우리에게 지연된 형태로 도착한다. 그것이 바로 이 책에서 말하고자 하는 '연착(延着)'이다. 이처럼 빛의 속도가 던지는 '딜레이'의 개념은 우리가 경험하는 모든 것이 본질적으로 '지금'이 아니며, '실시간'이란 환상일 뿐임을 보여주는 우주의 엄숙한 경고다. 이 필연적인 지연을 이해하는 것이야말로, 그 착각에서 벗어나는 첫걸음이다.

지연의 끝 - 불연속적 도약

별빛의 장대한 지연이 우리에게 시간의 거리를 가르쳐준다면, 그 빛을 이루는 가장 작은 단위는 우리에게 도착의 본질을 가르쳐준다. 존재가 우리에게 당도하는 마지막 순간의 풍경, 그 비밀은 물리학 역사상 가장 불가사의하고 아름다운 실험 속에 숨겨져 있다. 19세기 초 토머스 영(Thomas Young)이 빛의 파동성을 증명하기 위해 처음 고안했던 '이중슬릿 실험'은, 20세기에 들어 전자를 주인공으로 삼으며 현실의 근간을 뒤흔드는 무대가 되었다.

물리학자 리처드 파인만(Richard Feynman)이 '양자역학의 심장부'라 불렀던 기묘한 현상이 바로 여기서 펼쳐진다. 전자(電子)와 같은 아주 작은 입자를 두 개의 틈(슬릿)이 있는 벽을 향해 발사하면, 관찰하지 않을 때 그것은 모든 가능성을 품은 '확률의 파동'처럼 행동하며 두 틈을 동시에 통과하고, 그 결과로 여러 줄의 '간섭 무늬'

를 남긴다. 하지만 과학자들이 '어떤 틈으로 지나가는지 확인하기 위해' 관측 장비를 설치하는 순간, 모든 것이 돌변한다. 간섭 무늬는 거짓말처럼 사라지고, 스크린에는 단 두 줄의 흔적만이 남는다.

이 믿기 힘든 현실은 1961년 클라우스 왼손(Claus Jönsson)에 의해 처음 실험적으로 증명되었고, 1989년에는 토노무라 아키라(Akira Tonomura)의 연구팀이 전자를 한 알씩 발사해도 결국 간섭 무늬가 차곡차곡 쌓이는 과정을 영상에 담아내며 누구도 부정할 수 없는 사실로 확립했다. 우리의 '본다'는 행위가 개입하자마자, 확률의 파동으로 존재하던 전자는 하나의 점으로 자신의 위치를 확정하며 입자처럼 행동한 것이다.

덴마크의 물리학자 닐스 보어(Niels Bohr)는 여기서 현실의 작동에 대한 심오한 통찰을 이끌어냈다. 그는 현실이 파동인 동시에 입자인 것이 아니라, 어떤 실험으로 보느냐에 따라 파동으로도, 입자로도 드러나는 상호 배타적인 두 얼굴을 가졌다고 보았다. 이것이 바로 '상보성 원리(complementarity)'다. 중요한 것은, 파동과 입자 그 둘 사이의 '중간 상태'는 존재하지 않는다는 점이다.

> "존재는 한 번에 하나의 방식으로만 드러난다. 우리는 그 중간을 볼 수 없다."

이는 단지 미시 세계의 이상한 법칙이 아니다. 오히려 존재가 우리에게 도달하는 방식 전체에 대한 가장 근본적인 메타포다. 세상은 연속적으로 변하지 않는다. 우리는 어떤 말을 듣고 '문득' 무너지고, 어느 날 '갑자기' 말문이 트이며, 수많은 준비 끝에 '불현듯' 성공한다. 그 변화의 중간 단계는 관측되지 않는다. 존재는 보이지 않는 가능성의 파동으로 오랜 시간 지연되고 축적되다가, 우리의 인식 혹은 어떤 결정적 계기와 마주치는 순간, 모든 가능성을 하나의 현실로 수렴시키며 불연속적으로 도착한다. 지연은 느림이 아니라, 도약을 위한 가능성의 축적이다.

이처럼, 별빛의 지연이 과거를 현재처럼 보이게 하듯, 양자역학의 도약은 가능성이 현실로 도착하는 방식을 보여준다. 존재는 언제나 조금 늦게, 그러나 돌연히 연착하여 도착한다. 이 진실을 이해하는 순간, 우리는 '실시간'이라는 허상 너머에 있는 불현듯한 진실과 마주하게 된다.

2장. 지금처럼 보이는 모든 것은 조금 전이다

 우리는 별빛이 수백만 년 전의 과거라는 사실에 경외감을 느끼지만, 사실 우리의 일상 역시 거대한 우주만큼이나 '조금 전'의 연속이다. '지금'이라는 절대적인 순간은 마치 신기루처럼 잡히지 않는다. 우리가 보고, 듣고, 만지고, 느끼는 모든 것은 이미 과거의 잔상이며, 오직 지연(Delay)을 통해서만 우리에게 현전한다.
 생각해보자. 당신이 방금 손으로 컵을 잡았다. 컵의 차가운 표면이 손끝에 닿는 순간, 그 감각 정보는 신경 세포를 통해 척수를 지나 뇌로 전달된다. 이 일련의 과정은 믿을 수 없을 만큼 빠르지만, 그럼에도 아주 미세한 시간이 걸린다. 손에서 뇌까지 정보가 도달하는 데는 약 0.05초가량의 딜레이가 발생한다. 찰나의 순간이지만, 엄밀히 말해 당신이 컵의 차가움을 '인지'하는 순간은 컵이 실제로 당신의 손에 닿은 '지금'이 아니라 '0.05초 전'의 과거다. 우리

가 가장 직접적이라고 여기는 촉각조차도 완벽한 실시간이 아닌 것이다.

뇌는 이처럼 시차를 두고 도착하는 감각 정보들을 모아 하나의 '지금'을 종합적으로 구성한다. 뇌는 마치 오케스트라의 지휘자처럼, 시각, 청각, 촉각 등 각기 다른 타이밍에 도착하는 악기(감각)들의 소리를 한데 모아 완벽한 하모니(인지)를 연주한다. 하지만 그 하모니가 시작될 때쯤이면, 이미 첫 악기의 소리는 '조금 전'에 울렸던 것이다.

우리가 사용하는 디지털 기기도 마찬가지다. 지금 당신이 읽고 있는 이 글도 그렇다. 당신의 스마트폰이나 컴퓨터 화면에 글자가 나타나기까지, 이 데이터는 서버에서 당신의 기기로 전송되고, 기기가 이를 해석하여 화면에 픽셀로 구현하는 과정을 거친다. 이 모든 과정은 순식간에 이루어지지만, 결코 0초는 아니다. 아주 작은 지연이 늘 존재한다.

온라인 게임을 즐기는 사람이라면 이 '딜레이'를 너무나도 잘 알고 있을 것이다. 다른 유저와 실시간으로 반응하며 게임을 하는데, 갑자기 캐릭터가 멈추거나 엉뚱한 방향으로 움직인다면? 흔히 '렉(lag)'이 걸렸다고 표현하는 이 현상은 바로 네트워크 지연 때문에 발생한다. 내가 버튼을 누른 '지금'의 정보가 상대방 서버에 도착하는 '조금 전'이 되어버리고, 그 사이 게임 속 상황은 이미 변해버린 것이다. 이 짧은 딜레이 때문에 수많은 게이머들이 패배의 쓴맛을 보거나 키보드를 부수고 싶어 한다.

심지어 우리가 매일 보는 텔레비전 생방송 뉴스도 엄밀히 말하면 '실시간'이 아니다. 방송국 카메라에 담긴 영상이 스튜디오를 거쳐 송출되고, 위성을 통해 각 가정의 수신기로 전달되는 과정에서 역시 미세한 시간차가 생긴다. 대략 수십 밀리초(ms)에서 수백 밀리초의 딜레이가 발생하는데, 이는 육안으로는 거의 인지하기 어렵다. 하지만 아주 민감한 시스템에서는 이 지연이 분명히 존재한다. 올림픽 중계 시 화면과 소리가 미묘하게 어긋나는 경험을 해본 적이 있다면, 바로 그 딜레이를 느낀 것이다.

이렇게 본다면, 우리의 삶은 '지금'이라는 절대적인 순간 위에 서 있는 것이 아니라, 끊임없이 밀려오는 '조금 전'의 파도 위에 떠 있는 것과 같다. 우리는 과거의 잔상을 현재로 착각하며 살아가고, 뇌는 그 지연된 정보들을 능숙하게 엮어 '실시간 같은' 환상을 만들어낸다.

이러한 이해는 우리에게 중요한 통찰을 제공한다. 우리가 완벽한 '즉시성'을 좇는 것이 얼마나 헛된 일인지, 그리고 우리가 경험하는 모든 것이 본질적으로 '연착(延着)'의 산물임을 말이다. '지금'은 항상 '조금 전'이라는 이 사실을 받아들일 때, 우리는 조급함을 내려놓고 세상의 리듬과 상호 작용하는 새로운 방식을 찾을 수 있을 것이다.

3장. '지금'은 없다 – 실시간은 착각이다

우리는 별빛이 수백만 년 전의 과거라는 사실에 경외감을 느끼고, 손에 닿는 컵의 차가움조차 미세한 시간차를 두고 인지한다는 것을 알았다. 이처럼 모든 감각 정보는 우리에게 지연(Delay)된 채 도착한다. 그렇다면 우리가 확고하게 믿고 있는 '실시간(Real-time)'이라는 개념은 과연 실재하는 것일까? 이 장에서는 '지금'이라는 순간이 어떻게 환상에 불과하며, 실시간이라는 개념 자체가 현대 사회의 가장 큰 착각 중 하나인지를 탐구한다.

'지금'의 허상 – 감각과 뇌의 지연된 협주

우리의 뇌는 외부 세계로부터 들어오는 다양한 감각 정보들을 끊임없이 통합하고 재구성한다. 시각, 청각, 촉각 등 각기 다른 속도로 뇌에 도달하는 이 정보들은, 뇌 속에서 복잡한 신경망을 통해 처리되며 하나의 통일된 '현실'로 인식된다. 하지만 이 모든 과정에는 필연적으로 아주 짧은 시간차가 발생한다. 뇌는 마치 오케스트라 지휘자처럼, 각 악기들이 서로 다른 타이밍에 연주하는 소리를 한데 모아 완벽한 하모니를 만들어낸다. 그러나 그 하모니가 시작될 때쯤이면, 이미 첫 악기의 소리는 '조금 전'에 울렸던 것이다.

이는 물리학적, 생물학적 사실에 근거한다. 빛이 우리 눈에 들어오고, 소리가 귀에 도달하고, 압력이 피부를 누르는 순간, 이 물리적 자극들은 전기 신호로 변환되어 신경을 타고 뇌로 전달된다. 신경 신호의 전달 속도는 빛처럼 빠르지 않으며, 신경망의 복잡성 때문에 처리 시간도 필요하다. 이 모든 미세한 지연들이 합쳐져, 우리가 '지금'이라고 느끼는 순간은 사실 엄밀히 말해 '조금 전'의 과거가 된다. 우리는 끊임없이 과거의 잔상을 현재로 착각하며 살아가고 있는 셈이다.

현대 문명의 '실시간' 강박과 그 허구성

현대 사회는 '실시간'이라는 개념에 깊이 중독되어 있다. 스마트폰 알림은 즉각적인 반응을 요구하고, 소셜 미디어는 '지금 이 순간'을 공유하라고 부추긴다. 온라인 게임은 0.1초의 렉(lag)에도 승패가 갈린다며 즉각적인 네트워크 속도를 강조하고, 금융 시장은 실시간으로 변동하는 주가를 주시한다. 우리는 모든 것이 지연 없이 '지금, 바로' 일어나는 것처럼 보이기를 갈망한다.

하지만 이러한 '실시간'은 거대한 착각이다. 당신이 스마트폰으로 메시지를 보내는 순간에도, 그 데이터는 통신망을 거쳐 상대방에게 도달하는 데 미세한 시간이 걸린다. 온라인 동영상 스트리밍은 '실시간'처럼 보이지만, 사실은 수 초에서 수십 초의 버퍼링 지연이 존재한다. 심지어 뉴스 생방송도 카메라에서 방송국, 위성을 거쳐 가정으로 송출되기까지 수십 밀리초의 딜레이가 발생한다. 이 모든 디지털 기술은 '실시간처럼 보이게' 만들 뿐, 진정한 0초의 지연은 불가능하다.

이러한 '실시간'의 강박은 우리에게 끊임없는 조급함과 피로감을 안겨준다. 즉각적인 반응과 즉각적인 성과를 기대하게 만들고, 조금이라도 지연되면 불안과 좌절을 느끼게 한다. 우리는 '지금'을 놓치지 않기 위해 끊임없이 주의를 분산시키고, 한순간도 멈추지 않고 달려야 한다고 강요받는다.

하이데거의 통찰 – 현전의 불가능성과 '지금'의 부재

20세기 철학자 마르틴 하이데거(Martin Heidegger)는 우리가 일상적으로 이해하는 '시간' 개념에 대해 근본적인 질문을 던졌다. 그의 주저 『존재와 시간』에서 그는 '지금(Jetzt)'이라는 순간이 독립적으로 존재할 수 없음을 역설한다. 하이데거에게 시간은 단순히 과거, 현재, 미래가 선형적으로 나열된 연속적인 점들이 아니다. 오히려 인간 존재(다자인, Dasein)가 세계 속에서 '현존하는 방식'이자, 과거와 미래의 지평 속에서만 의미를 가지는 동적인 흐름이다.

우리가 어떤 대상을 '지금' 인식한다고 생각할 때, 그 인식 행위는 이미 우리가 축적해온 과거의 경험과 지식에 의해 형성되어 있으며, 동시에 앞으로 일어날 일(예측)에 대한 기대를 내포한다. 예를 들어, 우리가 '지금' 나무를 본다고 할 때, 우리는 이미 과거의 경험을 통해 그것이 '나무'임을 알고 있으며, 앞으로 나무가 어떻게 될지(잎이 떨어지거나 자라날 것)를 은연중에 예상한다. '지금'은 독립적인 고정점이 아니라, 항상 과거로부터 기원하고 미래를 향해 열려있는 존재의 운동성 속에서만 파악되는 것이다.

하이데거는 이를 통해 우리가 대상을 온전히 '지금, 여기'에서 포착하려는 시도 자체가 불가능하다고 시사한다. 어떤 존재를 인식하고 '그것이 있다'고 말하는 순간, 그 존재는 이미 우리에게 도달하는 과정에서 시간적 지연을 겪었고, 우리 또한 그 대상을 인식하기 위해 과거의 경험을 소환하고 미래의 가능성을 상상한다. 결국 순수한 현전(Presence)은 우리 인식의 한계 내에서는 결코 완전히 이루어질 수 없는 환상인 셈이다.

이러한 하이데거의 통찰은 '실시간은 착각이다'라는 우리의 주장을 더욱 견고하게 만든다. 우리는 정보의 즉각적인 소비와 즉각적인 반응을 요구하지만, 사실 우리 존재 자체가 시간 속에서 '연착(延着)'하며 의미를 구성하는 방식이라는 것을 망각하고 있는지도 모른다. '지금'이라는 개념의 허구성을 이해하는 것은, 조급함을 내려놓고 모든 존재가 필연적으로 지연되며 도착하는 방식을 받아들이는 첫걸음이 될 것이다.

4장. 후설 – 인식은 항상 '조금 늦은' 구조이다

우리는 지금까지 밤하늘의 별빛, 손에 닿는 감각, 번개와 벼락의 시차를 통해 '실시간'이라는 개념이 얼마나 허구적인지 살펴보았다. 우리의 감각 기관과 뇌가 정보를 처리하는 과정에서 필연적으로 지연(Delay)이 발생하며, 우리는 늘 '조금 전'의 과거를 '지금'이라고 착각하며 살아가고 있다는 점도 알게 되었다. 그렇다면 이러한 '지연'은 단순히 물리적, 생리적인 현상에 불과할까? 현상학의 창시자 에드문트 후설(Edmund Husserl)은 우리의 인식 자체가 본질적으로 '조금 늦은' 구조를 가지고 있음을 명확히 보여준다.

후설은 우리가 대상을 인식하는 과정을 깊이 탐구하며, 의식은 항상 어떤 대상을 향해 있다는 지향성을 강조했다. 하지만 그 지향성이 단순히 대상을 있는 그대로 즉시 파악하는 것이 아니라고 보았다. 오히려 의식이 대상을 인식하는 순간에는 항상 '보유(retention)'와 '예지(protention)'라는 미묘한 시간적 지연이 개입한다.

여기서 보유(retention)란, 우리가 어떤 대상을 인식하는 '지금' 이 순간에도 방금 지나간 '바로 그 순간'의 잔상을 의식 속에 붙잡아 두고 있다는 의미다. 예를 들어, 음악을 듣는다고 상상해보자. 음표 하나하나가 지나갈 때마다 우리는 그 음표를 '지금' 듣는 동시에, 방금 들었던 바로 그 직전의 음표들을 의식 속에 '보유'하고 있어야 한다. 만약 우리가 직전의 음표들을 보유하지 못한다면, 우리는 음악을 연속적인 멜로디로 듣는 것이 아니라, 개별적인 음들의 파편으로만 인지하게 될 것이다. 멜로디가 멜로디로서 의미를 가지는 것은, 지나간 음들이 현재의 음과 연결되어 의식 속에 붙잡혀 있기 때문이다. 이는 곧 '지금'이라는 순간이 독립적으로 존재하는 것이 아니라, 지나간 '과거의 흔적'을 끌어안고 있는 구조임을 보여준다.

반대로 예지(protention)는 의식이 대상을 인식할 때 단순히 현재에 머무는 것이 아니라, 다가올 '미래의 가능성'을 미리 예상하고 기대하고 있다는 의미다. 우리는 음악을 들을 때, 방금 지나간 음들을 보유하는 동시에, 다음에 어떤 음이 나올지, 멜로디가 어떻게 전개될지를 무의식적으로 '예지'하며 듣는다. 이 예지가 없다면, 음악은 예측 불가능한 소음의 연속처럼 느껴질 것이다. 우리는 누군가와 대화할 때도 상대방의 말이 어떻게 끝날지, 다음에 어떤 말이 이어질지 '예지'하며 듣는다. 이처럼 예지는 우리 인식이 미래를 향해 끊임없이 열려 있으며, 미래에 대한 기대를 현재 속으로 미리 끌어당기는 구조임을 보여준다.

결국 후설에 따르면, 우리의 인식은 순수한 '지금'이라는 고정된 지점에서 이루어지는 것이 아니다. 대신, 방금 지나간 것을 '보유'하고 다가올 것을 '예지'하면서 끊임없이 움직이는 시간적인 흐름 속에서 형성된다. 이 과정에서 '지금'이라는 순간은 마치 유동적인 흐름 속의 한 점처럼, 항상 과거의 잔상을 품고 미래를 향해 기울어져 있는 '조금 늦은' 구조를 띠게 되는 것이다.

이는 우리의 인식 자체가 딜레이를 본질적인 요소로 포함하고 있음을 의미한다. 우리는 외부 세계의 대상을 완벽하게 '실시간'으로 포착할 수 없으며, 항상 지연된 형태로만 인식할 수 있다는 것이다. 후설의 이러한 현상학적 통찰은 '지금'이라는 개념의 허구성과 '실시간'이 착각임을 더욱 확고하게 뒷받침한다. 우리의 가장 기본적인 인식 활동조차도 시간의 지연 속에서 구성되는 복잡한 '연착'의 과정인 셈이다.

5장. 천둥은 번개보다 늦게 들린다
– 감각의 비동기성

 우리는 4장에서 '지금'이라는 순간이 실제로는 과거의 잔상이며, '실시간'이라는 개념이 우리의 감각과 뇌, 그리고 현대 기술이 만들어낸 환상에 가깝다는 것을 살펴보았다. 이러한 착각의 바탕에는 우리 감각 기관들이 정보를 받아들이고 처리하는 속도 차이, 즉 감각의 비동기성(Asynchronicity)이 자리하고 있다. 가장 흔하면서도 극적인 예시가 바로 번개와 천둥이다.
 밤하늘을 가르는 섬광, 번개가 번쩍이는 순간 우리는 빛을 먼저 보고, 이어서 한참 뒤에 천둥소리, 즉 천둥을 듣게 된다. 번개와 천둥은 물리적으로는 동시에 발생하는 현상이지만, 우리에게 도달하는 시간은 확연히 다르다. 그 이유는 빛의 속도와 소리의 속도가 다르기 때문이다.
 빛은 진공에서 초속 약 30만 킬로미터라는 압도적인 속도로 움직이는 반면, 소리는 공기 중에서 초속 약 340미터에 불과하다. 이 엄청난 속도 차이 때문에 번개는 거의 즉각적으로 우리 눈에 들어오지만, 천둥은 그 소리가 공기를 가로질러 우리 귀에 도달하는 데 훨씬 더 많은 시간이 걸린다. 번개가 멀리 떨어져 있을수록 이 지연 시간은 더욱 길어지는 것이다. 번개가 번쩍인 후 몇 초를 세어 340을 곱하면 대략적인 거리를 알 수 있을 정도다.

이 현상은 우리에게 중요한 사실을 알려준다. 외부 세계의 사건은 동시에 발생할 수 있지만, 우리 감각 기관에 도달하는 방식과 속도에는 필연적인 차이가 있다는 것이다. 우리의 뇌는 이처럼 시각 정보와 청각 정보를 따로따로, 그것도 다른 시점에 수신한 뒤에야 비로소 '번개와 천둥'이라는 하나의 사건으로 재구성하여 인식한다. '지금' 번개가 쳤고, '지금' 천둥이 울린다는 우리의 인식은, 실제로는 시간차를 두고 도착한 두 감각의 정보를 뇌가 조합해 만들어낸 결과인 셈이다.

이러한 감각의 비동기성은 비단 번개와 천둥에만 국한되지 않는다. 우리는 영화를 볼 때 영상과 소리가 정확히 일치한다고 생각하지만, 실제로는 둘 사이에 아주 미세한 지연이 존재한다. 때로는 영화의 사운드트랙이 영상보다 몇 밀리초 느리게 재생될 때가 있는데, 이때 우리는 무의식적으로 '싱크가 안 맞는다'고 느끼며 불편함을 경험한다. 이는 우리의 뇌가 시각과 청각 정보가 '동시에' 도달해야 한다는 기대를 가지고 있기 때문이다. 하지만 실제로는 이 동시성 자체가 완벽하게 구현되기 어려운 지연된 재구성의 산물이다.

심지어는 같은 감각 내에서도 비동기성이 나타난다. 뇌는 우리 몸의 각 부위에서 오는 감각 정보(통증, 온도, 촉각 등)를 받아들이는 데 걸리는 시간도 각기 다르다. 발끝의 감각이 뇌에 도달하는 시간과 손끝의 감각이 뇌에 도달하는 시간은 물리적인 거리에 비례하여 차이가 발생한다. 하지만 우리는 이러한 미세한 차이를 거의 의식하지 못하며, 뇌는 이를 능숙하게 조정하여 하나의 통일된 신체 감각을 만들어낸다.

결국, 우리를 둘러싼 세상은 완벽한 '실시간'으로 우리에게 주어지는 것이 아니다. 대신, 세상의 정보들은 각기 다른 속도로 우리 감각에 도착하고, 우리의 뇌는 이 비동기적인 정보들을 재구성하여 '지금'이라는 일관된 인식을 만들어내는 복잡한 작업을 수행한다. '천둥은 번개보다 늦게 들린다'는 단순한 자연 현상은, 이처럼 우리가 경험하는 모든 것이 본질적으로 '지연된' 정보의 조합이며, 완벽한 '동시성'은 우리의 인지가 만들어낸 편리한 착각임을 명확히 보여주는 것이다.

2부

존재의 늦은 도착
– 시간과 현전의 본질

　1부에서 우리는 감각의 세계가 '지연'을 통해 구성됨을 확인했다. 그렇다면 우리가 '있다'고 믿는 '존재' 그 자체는 과연 우리에게 즉시 주어지는 것일까? 2부 '존재의 늦은 도착'은 이 질문을 철학의 가장 깊은 곳으로 끌고 들어간다. 이 부는 존재가 고정된 실체가 아니라, 시간 속에서 끊임없이 자신을 드러내는 '과정'이며, 바로 그 과정 때문에 우리에게 언제나 '늦게' 도착할 수밖에 없음을 논증한다.

　우리는 서양 철학의 거장 마르틴 하이데거를 통해 존재가 어떻게 항상 과거의 흔적과 미래의 가능성을 품고 '지연된 채' 우리 앞에 나타나는지 살펴볼 것이다. 또한, 앙리 베르그송의 통찰을 빌려 시간이 단순히 흘러가는 것이 아니라 과거의 모든 경험이 '누적'되는 과정이며, 이 누적된 시간이 어떻게 존재의 깊이를 만드는지 탐구한다.

　그리고 이 심오한 철학적 탐구는, 우리 자신의 존재가 시작되는 '엄마 뱃속 10달'이라는 가장 경이로운 '연착'의 사례를 통해 구체화될 것이다. 이 부를 통해 독자들은 '존재는 항상 늦게 도착한다'는 명제가 비관적인 선언이 아니라, 오히려 삶의 풍요로움과 깊이를 가능하게 하는 가장 근원적인 진실임을 깨닫게 될 것이다.

1장. 존재는 왜 즉시 오지 않는가
– 시간과 현전의 구조

우리는 지난 1부에서 감각과 인식의 차원에서 '지금'이라는 순간이 허구적이며, 우리 주변의 모든 현상이 본질적으로 지연(Delay)을 포함하고 있음을 이해했다. 별빛은 수백만 년 전의 과거이고, 컵의 감촉조차 미세한 시간차를 두고 인지되며, 번개는 번쩍이는 즉시 보이지만 벼락은 나중에 들리는 식이다. 이러한 논의는 우리에게 근원적인 질문을 던진다. 과연 '존재' 그 자체는 우리에게 즉시 현전(現前)하는가? 아니면 존재 역시 우리에게 지연된 형태로만 도착하는 것일까?

이 질문은 단순히 물리적, 생물학적 지연을 넘어선다. 그것은 존재와 시간, 그리고 우리의 인식이 맺는 관계에 대한 심오한 철학적 탐구로 이어진다. '존재는 왜 즉시 오지 않는가'라는 물음은, 우리가 어떤 것을 '있다'고 확신하는 그 순간조차도 이미 시간이라는 불가피한 매개 속에서 이루어지고 있음을 시사한다.

　우리는 흔히 '지금 여기에 책이 있다', '지금 저 사람이 존재한다'고 말한다. 그러나 이러한 '현전'은 과연 절대적인 '지금' 속에서 완벽하게 이루어지는 것일까? 1장에서 후설의 현상학을 통해 보았듯이, 우리의 인식은 과거의 잔상(보유)과 미래에 대한 기대(예지) 속에서 끊임없이 움직이는 시간적 구조를 가진다. 이는 우리가 대상을 순수한 '지금'의 상태로만 온전히 붙잡는 것이 불가능함을 의미한다. 대상을 인식하는 순간, 우리는 이미 그 대상이 지나온 시간을 간접적으로든 직접적으로든 포함하고, 앞으로 어떻게 될지 예측하는 시간적 지평 속에서 인식하게 되는 것이다.

　예를 들어, 눈앞의 나무를 '존재한다'고 인식하는 과정을 생각해 보자. 우리는 그 나무가 씨앗에서 싹트고 자라나 지금의 모습이 되기까지의 과거의 시간을 알든 모르든 간에 그 존재 속에 내포한다. 동시에 우리는 그 나무가 앞으로 잎을 피우고, 꽃을 피우고, 열매를 맺고, 겨울을 견디고, 언젠가 시들고 죽을 미래의 가능성을 무의식적으로 '기대'하거나 '예상'한다. 이처럼 나무의 '존재'는 단순히 '지금'의 고정된 상태가 아니라, 과거로부터 흘러나와 미래를 향해 나아가는 시간적 운동성 속에서 비로소 우리에게 '현전'하는 것이다.

　이러한 관점에서 볼 때, 존재는 결코 정적인 '지금'에 갇혀있지 않다. 오히려 존재는 끊임없이 생성되고 소멸하며 변화하는 시간의 흐름 속에서 그 자신을 드러낸다. 그리고 우리가 그 존재를 '파악한다'고 생각하는 순간, 그 존재는 이미 우리에게 도달하는 과정에서 시간적 지연을 겪었거나, 우리가 그 존재를 인식하기 위해 시간적 지평을 동원하고 있는 셈이다.

시간은 존재를 우리에게 즉시 오지 못하게 하는 '지연의 장막'이 아니라, 오히려 존재가 우리에게 '현전'하는 불가피한 조건이자 구조인 것이다. 존재는 항상 시간이라는 매개체 속에서, 조금 늦게, 혹은 지나온 시간을 품고서 우리에게 도착한다. 이 지연된 도착이야말로 존재의 본질적인 현전 방식이며, 이 진실을 이해할 때 우리는 '즉각성'이라는 현대의 강박에서 벗어나 시간 속에서 풍요롭게 흘러가는 존재의 의미를 깊이 들여다볼 수 있을 것이다.

2장. 존재는 항상 늦게 도착한다

1장에서 우리는 존재가 '지금'이라는 고정된 순간에 우리에게 즉시 현전하지 않으며, 시간이라는 지평 속에서 과거와 미래를 품고서 드러난다는 점을 살펴보았다. 이는 존재가 우리에게 다가오는 방식이 근본적으로 '지연(Delay)'을 내포하고 있음을 의미한다. 이 장에서는 이러한 철학적 통찰을 더욱 심화하여, 존재는 항상 우리에게 '늦게' 도착할 수밖에 없는 필연적인 이유를 탐구할 것이다.

우리가 어떤 대상을 '존재한다'고 인식하고 명명하는 순간을 생각해보자. 눈앞에 펼쳐진 풍경, 손에 들린 컵, 혹은 옆에 앉아 있는 사람. 이 모든 존재들은 우리 의식에 '지금' 완벽하게 포착되는 것처럼 보인다. 그러나 철학적으로 깊이 파고들면, 이 '포착'의 과정 자체가 이미 시간의 흔적을 담고 있다.

마르틴 하이데거(Martin Heidegger)는 그의 존재론에서 '현전(Anwesenheit)'이라는 개념을 비판적으로 고찰한다. 서양 철학은 오랫동안 존재를 '지금-여기'에 즉각적으로 현전하는 것으로 이해하려 했다. 하지만 하이데거는 이러한 현전 중심의 사고방식이 존재의 본질적인 시간성, 즉 '되어감(becoming)'을 간과한다고 보았다. 존재는 고정된 실체가 아니라, 끊임없이 생성되고 변화하며 자신을 드러내는 과정에 있다. 우리가 어떤 대상을 '이것이 존재한다'고 규정하는 순간, 우리는 이미 그 존재의 변화하는 흐름 속에서 한 단면을 잘라낸 것에 불과하다. 그 단면은 존재가 지나온 과거의 축적을 담고 있으며, 다가올 미래의 가능성을 향해 열려 있다.

예를 들어, 오래된 거목을 '존재한다'고 말할 때, 우리는 단순히 지금 눈앞에 서 있는 나무만을 의미하지 않는다. 우리는 그 나무가 수백 년의 세월 동안 겪어온 성장과 풍파, 수많은 계절의 변화를 암묵적으로 포함하여 그 존재를 파악한다. 동시에 그 나무가 앞으로 얼마나 더 살아갈지, 언제쯤 쓰러질지 모르는 미래의 운명 또한 그 존재 안에 담겨 있다. 즉, 거목의 '존재'는 그 모든 시간적 흔적과 가능성을 품고서야 비로소 우리에게 온전히 현전하는 것이며, 우리가 그를 인지하는 '지금'은 거목의 전체 시간성 중 한 점일 뿐이다. 따라서 거목의 존재는 우리에게 항상 그 '시간적 총체성'을 배경으로 '늦게' 도착하는 셈이 된다.

이러한 맥락에서 존재는 항상 우리에게 그 자체로 온전히 주어지지 않는다. 존재는 끊임없이 자신을 드러내는 과정에 있으며, 우리는 그 드러냄의 한 과정 속에서만 존재를 파악할 수 있다. 이는 마치 강물이 끊임없이 흘러가지만, 우리는 그 강물의 전체를 한 순간에 볼 수 없고, 오직 흘러가는 물의 한 부분만을 '지금' 보고 있다고 인식하는 것과 같다. 강물의 '존재'는 그 흘러가는 전체 시간성 속에서 파악되는 것이지, 한 순간의 물방울로 정의될 수 없다.

결론적으로, 존재는 우리에게 고정된 '실체'로 즉시 주어지는 것이 아니라, 끊임없이 흘러가는 시간 속에서 '되어가고' '드러나는' 과정 그 자체이다. 그리고 우리가 그 '되어감'의 한 단면을 인지하는 순간은 언제나 존재의 전체 시간성보다 '늦게' 도착할 수밖에 없는 필연적인 지연을 포함한다. '존재는 항상 늦게 도착한다'는 명제는, '즉시'와 '실시간'이라는 환상에서 벗어나, 시간과 존재의 심오한 관계를 이해하는 데 중요한 통찰을 제공하며, 모든 존재가 우리에게 '연착'하는 방식으로 현전한다는 이 책의 핵심 주제를 더욱 공고히 하는 것이다.

3장. 하이데거 - 존재는 항상 지연된 채 나타난다

 우리는 지금까지 존재가 우리에게 즉시 현전하지 않으며, 항상 시간적 지연을 통해 나타난다는 점을 직관적으로 이해해왔다. 이 장에서는 이러한 통찰의 정점에 있는 20세기 가장 위대한 철학자 중 한 명인 마르틴 하이데거(Martin Heidegger)의 사유를 통해, '존재는 항상 지연된 채 나타난다'는 명제의 심오한 의미를 파고들 것이다. 그의 철학은 '지금'이라는 찰나적 순간이 아닌, 존재의 본질적인 시간성을 통해 '연착'이라는 이 책의 핵심 주제를 가장 깊이 있게 설명해주는 안내자 역할을 한다.
 하이데거의 주저 『존재와 시간(Sein und Zeit)』은 서양 철학이 오랫동안 간과해왔던 '존재 자체의 의미'에 대한 질문을 다시 제기하며 시작한다. 그는 존재를 단순한 사물이나 고정된 실체로 이해하는 전통적인 방식에서 벗어나, 인간 존재(다자인, Dasein)가 세계 속

에서 '현존하는 방식'으로서 존재를 이해하려 했다. 그리고 그 현존 방식의 핵심에 바로 '시간성(Temporalität)'이 자리하고 있다고 보았다.

하이데거에게 시간은 우리가 흔히 생각하는 과거-현재-미래가 선형적으로 나열된 객관적인 흐름이 아니다. 오히려 시간은 다자인의 존재론적 구조, 즉 다자인이 자신을 '기투(企投, Entwurf)'하며 미래로 나아가고, 지나온 과거를 '되던짐(Geworfenheit)'으로 받아들이며, '현전(Gegenwart)' 속에서 자신의 가능성을 실현하는 방식이다. 여기서 중요한 것은 이 세 가지 시간적 지평(미래, 과거, 현전)이 독립적으로 존재하는 것이 아니라, 항상 서로 연결되어 있다는 점이다.

우리가 어떤 존재를 '인식하고', '있다'고 말하는 순간, 즉 존재가 우리에게 '나타나는' 그 순간은 결코 순수한 '지금-여기'의 현전이 아니다. 오히려 그 현전은 항상 미래로의 '기투'에 의해 열려 있고, 지나온 '과거의 흔적'에 의해 규정된다. 이것이 바로 하이데거가 "존재는 항상 지연된 채 나타난다"고 말하는 이유이다.

예를 들어, 우리가 눈앞의 망치를 '망치'라고 인식하는 순간을 생각해보자. 이 망치는 단순히 '지금 여기 있는 도구'가 아니다. 이 망치는 '무언가를 박기 위한(미래로의 기투)' 도구로서, '누군가에 의해 만들어진(지나온 과거의 흔적)' 것이며, 그 도구로서의 유용성이라는 본래적 의미를 내포하고 있다. 우리는 이 망치를 단순히 감각적으로 지각하는 것을 넘어, 망치의 유용성이라는 시간적이고 존재론적인 지평 속에서 비로소 '망치로서' 인식하는 것이다. 이 인식 과정에서 망치의 '본래적 존재'는 우리에게 즉각적으로 주어지는 것이 아니라, 이미 시간의 흔적과 미래의 가능성을 경유하여 '지연된 채' 나타나는 것이다.

더 나아가, 하이데거는 존재가 자신을 '드러냄(Unverborgenheit)'과 동시에 자신을 '감춤(Verborgenheit)'이라는 이중적인 방식으로 나타낸다고 보았다. 존재는 우리에게 완전히 투명하게 드러나지 않는다. 오히려 존재는 항상 어떤 '틈'을 가지고 있으며, 그 틈 사이에서 자신을 드러내면서도 동시에 감추는 것이다. 이 '감춤'의 측면 자체가 존재가 우리에게 즉시, 완전히 현전하지 않고 '지연된 채' 나타나는 또 다른 이유가 된다. 우리는 존재의 모든 것을 한 번에 파악할 수 없으며, 존재는 항상 우리 인식의 지평 너머에 어떤 미지의 가능성을 남겨둔다.

결론적으로 하이데거에게 '존재는 항상 지연된 채 나타난다'는 것은, 존재가 단순한 사물적 현전이 아니라 본질적으로 시간적인 존재임을 의미한다. 우리가 경험하는 '지금'이라는 현전은 존재의 시간적 구조 속에서 한 조각을 인지하는 것에 불과하며, 존재의 본질은 언제나 우리에게 과거의 깊이와 미래의 가능성을 품고 '연착'하며 도착하는 심오한 방식인 것이다. 이는 '실시간'이라는 착각에 갇힌 현대인이 존재의 참된 모습을 놓치고 있음을 일깨우는 강력한 메시지가 된다.

4장. 베르그송 – 시간은 흐름이 아니라 누적이다

　우리는 하이데거를 통해 존재가 즉각적으로 현전하는 것이 아니라, 미래를 향한 기투와 과거의 흔적 속에서 지연된 채 나타난다는 점을 이해했다. 이러한 논의는 시간을 단순히 물리적인 흐름이나 측정 가능한 단위로 보는 일반적인 시각에 의문을 제기한다. 프랑스의 철학자 앙리 베르그송(Henri Bergson)은 바로 이 '시간'의 본질을 깊이 탐구하며, 시간이 우리가 흔히 생각하는 것처럼 분절되어 흐르는 것이 아니라 '누적'되는 실체임을 역설한다. 그의 철학은 '연착'이라는 주제에 시간의 축적이라는 또 다른 차원의 의미를 부여한다.

　베르그송은 우리가 시계를 보며 '1분, 2분' 하는 식으로 시간을 측정하는 것은 진정한 의미의 시간이 아니라고 보았다. 이러한 측정 가능한 시간은 공간화된 시간, 즉 '정량화된 시간(Temps quantifié)'에 불과하다. 이 정량화된 시간은 연속적인 흐름을 임의로 잘라내어 분절된 점들의 연속으로 파악하려는 시도이며, 존재의 본질적인 변화와 운동성을 포착하지 못한다. 우리가 일상에서 "시간이 흐른다"고 말할 때, 대부분은 이 정량화된 시간을 염두에 두는 경우가 많다. 하지만 이 시간 개념 속에서는 진정한 의미의 '지연'이나 '누적'을 이해하기 어렵다. 모든 것이 선형적으로 즉시 지나가는 것처럼 보일 뿐이기 때문이다.

베르그송이 말하는 진정한 시간은 의식 속에서 경험되는 '지속(Durée)'이다. 지속은 과거, 현재, 미래가 분리되지 않고 끊임없이 서로에게 녹아들어 하나의 유기체처럼 살아 움직이는 비분절적인 흐름이다. 시계의 초침이 '똑, 딱' 하고 개별적인 점을 찍는 것과 달리, 우리의 의식 속에서 시간은 한 순간이 다음 순간으로 '스며들고', 과거가 현재 속에 '축적'되며, 현재가 미래를 향해 '뻗어 나가는' 연속적인 운동성이다.

이러한 '지속'의 관점에서 볼 때, 시간은 단순히 흘러 없어지는 것이 아니라, 경험들이 끊임없이 쌓여가는 '누적'의 과정이다. 예를 들어, 피아노 곡을 연주하는 법을 배우는 과정을 생각해보자. 하루하루 연습하는 시간은 정량화된 시간으로 측정될 수 있다. 하지만 진정한 배움은 단순히 정해진 시간을 보내는 것을 넘어선다. 어제 연습한 손가락의 움직임, 지난주에 익힌 악보의 기억, 지난달에 깨달았던 음악적 감각이 오늘의 연습 속에 고스란히 '누적'되어 새로운 실력으로 발현된다. 특정 순간에 '실력'이 갑자기 튀어 오르는 것처럼 보일 때가 있지만, 이는 그 순간에 이전의 모든 시간과 노력이 한데 모여 '응축되고 폭발'한 결과이다.

이는 존재의 '지연된 도착'을 설명하는 중요한 단서가 된다. 어떤 존재가 우리에게 온전히 드러나는 순간은, 그 존재가 지나온 모든 시간적 경험과 변화의 흔적들이 의식 속에 '누적'되고 통합된 이후에야 비로소 가능하다. 씨앗이 나무가 되는 과정은 단순히 물리적인 시간의 흐름을 넘어선다. 씨앗이 뿌리내리고, 싹을 틔우고, 줄기를 뻗고, 가지를 늘리는 모든 과정들이 시간 속에서 점진적으로 '누적'되어 '나무'라는 존재로 우리에게 현전하는 것이다. 씨앗의 '나무 됨'은 즉시 이루어지지 않으며, 수많은 계절의 누적된 시간 속에서 '지연되어' 도착한다.

베르그송의 '지속' 개념은 '실시간'이라는 착각에 갇힌 우리에게 근원적인 깨달음을 선사한다. 세상의 모든 변화와 성장은 단절된 '지금'의 연속이 아니라, 과거의 모든 것이 살아 숨 쉬는 '누적된 시간'의 산물이라는 점이다. 존재는 결코 '즉시' 오지 않는다. 대신, 모든 경험과 변화의 흔적들을 고스란히 '누적'하며, 그 누적된 시간의 무게와 깊이 속에서 비로소 우리에게 '늦게' 도착하는 것이다. 이 '누적된 지연'이야말로 존재의 진정한 현전 방식이며, '연착'이라는 현상이 가지는 풍요로움과 심오함을 이해하는 데 필수적인 통찰인 셈이다.

5장. 인간 생명의 '연착' – 엄마 뱃속 10달의 지연

우리는 아기의 탄생을 '새로운 생명의 탄생'이라 부르며 경이롭게 여긴다. 하지만 이 경이로운 탄생은 결코 '즉시' 이루어지지 않는다. 인간이라는 존재가 완전한 모습으로 세상에 첫발을 내딛기까지는 엄마의 뱃속에서 약 10개월(약 280일)이라는 긴 시간이 필요하다. 수정란이 세포 분열을 거듭하고, 장기가 형성되며, 뇌가 발달하고, 팔다리가 제자리를 찾아가는 이 모든 과정은 눈에 보이지 않는 곳에서 끊임없이 '지연'되고 '축적'되는 시간이다. 이 10달은 인간 존재가 세상에 '연착(延着)'하기 위해 반드시 거쳐야 하는 필연적인 지연의 시간이다.

생명의 시작과 '지연된 발현'의 경이로움

수정되는 찰나의 순간부터 인간 생명의 신비로운 여정은 시작된다. 그러나 이 작은 세포가 완전한 아기로 성장하는 과정은 극도로 복잡하고 섬세하며, 각 단계마다 철저한 시간 계획을 따른다. 심장이 뛰고, 뇌 신경이 연결되며, 손가락 발가락이 생겨나는 모든 발달 과정은 미리 정해진 순서와 속도에 따라 '지연된 형태로 발현'된다. 우리는 이 모든 과정이 정상적으로 진행될 것을 '기다리고' '믿을' 뿐, 단 한순간도 인위적으로 가속화할 수 없다. 만약 이 지연의 과정이 제대로 지켜지지 않는다면, 완전한 존재로의 '연착'은 불가능해진다. 이는 생명 자체가 '즉시성'이 아닌 '지연'과 '기다림'을 본질로 함을 보여주는 가장 근원적인 예시다.

엄마의 '기다림'과 존재의 '내부적 연착'

엄마에게 임신 기간은 단순히 아기가 자라는 시간을 넘어선다. 그것은 '기다림의 수행'이자, 아기가 자신에게 '연착'될 미래를 끊임없이 상상하고 준비하는 시간이다. 엄마는 아기의 태동을 느끼고, 초음파 사진으로 모습을 확인하며, 아기가 세상에 나올 준비를 하는 과정을 온몸으로 감내한다. 이 기다림은 아기에게만 해당되는 지연이 아니다. 엄마 또한 이 시간을 통해 신체적으로나 정신적으로 '엄마'라는 존재로 '지연되어 성장'하고 '연착'하는 과정이다. 뱃속의 아기는 엄마에게 '즉시' 완전한 모습으로 나타나지 않지만, 그 '내부적 연착'의 시간을 통해 엄마와 아기 모두 '존재'로서의 의미를 깊어지게 한다.

10달 속에 농축된 생명의 역사 – 진화의 '연착'

엄마 뱃속 10달이라는 시간은 단순히 개체의 성장을 넘어, 인류를 포함한 지구 생명 진화의 장대한 역사가 놀랍도록 농축되어 '연착'되는 과정이다. 수정란에서 시작된 단세포 생명이 분열을 거듭하고, 아가미 흔적, 꼬리 등 하등 척추동물의 특징을 거쳐 포유류, 그리고 인간의 모습으로 진화하는 과정은 수억 년에 걸친 생명의 진화사가 태아의 발달 과정 속에 압축되어 재현되는 것과 같다. 마치 오랜 역사를 가진 영화를 단 몇 분짜리 예고편으로 압축해 보여주듯이 말이다.

이러한 발달 과정 중 어느 한 단계에서라도 미세한 문제나 지연이 제대로 이루어지지 않으면, 기형아의 탄생과 같은 심각한 결과로 이어질 수 있다. 이는 비단 인간에게만 해당하는 것이 아니다. 지구상의 모든 동물 또한 각각의 종이 수억 년간 거쳐 온 진화의 여정을 엄마 뱃속 또는 알 속에서 짧은 시간 안에 재현하며, 그 과정을 온전히 '연착'해야만 정상적인 개체로 태어날 수 있다. 즉, 생명의 탄생은 '지금'이라는 찰나의 순간이 아니라, 거대한 진화의 시간이 압축되어 지연된 형태로 발현되는 기적이자, 생명 본연의 '연착'을 보여주는 궁극적인 증거인 셈이다.

탄생 이후에도 계속되는 '성장의 연착'

아기가 세상에 '연착'하여 태어난다고 해서 '지연'의 과정이 끝나는 것은 아니다. 신생아는 여전히 수동적인 존재이며, 완전한 인간으로서 자립하기까지는 걷고, 말하고, 생각하고, 사회성을 배우는 기나긴 '성장의 연착' 과정을 거쳐야 한다. 아기가 처음으로 뒤집고, 앉고, 기고, 서고, 걷는 모든 단계는 즉각적으로 이루어지지 않고, 수많은 시도와 실패, 그리고 부모의 인내심 있는 '기다림'을 통해 점진적으로 '연착'되어 나타난다. '지금 당장' 완벽한 아이를 기대하는 조급함은 이러한 자연스러운 '성장의 지연'을 방해할 수 있다. 인간 존재는 평생에 걸쳐 끊임없이 배우고 성장하며, 매 순간 '조금 늦게' 완전한 자신에게 '연착'해나가는 여정을 살아가는 셈이다.

3부

마음의 시차
– 감정의 비동시성

　1부와 2부에서 우리는 우주와 감각, 그리고 존재 자체의 차원에서 '실시간'이라는 개념이 착각이며, 모든 것이 필연적으로 지연되어 우리에게 '연착'한다는 점을 이해했다. 이제 시선을 우리의 가장 내밀한 영역인 '감정'으로 돌려볼 차례다. 3부 '마음의 시차-감정의 비동시성'은 사랑, 분노, 용서, 슬픔 등 인간의 복잡한 감정들이 어떻게 즉시 발생하거나 사라지지 않고, 필연적인 시간차, 즉 '시차'를 두고 비동시적으로 나타나는지를 탐구한다. 감정은 때로는 즉각적으로 폭발하는 듯 보이지만, 그 기저에는 오랜 누적과 지연의 시간이 숨어 있으며, 어떤 감정은 사건이 끝나고 한참 뒤에야 비로소 도착하기도 한다. 이 부는 감정의 '지연된 도착'을 통해 마음의 심오한 작동 원리를 이해하고, '즉시'를 강요하는 세상 속에서 감정의 진정한 리듬을 되찾는 지혜를 모색할 것이다.

1장. 사랑은 동시에 오지 않는다 – 감정의 비동시성

우리는 삶의 모든 면에서 '즉시성'과 '동시성'을 추구한다. 특히 감정의 영역에서는 더욱 그러하다. 사랑은 마치 번개처럼 한순간에 찾아오고, 미움은 즉시 타오르며, 기쁨은 터지는 동시에 만끽되어야 한다고 생각한다. 하지만 과연 우리의 감정은 그토록 단순하고 즉각적인 것일까? 이 장에서는 가장 보편적이고 강렬한 감정 중 하나인 '사랑'을 통해, 감정이 우리가 생각하는 것처럼 동시에 오지 않는다는 '비동시성(Asynchronicity)'의 본질을 탐구할 것이다.

흔히 드라마나 영화에서는 남녀 주인공이 서로를 보는 순간 첫눈에 반하고, 그 순간부터 사랑이 시작되는 것처럼 그려진다. 물론 강렬한 끌림이나 설렘은 즉각적으로 일어날 수 있다. 그러나 그것을 진정한 의미의 '사랑'이라고 부를 수 있을까? 사랑은 단순히 한순간의 감정이 아니다. 그것은 상대방에 대한 이해, 신뢰, 배려, 그리고 함께 쌓아가는 경험과 기억들이 복합적으로 얽혀 만들어지는 복잡하고 심오한 감정의 총체이다.

누군가에게 마음이 끌리고 호감이 생기는 것은 순간적으로 일어날 수 있다. 하지만 그 호감이 '사랑'으로 발전하기까지는 필연적으로 시간의 지연이 필요하다. 상대방을 알아가고, 서로의 가치관과 성격을 이해하며, 기쁨과 슬픔을 함께 나누는 과정 속에서 마음은 조금씩 깊어진다. 이 과정에서 우리는 상대방의 새로운 면을 발견하고, 때로는 실망하기도 하며, 그럼에도 불구하고 상대방의 존재를 더 깊이 받아들이게 된다. 이 모든 시간적 경험들이 '누적'되고 '축적'된 후에야 비로소 우리는 "아, 내가 이 사람을 사랑하는구나" 하고 비로소 깨닫게 되는 것이다.

즉, 사랑은 번개처럼 즉시 '발생'하는 것이 아니라, 씨앗이 나무로 자라듯 느리게 '성장'하고 '도착'하는 감정이다. 강렬한 감정의 불꽃은 시작을 알릴 수 있지만, 그 불꽃이 진정한 사랑의 불길이 되기 위해서는 수많은 시간과 경험이라는 연료가 필요하다. 이 연료가 공급되고 불꽃이 서서히 번져나가는 과정이 바로 사랑의 '지연'과 '연착'인 셈이다.

사랑의 비동시성은 단지 시작에만 국한되지 않는다. 연인 관계에서도 종종 서로의 감정 상태가 미묘하게 어긋나는 경험을 하게 된다. 한쪽은 상대방에게 깊은 사랑을 느끼고 있지만, 다른 한쪽은 아직 상대방에 대한 확신을 찾지 못하고 있거나, 혹은 마음이 식어가는 중일 수도 있다. 이러한 '감정의 시차'는 관계의 갈등을 유발하기도 하지만, 동시에 서로의 마음이 다른 속도와 리듬으로 변화하고 성장한다는 지극히 자연스러운 현상을 보여준다. 진정한 사랑은 이러한 시차를 이해하고, 상대방의 마음이 자신에게 '늦게 도착하더라도' 인내심을 가지고 기다려줄 때 비로소 더욱 깊어질 수 있는 것이다.

결론적으로, '사랑은 동시에 오지 않는다'는 말은 감정의 본질이 즉각적이고 고정된 것이 아니라, 시간 속에서 끊임없이 변화하고 성장하며 '누적'되는 특성을 지니고 있음을 역설한다. 진정한 사랑은 한순간의 강렬한 감정으로 정의되는 것이 아니라, 시간이라는 지연의 과정을 통해 비로소 온전히 현전하는 '연착'의 예술과 같은 것이다. 이는 '즉시성'에 매몰된 현대인들에게 감정의 진정한 의미와 그 속도를 이해하는 중요한 통찰을 제공한다.

2장. 카톡 답장이 늦는 이유 – 감정의 딜레이

우리는 '실시간'의 시대에 살고 있다고 자부한다. 특히 스마트폰 메신저는 즉각적인 소통을 가능하게 하여, 친구의 메시지에 몇 초 만에 답장하지 않으면 상대방이 서운해하거나 무시당했다고 느끼는 시대가 되었다. '카톡 1이 안 사라지는 이유', '왜 내 메시지를 읽씹했나' 같은 고민은 현대인의 흔한 감정적 딜레마이다. 하지만 이처럼 즉각적인 반응을 강요하는 디지털 환경 속에서도, 우리의 감정은 여전히 고유한 '딜레이'를 가지고 움직인다. 카톡 답장이 늦는 이유는 단순히 상대방이 바쁘거나 메시지를 못 봐서가 아니라, 종종 감정의 미묘한 지연이 개입하기 때문인 경우가 많다.

디지털 소통 환경은 물리적인 거리와 시간의 제약을 허물었지만, 역설적으로 감정적 거리는 여전히 존재한다. 메시지를 받는 순간, 우리는 그 내용을 읽고 인지한다. 하지만 그 메시지에 담긴 뉘

앙스, 상대방의 의도, 그리고 그에 대한 나의 감정적 반응은 즉시 형성되지 않는다. 예를 들어, 친구의 애매한 메시지를 받았을 때 우리는 곧바로 답장을 보내기보다 잠시 고민하는 시간을 가진다. '이게 무슨 뜻이지?', '내가 어떻게 반응해야 할까?', '이 말에 대해 나는 어떤 기분이지?' 같은 내면의 물음들이 꼬리에 꼬리를 물며 올라온다. 이 짧은 침묵의 시간은 바로 감정이 메시지에 온전히 '도착'하는 데 걸리는 지연 시간이다.

때로는 메시지를 받고 나서 감정이 즉시 '훅'하고 올라오는 경우도 있다. 누군가의 따뜻한 위로에 감동하거나, 불쾌한 말에 즉각적으로 화가 치미는 식이다. 그러나 이처럼 표면적으로는 즉시적인 감정 반응처럼 보여도, 그 감정이 온전히 '처리'되고 '정리'되어 적절한 형태의 답장으로 나타나기까지는 다시금 미세한 지연이 따른다. '지금' 답장을 보내고 싶지만, 나의 감정이 너무 격해서 실수를 할까 봐, 혹은 상대방의 감정을 헤아리기 위해 일부러 답장을 늦추는 것도 감정의 딜레이가 작용한 예이다.

이러한 감정의 딜레이는 우리의 무의식 속에서 일어나는 복잡한 감정 처리 과정 때문이다. 우리는 메시지를 통해 전달된 정보뿐만 아니라, 그 이면에 담긴 비언어적인 맥락, 과거의 관계, 현재의 기분 상태 등 다양한 요소를 동시에 고려하며 감정을 해석하고 반응을 준비한다. 이 모든 인지적, 감정적 과정은 물리적인 메시지 전달 속도와는 차원이 다른 고유한 '마음의 시간'을 필요로 하는 것이다.

결론적으로, 카톡 답장이 늦는 현상은 단순히 기술적인 문제가 아니라, 인간 감정의 비동시성을 보여주는 중요한 단서이다. 우리가 '실시간 소통'이라는 허상에 갇혀 즉각적인 반응만을 강요할 때, 우리는 정작 감정의 진정한 리듬을 놓치게 된다. 감정은 즉시 태어나고 즉시 사라지는 것이 아니라, 시간 속에서 천천히 형성되고, 때로는 '늦게' 도착하며, 그 지연 속에서 비로소 깊어지는 특성을 지닌다. 카톡 답장의 딜레이를 이해하는 것은, 디지털 속도의 강박에서 벗어나 감정의 고유한 '연착'을 인정하고 존중하는 첫걸음이 될 것이다.

3장. 감정은 천천히 따라온다
– 마음이 늦게 움직이는 이유

 우리는 종종 어떤 사건이나 상황이 벌어진 직후에는 아무렇지 않다가, 시간이 한참 지난 후에야 비로소 강렬한 감정을 느끼는 경험을 한다. 예를 들어, 큰 사고를 당했을 때는 당장의 혼란과 충격 때문에 고통을 제대로 인지하지 못하다가, 안전해진 뒤에야 온몸에 통증이 몰려오고 공포감에 휩싸이기도 한다. 힘든 이별을 겪었을 때도 처음에는 덤덤하다가, 몇 주 혹은 몇 달이 지나서야 비로소 깊은 슬픔과 상실감에 잠기기도 한다. 이처럼 감정이 사건의 발생 시점과 '비동시적'으로, 그것도 한참 '늦게' 따라오는 현상은 우리가 감정을 지각하는 방식의 본질적인 특성을 보여준다. 마음이 왜 이토록 늦게 움직이는 것일까? 이 현상의 핵심에는 뇌의 정보처리 방식과 감정의 복잡한 형성 과정이 자리하고 있다.

생존을 위한 즉각적인 반응 체계와 지연된 감정 체계의 분리

외부의 사건이 발생하면, 우리의 뇌는 이 정보를 즉시 감정으로 변환하는 것이 아니다. 대신, 생존을 위해 가장 빠르고 본능적인 반응을 먼저 일으킨다. 위협적인 상황이 닥쳤을 때, 우리는 생각할 겨를도 없이 몸을 움직인다. 예를 들어, 갑자기 튀어나온 차를 피할 때 활성화되는 것은 주로 뇌의 편도체와 같은 원초적인 영역이다. 감정 중추는 이 사건 자체를 '위험하다'고 즉각적으로 판단하고 몸을 움직이도록 지시하지만, '두려움'이라는 복합적인 감정이 심장 박동 증가, 식은땀, 호흡 가빠짐 등의 신체 반응과 함께 온전히 의식되는 데는 약간의 시간차가 발생한다. 더 나아가, 그 사건이 가져올 심리적 충격이나 트라우마 같은 깊은 감정은 뇌의 다른 영역에서 정보를 종합하고 의미를 부여하는 시간이 필요하므로 훨씬 더 뒤늦게 도착하게 되는 것이다.

감정의 '소화' 과정

우리의 마음은 경험을 한 번에 다 받아들이고 소화하지 못한다. 특히 강렬하거나 복잡한 감정은 마치 음식을 소화하듯이 일정 시간이 필요하다. 사건이 발생하면 뇌는 정보를 '파편' 형태로 받아들인다. 이 파편들이 연결되고 의미를 부여받아 하나의 '서사'로 재구성될 때 비로소 우리는 그 사건에 대한 온전한 감정을 느낄 수 있다. 이 재구성 과정은 의식적, 무의식적으로 진행되며, 상당한 시간을 요구할 수 있다. 예를 들어, 소중한 사람을 잃은 슬픔은 처음에는 너무 압도적이어서 감각이 마비된 것처럼 느껴지기도 한다. 하지만 시간이 지나면서, 고인과의 추억을 되새기고, 상실의 의미를 되씹는 과정을 통해 슬픔은 점차 구체적인 형태로 '따라오게' 되는 것이다.

자기 보호 메커니즘의 작동

때때로 우리의 마음은 너무 강렬한 감정으로부터 자신을 보호하기 위해 일시적으로 감정을 '차단'하거나 '유보'시킨다. 이는 충격적인 상황에서 즉각적인 감정의 폭풍에 휩쓸리지 않고 기능하기 위한 자연스러운 방어기제이다. 위험이 사라지고 안전한 환경에 도달했을 때, 혹은 마음이 감당할 준비가 되었을 때 비로소 유보되었던 감정들이 서서히 수면 위로 올라오기 시작한다. 이 역시 감정이 사건보다 '늦게' 도착하는 중요한 이유가 된다.

결론적으로, '감정은 천천히 따라온다'는 것은 우리의 마음이 결코 즉각적이고 단순하게 작동하지 않는다는 증거이다. 감정은 사건의 발생과 동시에 나타나는 것이 아니라, 뇌의 복잡한 정보 처리, 심리적 소화 과정, 그리고 자기 보호 메커니즘을 거쳐 '지연되어' 도착하는 것이다. '즉시 반응'과 '감정의 즉각적 해소'를 강요하는 현대 사회에서, 우리는 감정의 이러한 '연착'의 본질을 이해하고, 자신의 감정에게 충분한 '시차'와 '기다림'을 허용할 때 비로소 마음의 진정한 건강과 평화를 찾을 수 있을 것이다.

4장. 화는 즉시 터지지만, 용서는 늦게 온다
– 마음의 회복력에 대한 고찰

　인간의 감정 중 어떤 것은 번개처럼 즉각적으로 타오르는 듯 보이지만, 어떤 것은 씨앗이 싹트고 자라듯 오랜 시간을 들여 천천히 도착한다. 특히 '분노'와 '용서'는 이러한 감정의 비동시성을 극명하게 보여주는 대비되는 예시이다. 우리는 누군가의 말이나 행동에 즉각적으로 '화'를 느끼고 폭발하는 경험을 흔히 하지만, 그 사람을 '용서'하기까지는 훨씬 더 길고 복잡한 시간을 보내게 된다. 이 장에서는 분노의 즉각성과 용서의 지연된 도착이 의미하는 바를 마음의 회복력 관점에서 통합적으로 탐구하고자 한다.

분노의 즉각성 – 생존을 위한 본능적 외침

　'화'는 인간이 위협을 느끼거나 자신의 영역이 침범당했을 때 나타나는 가장 원초적이고 즉각적인 감정이다. 분노는 우리의 생존과 직결된 방어 기제로서, 위험에 즉시 반응하고 자신을 보호하기 위해 진화해왔다. 뇌의 편도체와 같은 원시적인 영역이 위협을 감지하면, 우리 몸은 순식간에 '싸우거나 도망칠(fight-or-flight)' 준비에 돌입한다. 심장이 뛰고 얼굴이 붉어지는 등의 신체 반응은 이 때문이다. 이처럼 '화'는 스위치를 켜는 것처럼 즉시 터져 나오며, 우리를 훼손하려는 대상을 향해 자신을 방어하려는 '순간적 현전(現前)'의 양상을 띤다.

상처의 수용과 분노의 해소

반면 '용서'는 분노와 전혀 다른 궤적을 그리는 복잡하고 긴 내면의 여정이다. 용서가 늦게 도착하는 첫 번째 이유는, 상처를 온전히 인지하고 수용하는 시간이 필요하기 때문이다. 용서는 상처를 외면하는 행위가 아니라, 자신의 취약성을 마주하고 그 아픔을 충분히 경험하며 깨어진 마음의 파편을 다시 모으는 지난한 작업이다. 이는 마치 부러진 뼈가 다시 붙는 과정과 같다. 뼈가 부러지는 것은 순식간이지만 회복에는 오랜 인고의 시간이 필요하듯, 마음의 상처도 충분한 시간을 들여야 온전히 치유될 수 있다. 또한, 즉각적으로 터져 나온 분노의 감정을 억누르는 것이 아니라, 그 감정이 자연스럽게 해소되도록 스스로에게 시간을 허용하는 과정이 필수적이다. 이 분노의 에너지가 점차 소진될 때 비로소 용서의 자리가 마련되는 것이다.

관점의 전환 – 재해석과 관계의 재정립

자신의 상처와 감정을 어느 정도 다스릴 여유가 생기면, 용서의 과정은 다음 단계로 나아간다. 바로 사건의 재해석과 공감의 지연된 발생이다. 시간이 흐르면서 우리는 가해자의 의도나 상황의 전체적인 맥락을 좀 더 객관적으로 이해하려 노력하게 된다. 상처 직후에는 불가능했던 상대방의 입장을 헤아려 볼 여유, 즉 '공감'이 천천히 싹틀 수 있다. 가해자 역시 나름의 사정이나 한계를 가진 불완전한 존재임을 이해하게 되는 것이다. 이러한 이해와 공감은 용서의 가능성을 열어주는 중요한 전환점이 된다. 나아가 용서는 관계의 재정립을 동반한다. 과거의 아픔을 바탕으로 관계를 건강하게 회복할지, 혹은 건강하게 단절할지를 결정하는 데에는 신중한 숙고와 의식적인 선택이 필요하며, 이 또한 결코 단숨에 이루어지지 않는다.

느림의 의미 – 용서는 마음의 회복력이 보내는 신호

결론적으로, 용서가 이토록 느리게 찾아오는 것은 마음의 나약함이 아니라, 오히려 상처를 치유하고 자신을 강화하는 마음의 강력한 '회복력(Resilience)'의 증거이다. 용서의 지연된 도착은 우리가 자신의 감정에게 충분한 시간을 주고, 내면의 복잡한 과정을 인내심 있게 기다려줄 때 비로소 도달할 수 있는 영적인 '연착(延着)'이자, 진정한 의미의 자유를 선사하는 길이다. '즉시성'에 대한 현대 사회의 강박 속에서, 이 감정의 본질적인 '시차(時差)'를 이해하고 용서의 느린 리듬을 존중하는 것은, 상처를 치유하고 관계를 회복하는 데 필수적인 지혜가 될 것이다.

5장. 실연은 끝나고 나서 아프다 – 감정의 시차

인간의 감정은 때때로 사건의 발생 시점과는 전혀 다른 리듬으로 움직인다. 특히 실연과 같은 충격적인 경험에서 이러한 '감정의 시차'는 극명하게 드러난다. 연인과의 관계가 공식적으로 끝나는 순간에는 오히려 덤덤하거나, 심지어 홀가분함을 느끼기도 한다. 하지만 시간이 흘러 일상 속에서 관계의 빈자리를 체감하게 될 때, 혹은 예상치 못한 순간에 불현듯 밀려오는 슬픔과 상실감에 휩싸이게 된다. 왜 실연은 끝나고 나서야 비로소 아프기 시작하는 것일까? 이 현상은 감정이 즉각적으로 반응하는 것이 아니라, 시간이라는 지연의 과정을 거쳐 '연착'한다는 본질을 보여주는 대표적인 사례이다.

이별 직후의 심리적 방어 기제

이별이라는 충격적인 상황이 닥쳤을 때, 우리의 마음은 마치 큰 사고를 당했을 때처럼 일종의 심리적 방어 기제를 작동시킨다. 감당하기 힘든 고통으로부터 자신을 보호하기 위해, 감정을 일시적으로 마비시키거나 회피하는 경향이 나타나는 것이다. 이별의 현실을 받아들이지 않으려는 부정(Denial)이나, 슬픔을 뒤로하고 즉시 새로운 관계를 찾아 나서거나, 일에 몰두하여 감정을 억누르는 행동들이 이에 해당한다.

이 단계에서는 감정이 '표출되지 않는' 것이 아니라, 단지 '지연되어 처리되는' 과정에 있다고 볼 수 있다. 마치 댐에 물이 가득 차 있지만, 수문을 닫아 놓아 당장은 넘치지 않는 것과 같다. 이별의 현실을 애써 외면하고 감정을 억누르는 동안, 마음속에는 고통의 씨앗이 심겨지고 서서히 발아할 준비를 한다. 이 시기에는 감정의 '즉각적인 현전'이 유보되며, 이는 이후에 찾아올 더 큰 파고의 전조가 된다.

일상 속에서 천천히 드러나는 '부재'의 감각

진정한 아픔은 이별의 '사건' 자체가 아니라, 이별로 인해 생긴 '부재(Absence)'를 일상 속에서 체감하기 시작할 때 비로소 찾아온다. 함께 가던 길을 혼자 걷고, 늘 나누던 대화가 사라지고, 함께 즐기던 음식 앞에서 공허함을 느낄 때, 관계의 빈자리가 생생하게 느껴진다. 이처럼 익숙했던 삶의 패턴 속에서 연인의 흔적을 발견하고, 그 부재가 주는 공허함을 인지하는 데는 물리적인 시간이 필요하다.

이러한 부재의 감각은 마치 마른 스펀지가 물을 흡수하듯, 마음속에 천천히 스며든다. 처음에는 무심코 지나쳤던 사소한 것들이 점차 관계의 상실을 상기시키며 슬픔을 불러일으킨다. 함께 보았던 영화의 한 장면, 우연히 들려오는 옛 추억의 노래, 심지어 특정 장소나 냄새가 과거의 기억을 소환하며 감정의 물결을 일으키기도 한다. 이처럼 오랜 시간에 걸쳐 파편처럼 산재된 기억과 경험들이 하나둘씩 수면 위로 떠오르고 연결될 때, 비로소 우리는 실연으로 인한 총체적인 아픔과 슬픔을 온전히 느끼게 되는 것이다. 이는 감정이 사건이 끝난 뒤에야 비로소 '완전히 도착'하는 '연착'의 과정을 보여준다.

감정의 지연된 처리와 성숙의 시간

실연의 아픔이 뒤늦게 찾아오는 것은 우리의 마음이 단순히 게으르거나 미련해서가 아니다. 오히려 이는 마음이 상처를 처리하고 성숙해지는 필수적인 '지연된 처리' 과정이다. 마음은 즉각적인 고통 속에서 허우적대기보다, 일정 시간을 두고 사건을 되새기고, 의미를 부여하며, 스스로를 치유할 수 있는 준비를 한다. 이 과정을 통해 우리는 관계의 끝을 받아들이고, 자신을 돌아보며, 앞으로 나아갈 힘을 얻게 된다.

이처럼 실연은 끝나고 나서야 아프기 시작하지만, 이 '지연된 아픔'이야말로 우리에게 관계의 진정한 의미를 깨닫고, 상실을 통해 성장할 수 있는 소중한 기회를 제공한다. 감정의 시차를 이해하고 자신의 마음이 충분히 아파하고 회복할 시간을 허용할 때, 우리는 비로소 실연이라는 경험을 통해 더욱 단단하고 지혜로운 존재로 거듭날 수 있을 것이다. '즉시' 괜찮아지기를 강요하는 세상 속에서, 감정의 '연착'을 인정하는 것은 우리 자신을 진정으로 사랑하는 방식인 셈이다.

4부

연착 감수성의 확장
– 삶의 모든 영역에서 기다림의 지혜

　1부에서 우리는 감각과 인식의 지연을 살폈고, 2부에서는 존재 자체가 우리에게 항상 '늦게' 도착함을 철학적으로 조명했다. 이어 3부에서는 감정의 시차와 마음의 지연을 통해, 인간 내면에서조차 '즉시성'은 존재하지 않는다는 점을 확인했다. 이제 4부는 이러한 사유의 흐름을 바탕으로, 삶의 구체적인 영역 속에서 '지연'과 '기다림'이 어떤 실천적 의미를 가질 수 있는지를 탐구한다. 이 흐름은 뒤에서 다루게 될 하나의 중심 개념, 즉 '연착 감수성(Delayed Sensitivity)'이라는 삶의 태도로 서서히 수렴된다.

　이 장은 철학적 사유에서 실천적 삶으로의 전환점이자, 이론에서 몸과 관계로 확장되는 지연 감수성의 중심축이다. 우리는 '기다림'을 흔히 인내심의 미덕으로 여긴다. 그러나 이 부에서 다루게 될 교육, 예술, 건강, 사회 변화의 영역, 그리고 처음엔 외면받다가 뒤늦게 그 가치를 인정받는 대중문화의 '슬리퍼 히트' 현상 속에서, 기다림은 단순한 수동적 참음이 아니라 성숙과 변화를 가능하게 하는 주체적 시간의 전략으로 재해석된다. 기다림은 속도보다 방향을 중요하게 여기고, 즉시보다 과정의 깊이를 중시하는 존재 방식이다. '연착'을 실패나 불편으로 여기는 대신, 그 속에서 새로운 의미가 태동하는 공간으로 받아들일 때, 우리는 조급함으로부터 벗어나 더 너그럽고 깊이 있는 삶을 살아갈 수 있다.

모든 중요한 것은 늦게 온다. 삶의 진실은 대개 우리 예정보다 늦게 도착하며, 우리는 그 '늦음'을 감당함으로써 성숙해진다. 이 부는 연착의 철학이 '삶의 태도'로 전환되는 지점이며, 그 사유가 어떤 이름을 갖게 되는지는 마지막 장에서 밝혀질 것이다. 기다림의 지혜를 통해 '기다릴 수 있는 사람'으로 살아가는 법을 모색하는 여정은, 이제부터 본격적으로 시작된다.

1장. 교육의 연착 – 성장은 기다려야 한다

현대 교육은 '속도'와 '효율성', 그리고 '즉각적인 결과'에 강하게 매달려 있다. 우리는 더 빠른 학습 방법, 더 높은 시험 점수, 더 조기적인 영재 교육을 추구하며, 아이들이 '즉시' 배우고 '바로' 성과를 내기를 기대한다. 디지털 학습 도구와 인공지능 튜터는 이러한 '즉시성'의 욕구를 충족시키는 듯 보인다. 하지만 이러한 교육의 패러다임 속에서, 우리는 '진정한 배움과 성장은 필연적으로 지연을 수반한다'는 본질적인 진실을 외면하고 있는 것은 아닐까?

마치 씨앗이 싹을 틔우고 나무로 자라기까지 오랜 시간이 필요하듯이, 인간의 지적, 정서적 성장은 결코 즉각적으로 이루어지지 않는다. 교육은 본질적으로 '연착'의 과정이며, 그 속에서 '기다림'의 지혜가 필요하다.

지식의 '내면화'와 '숙성'의 딜레이

정보는 즉시 습득될 수 있지만, 그것이 진정한 '지식'이 되고 '지혜'로 발전하기 위해서는 필연적인 '내면화'와 '숙성'의 시간이 필요하다. 시험 점수는 단기적인 암기력을 측정할 수 있지만, 학습한 내용이 깊이 이해되고, 다른 지식과 연결되며, 삶의 통찰로 전환되기까지는 상당한 시간적 지연이 발생한다.

수많은 정보를 주입한다고 해서 아이들이 즉시 똑똑해지는 것이 아니다. 아이들은 새로운 정보를 자신의 기존 지식 체계와 연결하고, 그것을 다양한 맥락에서 적용하며, 자신만의 방식으로 재해석하는 과정을 거친다. 이 과정은 시행착오를 수반하며, 때로는 답보 상태에 있는 것처럼 보이기도 한다. 하지만 이 '지연된' 시간 속에서 비로소 학습은 의미 있는 경험으로 변모하고, 표면적인 이해를 넘어선 깊은 깨달음으로 이어진다. '즉시성'에 대한 강박은 이러한 내면화와 숙성의 시간을 빼앗아 버려, 학습을 단편적이고 휘발적인 정보의 나열로 만들어 버릴 위험이 있다. 진정한 배움은 '연착'된 깨달음인 것이다.

창의성과 문제 해결 능력의 '지연된 발현'

현대 사회는 창의적이고 문제 해결 능력이 뛰어난 인재를 요구한다. 그러나 이러한 능력 또한 '즉시' 개발되거나 발현되는 것이 아니다. 창의성은 단순히 새로운 아이디어를 즉시 내놓는 것이 아니라, 다양한 정보와 경험이 충분히 쌓이고, 서로 다른 지식들이 무의식 속에서 융합하며, 문득 새로운 통찰로 이어지는 '지연된 발현'의 결과물이다.

학생들에게 즉시 정답을 요구하고, 빨리 결과물을 만들어내도록 강요하는 교육 환경은 오히려 창의성과 문제 해결 능력이 자라날 수 있는 '기다림'의 시간을 빼앗는다. 실패를 통해 배우고, 다양한 시도를 하며, 스스로 해답을 찾아나가는 과정 속에서 진정한 창의성이 발휘된다. 이 과정은 필연적으로 딜레이를 수반하며, 때로는 오랜 침묵과 번민의 시간을 거치기도 한다. 교육은 이러한 '창조적 지연'의 공간을 제공하고, 아이들이 자신만의 속도로 탐색하고 발견할 수 있도록 '기다려주는' 역할을 해야 한다.

정서적 성숙과 사회성 발달의 '느린 연착'

학문적 성취만큼 중요한 것이 아이들의 정서적 성숙과 사회성 발달이다. 공감 능력, 회복 탄력성, 자기 조절 능력, 타인과의 관계 맺는 능력 등은 단기간에 길러지지 않는다. 이러한 정서적, 사회적 능력은 수많은 상호작용 속에서 시행착오를 겪고, 감정을 조절하는 법을 배우며, 타인의 감정을 이해하는 훈련을 통해 '느리게, 그러나 단단하게 연착'한다.

부모나 교사가 아이에게 즉시 완벽한 행동이나 감정 조절 능력을 요구하는 것은 현실과 동떨어진 기대일 수 있다. 아이들은 갈등을 겪고, 좌절하며, 친구들과 부대끼는 과정 속에서 점차 자신을 이해하고 타인과 공존하는 법을 배운다. 이 모든 것은 '느린 기다림'을 통해 완성되는 과정이며, '즉시'의 강박은 오히려 아이들의 자연스러운 정서적 성장을 방해할 수 있다. 교육은 아이들이 이러한 '정서적 연착'의 시간을 충분히 가질 수 있도록 안전하고 지지적인 환경을 제공해야 한다.

결론적으로, '교육의 연착'은 진정한 배움과 성장이 결코 즉각적으로 이루어지지 않으며, 지식의 내면화, 창의성 발현, 정서적 성숙 등 모든 중요한 과정이 필연적인 '지연'과 '기다림'을 수반한다는 것을 강조한다. '빨리빨리'를 외치는 현대 교육의 패러다임 속에서, 우리는 '연착 감수성'을 통해 '느림'의 가치를 재발견하고, 아이들이 자신만의 속도로 충분히 성장할 수 있도록 '기다려주는' 지혜로운 교육 환경을 만들어나가야 할 것이다.

2장. 예술의 연착 – 영감과 숙성의 시간

현대 사회는 모든 것을 빠르고 쉽게 소비하려는 경향이 강하다. 예술 분야에서도 마찬가지다. 짧고 강렬한 이미지, 즉각적인 반응을 유도하는 콘텐츠, 빠르게 소비되는 디지털 음원 등이 넘쳐난다. 예술가에게도 '즉시' 대중의 시선을 사로잡을 작품을 만들고 '바로' 인정받으라는 압박이 존재한다. 그러나 진정한 예술은 이러한 '즉시성'의 요구를 뛰어넘어, 본질적으로 '지연(Delay)'과 '숙성'의 시간, 그리고 '기다림'을 통해 탄생하고 비로소 그 깊이를 드러낸다. 예술은 대표적인 '연착'의 영역이며, 그 속에서 '느림'의 미학이 꽃피운다.

영감의 '지연된' 도착과 '무의식의 숙성'

예술가에게 '영감'은 마치 번개처럼 불현듯 찾아오는 것처럼 보인다. 그러나 대부분의 경우, 이 '영감'은 오랜 시간 동안의 관찰, 경험, 지식, 그리고 무의식 속에서의 끊임없는 사유가 '지연되어' 축적된 결과물이 어느 순간 폭발하며 나타나는 것이다. 화가가 수많은 풍경을 보고, 작가가 방대한 자료를 읽고, 작곡가가 다양한 음악을 듣는 과정은 겉으로는 정지된 것처럼 보이지만, 그 내부에서는 창조적인 에너지가 끊임없이 숙성되고 있는 시간이다.

모든 아이디어나 통찰이 즉시 작품으로 구현되는 것은 아니다. 때로는 영감이 떠올라도 그것이 온전한 형태를 갖추기까지 오랜 시간이 걸리기도 한다. 마치 잘 익은 과일이 나무에서 떨어지기를 기다리듯이, 예술가는 영감이 진정한 작품으로 무르익기를 '기다려야' 한다. 이 '무의식의 숙성' 시간은 표면적으로는 '지연'처럼 보이지만, 실제로는 작품에 깊이와 의미를 더하는 필수적인 과정이다. '즉시' 작품을 내놓으라는 압박은 오히려 예술의 본질적인 창조 과정을 방해할 수 있다. 예술은 '연착'되는 영감의 산물인 셈이다.

창작 과정의 '인내'와 '불완전함'의 포용

예술 작품이 완성되기까지는 수많은 시행착오와 수정, 그리고 긴 '인내'의 시간이 필요하다. 화가는 덧칠하고 지우기를 반복하며 색을 찾아가고, 작가는 수없이 고쳐 쓰고 버리며 최적의 문장을 찾아 헤맨다. 음악가는 수많은 음표를 조합하고 다시 배치하며 조화로운 선율을 만들어낸다. 이러한 창작 과정은 결코 즉각적으로 완벽하게 이루어지지 않는다. 오히려 '지연'된 시간 속에서 불완전함을 끊임없이 마주하고, 그것을 인내심 있게 개선해나가는 과정이다.

이러한 '느림' 속에서 예술가는 자신의 기술을 연마하고, 재료를 탐구하며, 아이디어를 더욱 정교하게 다듬는다. 때로는 작품이 원하는 방향으로 나아가지 않을 때 찾아오는 좌절과 정체의 시간도 존재한다. 하지만 이러한 '딜레이' 속에서 예술가는 자신과 작품에 대한 더 깊은 이해를 얻게 된다. '즉시' 완벽한 결과물을 요구하는 태도는 이러한 창조적인 인내의 시간을 견뎌내지 못하게 하고, 결국 작품의 깊이를 얕게 만들 수 있다. 예술은 '불완전함'을 포용하고 '지연'된 시간을 통해 완성되어 가는 아름다운 과정인 것이다.

예술 작품 수용의 '느린 연착' – 관객의 성찰 시간

예술 작품이 창작자로부터 '연착'되어 관객에게 전달된 후에도, 그 작품이 관객에게 진정한 의미로 다가오는 데에는 또 다른 형태의 '지연'이 필요하다. 갤러리에서 그림을 스쳐 지나가듯 보거나, 음악을 배경음악처럼 흘려듣는 '빠른 소비' 방식으로는 예술 작품의 진정한 가치를 온전히 느끼기 어렵다.

진정한 예술 작품은 관객에게 즉각적인 즐거움만을 주는 것이 아니다. 그것은 관객에게 생각할 거리를 던지고, 감정을 자극하며, 삶에 대한 새로운 통찰을 제공한다. 이를 위해서는 관객이 작품 앞에서 충분히 '머무르고', '사유하며', '성찰할 수 있는 시간'이 필요하다. 한 편의 소설을 읽고 그 의미를 곱씹거나, 한 점의 그림 앞에서 깊은 감동에 잠기거나, 한 곡의 음악을 반복해서 들으며 그 속에 담긴 서사를 이해하는 데에는 필연적인 '지연'의 시간이 요구된다. 이 시간 속에서 작품은 관객의 내면과 상호작용하며 비로소 그 진정한 의미를 '연착'시키는 것이다.

  결론적으로, '예술의 연착'은 영감이 불현듯 찾아오는 순간조차도 그 뒤에는 오랜 숙성의 시간이 숨어있고, 창작 과정은 인내심 있는 '지연'을 통해 완성되며, 예술 작품은 관객의 '느린 기다림' 속에서 비로소 진정한 의미를 드러낸다는 것을 보여준다. '즉각적인 소비'의 압박 속에서, 우리는 '느림'의 미학을 통해 예술의 본질적인 가치를 이해하고, 그 속에서 삶의 깊이와 아름다움을 재발견하는 '연착 감수성'을 길러야 할 것이다.

3장. 역주행 신화와 슬리퍼 히트
– 대중의 지연된 감응

지금까지 우리는 교육, 예술, 건강, 사회 변화 등 거시적인 영역에서 성과와 보상이 얼마나 필연적으로 '연착'하는지를 살펴보았다. 그렇다면 수많은 대중의 즉각적인 반응이 실시간으로 집계되는 대중문화의 영역은 어떨까? 이곳만큼은 '지연' 없이 즉각적인 성공과 실패가 결정되는 것처럼 보인다. 하지만 이 가장 빠르고 역동적인 시장 속에서도, 우리는 가장 극적인 형태의 '연착'을 목격하게 된다.

3장 '역주행 신화와 슬리퍼 히트'는 바로 이 대중문화 속 '지연된 성공'의 메커니즘을 파고든다. 처음에는 아무의 주목도 받지 못하고 차트 밖으로 사라졌던 노래가 몇 달, 혹은 몇 년 뒤에야 비로소 대중의 마음을 사로잡는 '역주행' 현상. 대규모 마케팅 없이 개봉했지만, 관객들의 입소문이라는 느린 파도를 타고 예상치 못한 흥

행을 기록하는 '슬리퍼 히트' 영화. 이 현상들은 작품의 내재적 가치와 대중의 집단적 감응 사이에 존재하는 깊은 '시간차'를 명백히 보여준다.

이 장에서는 가치가 어떻게 지연되어 발견되는지, 그리고 입소문과 알고리즘이라는 현대적 시스템이 이 '지연된 감응'을 어떻게 증폭시키는지 분석할 것이다. 이를 통해 우리는 가장 즉각적으로 보이는 대중의 마음조차 사실은 얼마나 느리고, 비선형적이며, 예측 불가능한 '연착'의 과정을 거쳐 움직이는지를 이해하게 될 것이다.

처음에는 아무도 몰라주었다 – 〈쇼생크 탈출〉과 지연된 가치

모든 역주행 신화와 슬리퍼 히트의 서사는 공통적으로 '조용한 시작'을 그 출발점으로 한다. 대중의 기대를 한 몸에 받는 블록버스터 영화가 개봉 첫 주에 모든 기록을 갈아치우고, 유명 아이돌 그룹의 신곡이 발매 1시간 만에 차트 정상을 차지하는 '즉시적 성공'의 세계에서, 이들의 등장은 너무나도 미미하고 초라하다. 최소한의 홍보, 미미한 초기 판매량, 평론가들의 무관심, 그리고 대중의 싸늘한 외면. 상업적 논리로만 본다면, 이들의 시작은 명백한 '실패'다.

그러나 작품의 운명은 시장의 첫 반응만으로 결정되지 않는다. 슬리퍼 히트 현상의 가장 중요한 전제는, 바로 이 '실패'한 작품 속에 처음부터 성공할 만한 '내재적 가치'가 잠들어 있었다는 사실이다. 관객의 마음을 움직일 만한 탄탄한 시나리오, 듣는 이의 귓가를 맴도는 중독적인 멜로디, 시대의 허를 찌르는 날카로운 메시지는 개봉 첫날부터 그곳에 존재했다. 다만, 그 가치를 알아보고 감응할 대중의 마음이 아직 도착하지 않았을 뿐이다. 가치는 이미 현존하고 있었지만, 그 가치에 대한 사회적 '발견'이 극적으로 '연착'되고 있었던 것이다.

이러한 '가치의 지연된 발견'은 실제 수많은 사례를 통해 증명된다. 영화 〈쇼생크 탈출〉은 개봉 당시 〈포레스트 검프〉, 〈펄프 픽션〉 같은 쟁쟁한 작품들에 밀려 흥행에 참패했다. 하지만 작품이 담고 있던 인간 존엄성에 대한 묵직한 메시지는 사라지지 않았고, 비디오 시장과 TV 방영을 통해 뒤늦게 입소문이 퍼지면서 시대를 초월한 명작의 반열에 올랐다. 한국의 걸그룹 EXID의 노래 '위아래' 역시 마찬가지다. 공식 활동이 끝나고 대중의 기억에서 잊혀갈 무렵, 한 팬이 찍은 영상이 온라인에서 폭발적인 반응을 얻으면서 몇 달이라는 시간차를 두고 차트를 역주행하는 기적을 만들어냈다. 노래의 중독성과 매력은 처음부터 존재했지만, 대중이 그것을 '발견'하기까지는 긴 '지연'의 시간이 필요했던 것이다.

결국 모든 슬리퍼 히트의 시작점은 '가치의 지연된 발견'이라는 현상으로 요약된다. 이는 시장에서의 즉각적인 성공과 작품의 본질적인 가치가 결코 동의어가 아님을 증명한다. 오히려 위대한 작품일수록, 그 가치가 온전히 알려지기까지는 일정한 '잠복기' 혹은 '숙성의 시간'을 필요로 하는 경우가 많다. 처음에는 아무도 알아주지 않는다는 이 고독한 시간이야말로, 가치가 스스로를 증명하고 대중의 '지연된 감응'을 이끌어내기 위한 필수적인 첫 번째 단계인 것이다.

입소문과 알고리즘 - 반 고흐와 지연된 감응의 증폭

처음에는 주목받지 못했던 작품의 가치는 어떻게 뒤늦게 수면 위로 떠오르는가? 그 잠복기를 끝내는 최초의 '발견'은 거대 자본의 마케팅이 아니라, 대부분 한 명의 평범한 관객이나 리스너로부터 시작된다. 작품의 진가를 알아본 '최초의 발견자'가 남긴 진심 어린 추천, 감상평, 혹은 영상 하나가 바로 거대한 파동을 일으키는 첫 번째 물방울이 된다. 이 진정성 있는 '감응'의 순간이야말로, 상업적 실패라는 딱지를 떼어내고 지연된 성공의 서사를 시작하게 하는 가장 중요한 촉매제다.

아날로그 시대에 이 감응을 증폭시키는 시스템은 바로 '입소문'이었다. 한 사람이 친구에게, 그 친구가 또 다른 지인에게 작품을 추천하는 과정은 느리지만 강력했다. 신뢰하는 사람이 보증하는 정보는 상업적 광고보다 훨씬 더 깊은 설득력을 지닌다. 화가 빈센트 반 고흐의 명성은 이 '지연된 힘'을 가장 극적으로 보여준다. 그가 죽은 뒤, 동생 테오의 아내였던 요한나 반 고흐-봉어는 고흐의 편지를 출판하고 전시회를 여는 등 그의 예술을 알리기 위해 헌신했다. 이러한 노력은 소수의 비평가와 예술가들에게 먼저 가닿았고, 그들의 재평가가 또 다른 담론을 낳으며 수십 년에 걸쳐 느리지만 단단한 파동으로 퍼져나갔다. 오늘날 그의 명성은 바로 이 아날로그적이고 끈질긴 '입소문'이 시간 속에서 쌓아 올린 결과물이다.

디지털 시대에 들어와 이 '지연된 감응'의 증폭은 새로운 차원을 맞이했다. 바로 '알고리즘'이라는 보이지 않는 손이 그 역할을 하기 시작한 것이다. 유튜브, 넷플릭스, 틱톡과 같은 플랫폼의 추천 알고리즘은 사용자의 '반응'을 먹고 자란다. EXID의 '위아래' 직캠 영상에 '좋아요'와 '공유'가 쌓이기 시작하자, 유튜브 알고리즘은 이것을 '가치 있는 콘텐츠'로 인식하고 더 많은 사람에게 영상을 추천하기 시작했다. 이는 거대한 긍정적 피드백 루프를 만들어냈다. 더 많은 추천이 더 많은 조회 수를 낳고, 더 많은 조회 수는 다시 더 강력한 추천의 근거가 되는 식이다. 알고리즘은 입소문이 수년에 걸쳐 하던 일을 단 며칠, 몇 주 만에 해내는 초고속 증폭 시스템이 된 것이다.

결국 아날로그 시대의 입소문이든 디지털 시대의 알고리즘이든, 그 본질은 같다. 둘 다 초기 마케팅의 규모가 아니라, 콘텐츠 자체의 가치에 대한 대중의 '진정성 있는 반응'을 증폭시키는 시스템이라는 점이다. 이 시스템들은 처음에는 미미했던 하나의 '감응'을 수백만 명의 '집단적 감응'으로 키워낸다. '슬리퍼 히트'와 '역주행 신화'는 바로 이 증폭 시스템이 만들어내는 '지연된 성공'의 드라마틱한 결과물이다. 가치가 발견되고, 그 발견이 시스템을 통해 증폭되어 대중 전체에 도달하기까지, 여기에는 또 한 번의 필연적인 '시간의 연착'이 존재한다.

시대를 너무 앞서간 이야기 – 시대정신과의 연착

입소문과 알고리즘이 '지연된 감응'을 증폭시키는 시스템이라면, 우리는 한 가지 근원적인 질문을 더 던져야 한다. 왜 어떤 작품은 유독 더 긴 잠복기를 필요로 하는가? 왜 어떤 가치는 세상이 알아주기를 그토록 오래 기다려야만 하는가? 그 해답은 작품과 '시대정신(Zeitgeist)' 사이의 관계, 즉 둘 사이에 벌어지는 거대한 '시간차'에서 찾을 수 있다.

모든 작품은 그것이 탄생한 시대의 문화적 공기 속에서 숨 쉰다. 당대의 대중이 공유하는 보편적인 감수성, 가치관, 그리고 미학적 기준이 바로 시대정신이다. 대부분의 상업적 성공작은 바로 이 시대정신과 완벽하게 조화를 이루거나, 대중이 원하는 바를 정확히 충족시킨다. 그러나 어떤 작품들은 마치 겨울에 너무 일찍 피어난 꽃처럼, 시대정신과 불화를 겪는다. 너무 실험적인 형식, 사회적으로 불편한 메시지, 혹은 시대를 초월한 낯선 감수성을 담고 있는 작품들은 동시대 대중에게 '이상한 것' 혹은 '난해한 것'으로 외면받기 쉽다.

이러한 작품들의 가치는 사라지지 않고 잠시 시간 속에 봉인된다. 그리고 세상이 변하고, 세대가 교체되며, 시대정신이 서서히 움직여 마침내 작품이 담고 있던 메시지를 이해하고 받아들일 준비가 되었을 때, 비로소 둘 사이의 '지연된 조우(Encounter)'가 이루어진다. 수십 년 전에는 급진적으로 들렸던 노래가 오늘날에는 당연한 진리로 받아들여지고, 과거에는 외면받았던 영화가 새로운 사회적 사건을 계기로 재조명되며 '시대를 앞서간 명작'으로 재평가받는 식이다. 작품은 그대로 그 자리에 있었지만, 세상이 '연착'하여 그 작품의 가치에 도착한 것이다.

결국, 시대를 너무 앞서간 작품의 '지연된 성공'은 그 작품이 가진 예언자적 가치를 증명하는 훈장과도 같다. 초기의 실패는 작품의 결함이 아니라, 오히려 그 작품이 세상의 변화를 얼마나 먼저 꿰뚫어 보았는지를 보여주는 증거다. 이 기나긴 '연착'의 시간은 작품이 동시대와 겪었던 불화의 깊이이자, 세월의 풍파를 견뎌낸 가치의 단단함을 의미한다. 이처럼 가장 위대한 예술적 성취 중 일부는 '즉시성'의 세계를 거부하고, 시간의 강을 건너 우리에게 뒤늦게 도착함으로써 스스로의 가치를 증명해낸다.

4장. 어느 날 갑자기 스타가 되다
– 보이지 않는 노력의 연착

우리는 언론이나 소셜 미디어를 통해 '어느 날 갑자기 스타가 된' 사람들의 이야기를 자주 접한다. 오랜 무명 시절을 거친 배우나 가수, 꾸준히 노력했지만 주목받지 못했던 운동선수가 갑자기 대중의 시선을 사로잡고 큰 성공을 거두는 모습을 본다. 이러한 이야기는 마치 그들의 성공이 하루아침에 이루어진 것처럼 느껴지게 한다. 하지만 이러한 '갑작스러운 스타 탄생'은 사실, 오랫동안 눈에 띄지 않게 축적되어 온 '보이지 않는 노력의 연착(延着)'이 특정 시점에 폭발적으로 발현된 결과다.

이 장에서는 우리가 흔히 오해하는 '갑작스러운 성공'의 본질을 파헤치고, 그 이면에 숨겨진 지연된 노력과 그 노력의 결과가 마침내 '연착'되어 도착하는 과정을 조명한다. 진정한 성공은 '즉시성'의 산물이 아니라, '지연'을 견디고 꾸준히 노력한 자에게 주어지는 선물이다.

'보이지 않는 곳'에서의 축적

많은 사람들은 성공한 이들의 화려한 현재만을 보고, 그들이 '보이지 않는 곳'에서 얼마나 많은 시간을 보이지 않는 노력으로 채웠는지를 간과한다. 운동선수는 매일 수천 번의 슛을 던지고, 피아니스트는 수만 번의 건반을 누르며, 작가는 셀 수 없는 초고를 찢어버린다. 이러한 노력은 당장 눈에 보이는 성과를 가져오지 않을 수 있다. 심지어 때로는 퇴보하는 것처럼 느껴지기도 한다. 하지만 이 모든 과정은 사라지는 것이 아니라, 내면 깊숙이, 그리고 무의식적인 차원에서 꾸준히 축적되고 있다.

이러한 '보이지 않는 축적'의 시간은 마치 지하수가 땅속에 고이고 고여 어느 날 샘물이 솟아나듯, 우리의 능력과 숙련도를 꾸준히 강화한다. 이는 일종의 '잠재적 성장' 기간이다. 겉으로 드러나지 않을 뿐, 우리의 신경 회로는 재배선되고, 근육은 더욱 섬세해지며, 사고는 더욱 깊어진다. '갑자기 스타가 된' 사람은 사실 이 잠재적 성장의 단계를 오랫동안 묵묵히 견뎌낸 사람인 것이다.

'임계점' 돌파와 폭발적 발현

'보이지 않는 노력의 연착'이 가시화되는 결정적인 순간은 바로 '임계점(Threshold)'을 돌파했을 때다. 어떤 현상이 특정한 양이나 수준에 도달해야만 비로소 질적인 변화를 일으키는 것처럼, 우리의 노력도 일정 수준 이상으로 축적되어야만 비로소 외적인 성공으로 이어진다. 그 임계점에 도달하기 전까지의 모든 노력은 겉보기에는 아무런 변화도 없는 것처럼 느껴질 수 있다.

하지만 임계점을 넘어서는 순간, 오랫동안 쌓여 있던 잠재력이 마치 둑이 터지듯 폭발적으로 발현된다. 이때 사람들은 그 성공을 '갑자기' 찾아온 것이라고 오해한다. 그러나 이는 '즉각적인 성공'이 아니라, 수많은 '지연된 노력'이 임계점을 통과하여 '연착'된 결과다. 배우의 연기력이 특정 작품에서 갑자기 만개하거나, 운동선수가 중요한 경기에서 '포텐'을 터뜨리는 것은, 그 순간에 모든 것이 시작된 것이 아니라, 수없이 반복된 연습과 실패 속에서 쌓아 올린 내공이 마침내 가시화된 것이다. 그들은 임계점 직전의 지루하고 고통스러운 '지연'의 시간을 견뎌낸 것이다.

'연착 감수성'이 만드는 성공 신화

'어느 날 갑자기 스타가 되다'는 이야기는 사실 '연착 감수성'을 지닌 사람들이 만들어내는 성공 신화다. 이들은 자신이 쏟는 노력이 당장 눈에 보이는 결과로 나타나지 않더라도, 그것이 언젠가 반드시 '연착'되어 도착할 것이라는 믿음을 가지고 꾸준히 나아간다. 그들은 '즉시성'의 강박에 휩쓸리지 않고, '보이지 않는 변화'의 시간을 신뢰하며, 임계점을 향한 '지연된 노력'을 멈추지 않는다.

이러한 '연착 감수성'은 좌절의 순간에도 포기하지 않고 끈기 있게 매달릴 수 있는 정신적 힘을 제공한다. 결과가 늦게 오더라도 그 과정 자체에 의미를 부여하고, 매일의 작은 노력이 궁극적으로 큰 변화를 가져올 것이라는 확신을 가진다. '갑작스러운 성공'은 사실, 이러한 '연착 감수성'으로 무장한 사람들이 오랜 시간 동안 '지연'을 인내하며 쌓아 올린 노력의 탑이 마침내 세상에 그 모습을 드러낸 아름다운 순간인 것이다.

결론적으로, '어느 날 갑자기 스타가 되다'는 신화는 '보이지 않는 노력의 연착'을 보여주는 대표적인 사례다. 우리는 성공한 사람들의 화려한 현재 뒤에 숨겨진 '보이지 않는 곳에서의 축적'과 '임계점 돌파'라는 '지연'의 과정을 이해해야 한다. '연착 감수성'을 통해 이러한 노력의 시차를 인내하고 신뢰할 때, 우리의 노력이 마침내 '연착'되어 진정한 성공으로 빛나는 순간을 맞이할 수 있을 것이다.

5장. 건강의 연착 – 치유와 회복의 더딘 과정

현대 의학은 눈부신 발전을 거듭하여 질병을 진단하고 치료하는 속도를 획기적으로 단축시켰다. 우리는 아프면 즉시 병원을 찾고, 빠른 진단과 처방을 통해 '바로' 나아지기를 기대한다. 수술은 정교해졌고, 약은 신속하게 증상을 완화시키며, 건강 보조 식품은 즉각적인 효과를 약속하는 듯 보인다. 하지만 이러한 '즉시성'의 기대 속에서도, 우리 몸의 치유와 회복 과정은 본질적으로 '지연(Delay)'을 수반하며 '기다림'의 시간을 요구한다. 건강은 대표적인 '연착'의 영역이며, 그 속에서 우리는 자연의 리듬과 인내의 지혜를 배워야 한다.

몸의 자연 치유력과 '시간의 축적'

아무리 뛰어난 의술과 약이라도, 우리 몸이 스스로 회복하고 치유하는 데에는 필연적인 시간이 필요하다. 상처가 아물고, 부러진 뼈가 붙고, 염증이 가라앉는 과정은 세포가 재생되고 조직이 재구성되는 복잡하고 느린 생물학적 과정이다. 이 과정은 결코 '즉시' 이루어지지 않으며, '시간의 축적'과 '기다림'을 통해서만 완성된다.

우리는 빠른 효과를 기대하며 즉각적인 약물이나 시술에 의존하려 하지만, 몸의 자연 치유력은 그 자체로 가장 강력하고 근본적인 치료제이다. 이 자연 치유력은 우리가 충분한 휴식을 취하고, 영양을 공급하며, 스트레스를 관리하는 동안 조용히, 그러나 꾸준히 작동한다. 이는 마치 씨앗이 땅속에서 오랜 시간을 거쳐 싹을 틔우듯이, 몸 또한 내부에서부터 '지연된' 회복 과정을 거쳐 건강을 '연착'시키는 것이다. '즉각적인 증상 완화'에만 집중하다 보면, 몸이 스스로 치유하는 데 필요한 '기다림'의 시간을 간과하게 될 수 있다.

만성 질환 관리의 '장기적 연착' – 인내와 생활 습관의 변화

감기처럼 일시적인 질병은 비교적 빠르게 회복될 수 있지만, 고혈압, 당뇨, 아토피와 같은 만성 질환의 관리는 훨씬 더 '장기적인 연착'의 과정을 요구한다. 이러한 질환들은 단 한 번의 치료나 약 복용으로 '즉시' 완치되는 것이 아니라, 꾸준한 생활 습관 개선, 식이 요법, 운동, 그리고 지속적인 약물 관리를 통해 증상을 조절하고 건강 상태를 유지해야 한다.

만성 질환의 회복은 눈에 띄는 극적인 변화보다는, 작은 습관들이 쌓여 점진적으로 건강을 개선하는 '느린 과정'이다. 혈압이나 혈당 수치가 즉시 정상으로 돌아오지 않고, 피부 질환이 하룻밤 사이에 사라지지 않을 때 우리는 쉽게 좌절할 수 있다. 하지만 이러한 '지연' 속에서 우리는 인내심을 배우고, 건강을 위한 꾸준한 노력이 얼마나 중요한지 깨닫게 된다. 만성 질환 관리는 결과가 '연착'되어 나타나는 것을 이해하고, 그 과정을 꾸준히 이어가는 '건강 연착 감수성'을 요구한다.

정신 건강의 '치유적 딜레이' – 성찰과 성장의 시간

신체 건강뿐만 아니라 정신 건강의 치유와 회복 또한 필연적인 '딜레이'를 수반한다. 우울증, 불안 장애, 트라우마 등 정신적인 어려움은 단 한 번의 상담이나 약물 복용으로 '즉시' 해결되는 것이 아니다. 자신의 감정을 이해하고, 과거의 상처를 직면하며, 새로운 사고방식을 익히는 과정은 매우 섬세하고 오랜 시간이 필요한 작업이다.

심리 치료는 종종 고통스러운 감정을 다시 마주하게 하고, 익숙한 패턴을 깨뜨리며, 새로운 자신을 찾아가는 '지연된' 여정이다. 이 과정에서 즉각적인 만족보다는 혼란과 불편함이 먼저 찾아올 수 있다. 하지만 이러한 '치유적 딜레이' 속에서 우리는 자신을 깊이 성찰하고, 내면의 강인함을 발견하며, 진정한 의미의 정신적 성숙에 이르게 된다. 정신 건강의 회복은 '연착'되어 도착하는 내면의 평화와 성장을 기다리는 인내의 과정인 것이다.

결론적으로, '건강의 연착'은 우리 몸과 마음의 치유와 회복이 결코 즉각적으로 이루어지지 않으며, 자연 치유력의 발현, 만성 질환 관리, 정신 건강 회복 등 모든 과정이 필연적인 '지연'과 '기다림'을 수반한다는 것을 강조한다. '즉각적인 효과'만을 좇는 현대 사회의 강박 속에서, 우리는 '연착 감수성'을 통해 '느림'의 가치를 재발견하고, 몸과 마음의 자연스러운 리듬에 맞춰 인내심 있게 건강을 돌보는 지혜로운 태도를 길러야 할 것이다.

6장. 부엌의 연착학
– 맛은 어떻게 지연되어 완성되는가

 우리는 앞서 교육, 예술, 건강 등 삶의 여러 영역에서 '지연'이 어떻게 더 깊은 가치를 만들어내는지를 탐구했다. 이제 우리는 가장 원초적이고 일상적인 공간, 바로 '부엌'으로 들어가 맛의 세계를 지배하는 '연착'의 원리를 살펴보고자 한다. 음식은 단순히 재료를 가열하고 섞는 행위가 아니라, 시간과의 정교한 협업을 통해 완성되는 예술이다.
 이 장에서는 '숙성(Aging)'과 '발효(Fermentation)'라는, 기다림의 미학이 빚어내는 맛의 기적을 탐구한다. 갓 담근 김치가 시간의 흐름 속에서 깊은 감칠맛을 얻고, 풋내 나는 포도즙이 와인으로, 신선한 우유가 복합적인 풍미의 치즈로 변모하는 과정은 '지연'이 어떻게 평범한 재료를 비범한 가치로 바꾸어 놓는지를 보여주는 가장 완벽한 증거다.

더 나아가 우리는 밥이 바로 되지 않는 이유를 통해 '익는 시간'이라는 짧지만 필수적인 딜레이를 확인하고, 재료를 넣는 순서가 어떻게 맛의 '지연된 조화'를 만들어내는지 분석할 것이다. 이를 통해 '기다림'이 단순한 인내가 아니라, 맛과 풍미를 창조하는 가장 중요한 기술이자 재료임을 깨닫게 될 것이다. 부엌은 우리에게 '연착 감수성'이 삶의 풍요로움을 위한 가장 구체적이고 맛있는 지혜임을 가르쳐주는 위대한 실험실이다.

시간이라는 최고의 요리사 – 숙성과 발효의 마법

요리의 세계에는 인간의 기술만으로는 결코 흉내 낼 수 없는 영역이 존재한다. 바로 '시간'이 재료에 작용하여 그 본질을 바꾸고 새로운 차원의 맛과 향을 창조하는 과정이다. 우리는 신선한 재료를 '지금, 바로' 조리하여 먹는 것을 최선이라 생각하지만, 인류의 미식사는 역설적으로 '지연(delay)'을 통해 더 깊고 복합적인 맛을 얻는 지혜를 발전시켜왔다. 그 지혜의 정점에 있는 것이 바로 숙성(Aging)과 발효(Fermentation)다. 이 두 과정은 '시간'이야말로 세상에서 가장 위대한 요리사임을 증명하는 경이로운 마법과도 같다.

숙성은 주로 고기나 생선회 같은 식재료가 자체적으로 가진 효소에 의해 단백질과 지방이 서서히 분해되면서, 더 부드러운 식감과 풍부한 감칠맛(우마미)을 갖게 되는 과정을 말한다. 갓 잡은 소고기가 질기고 밋밋한 맛을 내는 반면, 적절한 온도와 습도에서 며칠, 혹은 몇 주간의 '지연된 시간'을 거쳐 숙성된 고기는 비교할 수 없는 부드러움과 깊은 풍미를 자랑한다. 이 시간 동안 고기의 근섬유는 자연스럽게 연해지고, 복잡한 맛의 분자들이 생성된다. 이는 인간이 인위적으로 가하는 양념이나 열로는 결코 만들어낼 수 없는, 시간이 만들어낸 '연착된 맛'이다.

발효는 숙성보다 한 단계 더 나아간다. 김치, 된장, 치즈, 와인, 맥주 등에서 볼 수 있듯이, 발효는 효모나 유산균 같은 미생물이 재료의 유기물을 분해하여 인간에게 유익한 새로운 물질을 만들어내는 과정이다. 갓 수확한 배추는 그저 채소일 뿐이지만, 소금에 절여지고 양념과 함께 버무려져 항아리 속에서 '지연된 시간'을 보내면, 유산균의 작용으로 완전히 새로운 차원의 맛과 영양을 지닌 김치로 재탄생한다. 이 과정에서 재료는 단순히 변하는 것이 아니라, 미생물과의 협업을 통해 더 높은 차원의 존재로 '승화'된다.

결국 숙성과 발효는 '지연'이 단순히 '기다림'이 아니라, 맛을 창조하는 가장 능동적이고 필수적인 '기술'임을 보여준다. 이 과정에서 시간은 재료의 단점을 보완하고 장점을 극대화하며, 인간의 미각으로는 상상할 수 없었던 복합적인 풍미의 세계를 열어준다. '지금 당장' 먹을 수 없다는 불편함은, '지연된 시간' 끝에 찾아올 더 큰 미식적 쾌락을 위한 약속이 된다. 이처럼 부엌에서 일어나는 숙성과 발효의 마법은, 우리 삶의 다른 영역에서도 진정한 가치는 종종 '지연'과 '기다림'을 통해 완성된다는 깊은 철학적 통찰을 가장 감각적으로 증명해 보인다.

김치, 와인, 치즈 – 기다림이 빚어내는 깊이

숙성과 발효의 원리는 전 세계의 다양한 음식 문화 속에서 각기 다른 모습으로 꽃을 피웠다. 그중에서도 김치, 와인, 그리고 치즈는 '기다림'이 어떻게 단순한 재료를 복합적이고 깊이 있는 예술의 경지로 끌어올리는지를 보여주는 가장 대표적인 사례다. 이 음식들의 공통점은 '지금' 먹는 것보다 '나중에' 먹을 때 훨씬 더 큰 가치를 지닌다는 점이며, 그 가치는 오직 '지연된 시간'만이 만들어낼 수 있다.

한국인의 밥상에서 빼놓을 수 없는 김치는 발효가 빚어내는 '지연된 조화'의 정수다. 갓 담근 겉절이는 신선한 채소의 맛을 즐길 수 있지만, 진정한 김치의 맛은 항아리 속에서 수많은 유산균이 활동하며 서서히 발효될 때 비로소 완성된다. 이 '지연'의 시간 동안 배추의 풋내는 사라지고, 유산균은 당분을 분해하여 상쾌한 산미와 깊은 감칠맛을 만들어낸다. 시간의 흐름에 따라 갓 담근 김치, 익은 김치, 신김치, 묵은지로 변화하며 각기 다른 맛과 용도를 갖게 되는 과정은, '연착'이 어떻게 하나의 존재에게 다채로운 생명력을 부여하는지를 보여준다.

유럽의 식문화에서 와인과 치즈는 '지연이 만들어낸 풍미의 예술'이라 불릴 만하다. 갓 짠 포도즙은 그저 달콤한 주스에 불과하지만, 오크통 속에서 수개월, 혹은 수십 년의 '지연된 시간'을 거치면 복합적인 향과 깊은 맛을 지닌 와인으로 변모한다. 이 시간 동안 효모는 포도의 당분을 알코올로 바꾸고, 타닌과 산미, 다양한 아로마가 서로 어우러지며 섬세한 균형을 찾아간다. '빈티지'라는 개념 자체가 바로 이 '지연된 가치'를 상징한다. 마찬가지로, 신선한 우유는 응고와 숙성이라는 긴 '딜레이'를 거쳐 수백 가지 종류의 치즈로 재탄생한다. 곰팡이와 박테리아, 효소의 작용은 우유의 단백질과 지방을 분해하여 각 치즈 고유의 독특한 질감과 풍미를 만들어낸다. 까망베르의 부드러움, 고르곤졸라의 톡 쏘는 맛, 파르미지아노 레지아노의 단단함과 깊은 감칠맛은 모두 '기다림'이라는 시간이 빚어낸 예술 작품이다.

결국 김치, 와인, 치즈는 '즉시성'의 유혹을 이겨내고 '지연'의 가치를 선택했을 때 비로소 얻을 수 있는 미식의 정점이다. 이 음식들은 우리에게 맛뿐만 아니라, 기다림이 어떻게 평범한 것을 비범하게 만들고, 단순한 것을 복합적으로 승화시키는지에 대한 깊은 철학적 교훈을 선사한다. 이는 '연착 감수성'이 우리의 미각을 얼마나 풍요롭게 할 수 있는지를 보여주는 가장 맛있는 증거다.

밥은 바로 안 된다 – 익는 시간이라는 기술

숙성과 발효가 수개월에서 수년에 걸친 거대한 '지연'의 미학이라면, 우리 일상에서 매일 경험하는 짧지만 결정적인 '딜레이'도 존재한다. 바로 한국인의 주식인 '밥'을 짓는 과정이다. 우리는 쌀을 씻고 물을 부은 뒤 취사 버튼만 누르면 모든 것이 끝난다고 생각하지만, 맛있는 밥의 완성은 거기서 끝나지 않는다. 밥솥의 알림음이 울린 후에도, 우리는 반드시 '뜸 들이는 시간'이라는 짧은 기다림을 거쳐야 한다.

'밥은 바로 안 된다'는 이 단순한 사실은, '익는 시간'이라는 물리적 딜레이가 맛을 완성하는 핵심 기술임을 보여준다. 전기밥솥이 '취사 완료'를 선언하는 순간은, 쌀알이 열과 압력으로 팽창하여 겨우 익은 상태일 뿐이다. 이때 바로 뚜껑을 열면 밥알 속의 수분이 급격히 증발하여 밥이 푸석해지고, 밥솥 바닥과 윗부분의 익은 정도가 달라 맛의 균일성이 떨어진다.

하지만 취사가 끝난 후 5분에서 10분 정도, 뚜껑을 닫은 채로 기다리는 '뜸 들이기'라는 '지연된 과정'을 거치면 마법 같은 변화가 일어난다. 밥솥 내부에 남아있는 뜨거운 증기가 밥알 사이사이를 고루 순환하며 수분을 골고루 퍼뜨리고, 쌀알의 전분 구조를 더욱 안정시켜 찰기와 윤기를 더한다. 이 짧은 기다림은 밥알 하나하나를 최적의 상태로 '연착'시키는, 작지만 위대한 시간이다. 조급함을 이기지 못하고 이 시간을 생략하면, 우리는 결코 완벽하게 맛있는 밥을 만날 수 없다.

이처럼 '익는 시간'은 우리에게 조급함을 내려놓고, 자연스러운 변화의 흐름을 존중하는 지혜를 가르쳐준다. 완벽한 결과는 '지금' 즉시 나타나는 것이 아니라, 우리가 인내하고 기다리는 '지연된 시간'을 통해 비로소 완성된다. 밥알 하나하나가 물과 열을 만나 천천히 익어가며 밥이 되듯이, 우리 삶의 많은 노력과 과정 역시 이 '뜸 들이는 시간'과 같은 본질적인 지연을 통해 비로소 의미 있는 결과로 도달하는 것이다.

재료를 넣는 순서 - 타이밍과 지연된 조화

맛있는 요리는 단순히 좋은 재료의 합이 아니라, 각 재료가 가진 고유의 시간을 존중하고 조율하는 '타이밍의 예술'이다. 모든 재료를 한꺼번에 냄비에 쏟아붓는다면, 우리는 결코 완벽한 맛의 조화를 경험할 수 없다. 어떤 재료는 오래 익혀야 깊은 맛이 우러나오고, 어떤 재료는 살짝만 익혀야 식감과 향이 살아난다. 숙련된 요리사는 바로 이 '익는 시간의 차이'를 이해하고, 각 재료를 최적의 순간에 투입함으로써 '지연된 조화'를 창조해낸다.

가장 흔한 예로 찌개나 스튜를 끓이는 과정을 생각해보자. 단단한 뿌리채소(감자, 당근)와 질긴 부위의 고기는 가장 먼저 넣어 오랜 시간 끓여야 부드러워지고 깊은 맛이 국물에 우러난다. 그 다음으로 비교적 빨리 익는 채소(양파, 호박)를 넣고, 마지막으로 식감과 향이 중요한 부드러운 재료(두부, 버섯, 풋고추, 파)를 넣어 살짝만 익혀 마무리한다. 만약 이 순서를 무시하고 모든 재료를 동시에 넣는다면, 감자는 설익고 파는 흐물흐물해져 전체적인 맛의 균형이 무너지고 말 것이다.

이것은 각 재료가 가진 고유의 '연착 시간'을 존중하는 행위다. 모든 재료가 하나의 냄비 안에서 각기 다른 출발선에서 시작하여, 요리가 완성되는 마지막 순간에 '동시에' 최상의 상태로 만날 수 있도록 조율하는 것이다. 요리사는 마치 오케스트라의 지휘자처럼, 각 악기(재료)가 가장 아름다운 소리(맛)를 낼 수 있는 타이밍을 정확히 계산하여 연주에 참여시킨다. 이 과정에서 '지연'은 더 이상 불편한 기다림이 아니라, 완벽한 하모니를 위한 필수적인 전략이 된다.

이 '지연된 조화'의 기술은 우리 삶의 다른 영역에도 중요한 통찰을 제공한다. 팀 프로젝트를 진행할 때, 각 팀원의 역량과 작업 속도를 고려하여 업무를 배분하고 순서를 정하는 것이 그렇다. 어떤 일은 먼저 시작하여 충분한 시간을 들여야 하고, 어떤 일은 마지막에 집중하여 마무리해야 최상의 결과물을 얻을 수 있다. 모든 것을 '지금 당장, 동시에' 처리하려는 조급함은 오히려 전체적인 조화를 깨뜨리고 비효율을 낳을 수 있다. 요리가 가르쳐주는 '타이밍의 지혜'는, 우리에게 서로 다른 속도를 가진 존재들이 어떻게 조화롭게 '연착'하여 하나의 목표를 완성할 수 있는지 보여주는 가장 맛있는 교훈이다.

조급함이 망친 요리 – 연착을 이해하는 미식의 지혜

우리는 지금까지 숙성과 발효라는 긴 기다림, 뜸 들이기와 재료를 넣는 순서라는 짧지만 결정적인 기다림을 통해 맛이 어떻게 '지연되어' 완성되는지를 살펴보았다. 그렇다면 이 모든 지혜의 반대편에는 무엇이 있을까? 바로 '조급함'이다. 조급함은 맛의 세계에서 가장 큰 적이며, 아무리 좋은 재료와 훌륭한 레시피가 있어도 모든 것을 망쳐버릴 수 있는 가장 치명적인 실수다.

덜 익은 스테이크, 설익은 밥, 충분히 우러나지 않은 국물. 이 모든 실패한 요리의 공통점은 '기다림'의 시간을 견디지 못한 조급함에 있다. 너무 센 불에서 고기를 빨리 익히려다 겉만 태우고 속은 익히지 못하고, 뜸 들일 시간을 참지 못해 밥을 푸석하게 만들며, 재료가 가진 맛이 국물에 녹아들 시간을 주지 않아 밍밍한 찌개를 끓인다. 이처럼 조급함은 재료들이 가진 잠재력이 온전히 발현될 '지연된 시간'을 빼앗아 버리고, 결국 미완성의 결과물을 낳는다.

이는 단순히 요리 기술의 문제를 넘어선다. 그것은 '연착'의 본질을 이해하지 못하는 태도의 문제다. 진정한 미식가는 단순히 맛있는 음식을 즐기는 사람을 넘어, 그 음식이 완성되기까지 필요했던 '지연의 가치'를 이해하고 존중하는 사람이다. 잘 숙성된 치즈 한 조각에서 수개월의 기다림을 느끼고, 깊은 맛의 묵은지 김치찌개에서 시간의 무게를 읽어내며, 완벽하게 뜸이 든 밥 한 숟갈에서 짧은 인내의 소중함을 아는 것이다.

  결국 부엌은 우리에게 '연착 감수성'을 가장 직접적으로 훈련시키는 위대한 교실이다. 우리는 요리를 통해 기다림이 어떻게 평범한 재료를 비범한 가치로 바꾸는지, 그리고 조급함이 어떻게 그 모든 가능성을 파괴하는지를 매일같이 배운다. 이 부엌의 지혜를 삶의 다른 영역으로 확장할 때, 우리는 비로소 '기다릴 줄 아는 사람'으로 성장할 수 있다. 교육, 관계, 건강, 그리고 사회의 변화 속에서, 조급함으로 설익은 결과를 낳는 대신, 기꺼이 '지연의 시간'을 감수하며 더 깊고 풍요로운 완성을 이뤄내는 지혜. 그것이 바로 부엌의 연착학이 우리에게 가르쳐주는 가장 맛있는 인생의 레시피다.

7장. 사회 변화의 연착 – 정의를 기다리는 시간

우리는 불평등, 차별, 환경 오염, 빈곤과 같은 사회 문제들이 '지금, 바로' 해결되기를 염원한다. 뉴스나 소셜 미디어를 통해 접하는 부조리한 현실 앞에서 즉각적인 분노와 함께 즉각적인 변화를 요구한다. 시민 운동과 정책 제안은 이러한 '즉시성'의 열망을 담고 있다. 하지만 아무리 강력한 열망과 노력이 있더라도, 사회 구조적인 변화와 정의의 실현은 본질적으로 '지연(Delay)'을 수반하며, 오랜 '기다림'의 시간을 통해서만 비로소 '연착'된다. 사회는 거대한 유기체이며, 그 변화의 속도는 개개인의 기대보다 훨씬 더디다.

거대한 시스템의 관성 – 변화는 느리게 움직인다

사회는 수많은 개인, 제도, 문화, 역사적 관습이 복잡하게 얽혀 있는 거대한 시스템이다. 이러한 시스템은 본질적으로 강한 '관성'

을 지니고 있어, 한 번 구축된 구조나 가치관은 쉽게 변하지 않는다. 어떤 사회 문제를 해결하기 위한 정책이 수립되더라도, 그것이 실제 사회에 뿌리내리고 의미 있는 변화를 만들어내기까지는 법 제정, 예산 확보, 대중의 인식 변화, 관련 인프라 구축 등 수많은 단계와 필연적인 '지연'이 발생한다.

예를 들어, 차별 금지법이 제정되더라도, 사회 전반의 차별 인식이 하루아침에 사라지지 않듯이, 성 평등이나 환경 보호에 대한 인식이 사회 전반에 확산되어 실제 생활 속에서 변화를 만들어내기까지는 수십 년, 때로는 수세기에 걸친 '느린 과정'이 필요하다. '즉시' 변화를 요구하는 목소리가 아무리 커도, 사회 시스템은 그 고유의 리듬과 딜레이를 가지고 움직일 수밖에 없다. 이러한 '사회 변화의 연착'을 이해할 때, 우리는 조급함 대신 꾸준함과 인내심을 가지고 변화를 추구할 수 있게 된다.

갈등과 합의의 '지연된' 과정 – 민주주의의 본질

민주주의 사회에서 중요한 사회적 변화는 종종 다양한 이해관계자들의 '갈등과 합의'라는 지연된 과정을 통해 이루어진다. 이 과정은 수많은 논쟁, 타협, 재협상을 수반하며, 때로는 오랜 교착 상태에 빠지기도 한다. 서로 다른 가치관과 이익을 가진 집단들이 '즉시' 합의에 도달하는 것은 거의 불가능하다.

정책이 통과되고 실행되기까지 입법부의 논의, 행정부의 준비, 시민 사회의 반발과 요구 등 복잡한 상호작용 속에서 필연적인 딜레이가 발생한다. 이는 '빨리빨리'를 외치는 효율성의 관점에서는 답답하게 느껴질 수 있지만, 사실 이러한 '지연'은 다양한 목소리를 수렴하고, 비판적 검토를 거쳐, 사회 전체의 지속 가능한 합의를 도출하기 위한 필수적인 과정이다. '정의'는 특정 집단의 '즉각적인' 요구로 실현되기보다는, 이러한 '지연된' 합의의 과정을 통해 비로소 사회에 '연착'되어 도착하는 가치이다. 민주주의는 본질적으로 '기다림의 정치학'을 내포한다.

불확실성과 '예상치 못한 결과'의 딜레이

사회 변화는 때때로 예측 불가능한 '딜레이'와 '예상치 못한 결과'를 초래하기도 한다. 어떤 정책이나 사회 운동이 즉각적인 긍정적 효과를 가져올 것이라고 기대하지만, 실제로는 전혀 다른 방향으로 전개되거나, 의도치 않은 부작용을 낳기도 한다. 새로운 기술이 도입되어 사회 문제를 해결할 것이라고 기대했지만, 오히려 새로운 형태의 불평등이나 윤리적 문제를 야기하며 '딜레이'를 만드는 경우가 이에 해당한다.

이는 사회 시스템의 복잡성과 인간 행동의 비예측성 때문이다. 우리는 사회 변화의 인과 관계를 명확히 예측하기 어렵고, 결과가 나타나는 데까지는 필연적인 시간적 지연이 발생한다. 이러한 '불확실성'과 '예측 불가능한 딜레이'를 인정할 때, 우리는 사회 변화에 대한 맹목적인 낙관이나 즉각적인 실망에서 벗어나, 더욱 겸손하고 장기적인 관점에서 사회 문제를 바라볼 수 있게 된다. 정의를 향한 길은 직선이 아니며, 수많은 우회와 지연을 거쳐야만 비로소 '연착'될 수 있음을 이해하는 것이다.

결론적으로, '사회 변화의 연착'은 사회 구조적인 문제 해결과 정의의 실현이 결코 즉각적으로 이루어지지 않으며, 거대한 시스템의 관성, 갈등과 합의의 지연된 과정, 그리고 예측 불가능한 결과라는 본질적인 '지연'을 수반한다는 것을 강조한다. '즉각적인 변화'를 요구하는 현대 사회의 강박 속에서, 우리는 '연착 감수성'을 통해 '기다림'의 가치를 재발견하고, 꾸준함과 인내심을 가지고 사회 변화를 만들어나가는 지혜로운 시민 의식을 길러야 할 것이다. 진정한 정의는 '기다림' 속에서 비로소 '연착'되어 도착한다.

8장. '연착 감수성(感受性)'이라는 미덕
– 삶의 궁극적 지혜

우리는 지금까지 감각과 인식, 존재와 감정 등이 '즉시성'이 아닌 '지연(delay)'과 '연착(延着)'의 리듬으로 이루어져 있다는 사실을 조망해왔다. '지금, 바로'를 강박적으로 요구하는 시대에, 이 책이 반복해서 보여준 통찰은 분명했다. 삶의 모든 중요한 것은 언제나 조금 늦게 온다. 이제 우리는 이 모든 사유를 하나의 개념으로 응축하려 한다. 앞선 장들에서 실천적이고 구체적으로 다뤄졌던 '지연의 감수성'과 '기다림의 전략'을 포괄하며, 그것을 한 이름으로 부르고자 한다. 바로 '연착 감수성(Delayed Sensibility)'이다.

'연착 감수성'은 단순히 기다림을 견디는 수동적 인내가 아니다. 그것은 삶의 중요한 모든 것들─용서, 성장, 관계, 깨달음 등이─지연되어 도착할 수밖에 없다는 필연성을 이해하고, 그 지연의 시간을 능동적으로 감각하고 수용하는 능력이다. 이 감수성은 예측할 수 없는 늦음, 도착하지 않는 응답, 지체되는 변화 속에서도 조급함 대신 의미를 기다리는 태도이다. 오늘날처럼 빠름이 미덕이 된 사회에서 '연착 감수성'은 속도에 저항하는 윤리이며, 불확실성과 불완전함을 끌어안는 미덕이며, 결국에는 삶 그 자체를 수용하는 존재론적 지혜다.

꽃은 계절이 되어야 피고, 이해는 말보다 늦게 도착하며, 사랑은 항상 시간차를 두고 자란다. 삶의 모든 아름다운 것들은 '지금' 오지 않고, 언제나 조금 늦게 도착한다. '연착 감수성'은 이러한 삶의 리듬에 귀 기울이고, 그것을 조율하며 살아가는 현대인의 새로운 품격이자 윤리적 미학이다.

불안한 '즉시성'에서 벗어나 '느림'의 평화를 찾다

현대인은 '즉시성'이라는 강박 속에서 끊임없는 불안과 조급함에 시달린다. 즉각적인 성과, 즉각적인 반응, 즉각적인 만족을 요구하며, 잠시의 지연조차도 실패나 비효율로 간주한다. 그러나 이러한 강박은 삶의 본질적인 리듬과 불협화음을 일으키며, 오히려 더 큰 피로감과 불만을 초래한다.

'연착 감수성'은 우리를 이 불안한 '즉시성'의 함정에서 벗어나게 한다. 모든 중요한 것은 시간이 걸려야 하고, 때로는 예상치 못하게 늦게 도착할 수 있음을 인정할 때, 우리는 비로소 마음의 여유를 찾고 '느림'의 평화를 경험할 수 있다. 이는 고속도로에서 잠시 샛길로 빠져 아름다운 풍경을 만끽하듯이, 삶의 속도를 조절하며 놓치고 있던 소중한 것들을 발견하는 지혜와 같다. 결과에 대한 집착을 내려놓고, '지연'된 과정 자체를 온전히 경험하며 그 속에서 의미를 찾는 것, 이것이 바로 연착 감수성이 주는 평화이다.

불확실성 속에서 '가능성'을 발견하는 눈

'연착'은 필연적으로 불확실성을 동반한다. 우리가 기다리는 것이 언제, 어떤 모습으로 도착할지 정확히 알 수 없다. 이러한 불확실성은 두려움과 불안을 야기하기 쉽다. 하지만 '연착 감수성'은 이러한 불확실성 속에서도 '희망'과 '새로운 가능성'을 발견하는 예리한 눈을 길러준다.

딜레이가 발생했을 때, 이를 단순한 문제가 아닌 '변화의 기회'로 인식하는 것이다. 계획이 틀어졌을 때, 우리는 새로운 대안을 모색하고, 예상치 못했던 방식으로 문제를 해결하며, 오히려 더 나은 결과를 만들어낼 수도 있다. 연착 감수성은 우리에게 '지금 당장'의 좌절에 매몰되지 않고, '아직 오지 않은 미래' 속에 숨겨진 무한한 가능성을 믿고 기다릴 수 있는 힘을 부여한다. 이는 삶이 우리에게 보내는 '지연된 선물'을 기꺼이 받아들일 준비가 되어 있는 태도이기도 하다.

'관계'와 '성숙'을 위한 '깊이 있는 기다림'

인간 관계와 개인의 성숙은 '연착 감수성'이 가장 빛을 발하는 영역이다. 사랑, 우정, 신뢰와 같은 깊은 관계는 결코 즉각적으로 형성되지 않는다. 서로를 이해하고, 갈등을 극복하며, 신뢰를 쌓아가는 데는 수많은 대화와 시간, 그리고 상대방의 느린 변화를 '기다려주는' 인내심이 필요하다. 감정의 '비동시성'을 이해하고, 타인의 감정이 우리에게 '연착'되어 도착할 수 있음을 인정할 때, 우리는 훨씬 더 깊이 있는 공감과 관계를 맺을 수 있다.

마찬가지로, 개인의 지적, 정서적, 영적 성숙 또한 '지연'된 과정을 통해 이루어진다. 깨달음은 불현듯 찾아오는 것처럼 보여도, 그 뒤에는 오랜 성찰과 노력이 '축적되어 연착'된 결과물이다. '연착 감수성'은 우리가 자신과 타인의 '느린 성숙'을 인정하고 존중하며, 그 과정 속에서 진정한 자아와 관계의 의미를 발견하도록 돕는다. 이는 우리가 삶의 모든 순간이 이미 완성된 깨달음의 장임을 깨닫는 궁극적인 지혜로 이어진다.

결론적으로, '연착 감수성'은 현대인이 반드시 갖추어야 할 미덕이자 삶의 궁극적인 지혜이다. '즉시'의 환상에서 벗어나 '느림'의 평화를 찾고, 불확실성 속에서 가능성을 발견하며, 관계와 성숙을 위한 깊이 있는 기다림을 실천할 때, 우리는 비로소 '연착'이 필연적인 이 세상에서 진정으로 평화롭고, 풍요로우며, 의미 있는 삶을 살아갈 수 있을 것이다. '기다림'은 단순한 인내가 아니라, 삶의 모든 중요한 것이 우리에게 '연착'되어 온다는 진실을 온전히 받아들이는 존재론적 지혜인 셈이다.

5부
고통과 포기의 심리
– 변화의 그림자와 인내

우리는 앞선 부들을 통해 '연착'이 감각과 존재, 그리고 마음의 영역에까지 스며 있는 삶의 필연적인 본질임을 확인했다. 하지만 이 지연과 연착이 우리에게 가장 혹독한 얼굴로 다가오는 순간은 바로 '고통'과 '좌절'의 시간 속에서다. 현대 사회는 고통을 즉시 제거해야 할 오류나 실패의 증거로 여기지만, 과연 그것이 전부일까?

5부 '고통과 포기의 심리 – 변화의 그림자와 인내'는 바로 이 '지연된 고통'의 의미를 '연착'의 관점에서 재해석하는 여정이다. 우리는 고통이 과연 실패의 증거인지, 아니면 더 큰 성장을 위한 '지연된 학습'의 시간인지 되물을 것이다. 또한, 목표를 향한 길 위에서 우리가 겪는 '포기'의 유혹이 나약함 때문이 아니라, 원하는 결과가 '즉시' 오지 않는다는 '딜레이'를 견디지 못하는 조급함 때문임을 분석한다.

그리고 이 모든 심리적 메커니즘을, 우리 모두가 한 번쯤 경험해 봤을 '다이어트 실패'라는 가장 일상적이고도 처절한 사례를 통해 남김없이 해부할 것이다. 궁극적으로 이 부는 고통과 포기라는 피할 수 없는 경험 속에서, '지연된 시간'이 주는 진정한 의미와 성장을 발견하고, 역경을 감내하는 성숙한 지혜를 얻도록 돕는 안내서가 될 것이다.

1장. 고통은 변화의 그림자일 수 있다
– 성장의 시간성

우리는 살면서 수많은 고통과 마주한다. 신체적인 아픔, 정신적인 괴로움, 관계에서 오는 상처, 목표 달성의 좌절 등 고통은 피하고 싶은 가장 불쾌한 경험 중 하나다. 현대 사회는 이러한 고통을 즉시 제거해야 할 대상으로 여기며, 고통을 느끼는 것 자체를 문제나 실패로 간주하는 경향이 있다. 우리는 고통이 사라지기를 '즉시' 바라며, 고통이 지속될 때 불안과 좌절감을 느낀다.

하지만 고통은 단순히 부정적인 감정이나 피해야 할 것이 아닐 수 있다. 이 책이 강조하는 '연착'의 관점에서 볼 때, 고통은 때때로 우리의 성장과 변화가 시작되고 있음을 알리는 '지연된 그림자'일 수 있다. 마치 해가 뜨기 전 어둠이 가장 깊듯이, 혹은 폭풍우가 지나간 후에야 맑은 하늘이 드러나듯이, 고통은 더 큰 변화와 성장이 도래하기 전의 필연적인 '시간성'을 내포한다.

고통은 '멈춤'을 요구하는 신호

우리는 평소에 너무나 바쁘게, 그리고 빠르게 살아간다. 다음 목표를 향해 끊임없이 달려가고, 문제에 직면하면 즉시 해결하려 한다. 이러한 '빨리빨리'의 속도 속에서 우리는 자신의 내면을 돌아보거나, 삶의 방향을 깊이 성찰할 여유를 갖지 못한다. 이때 고통은 우리에게 강제로 '멈춤'을 요구하는 신호로 작동한다.

신체적인 고통은 우리가 무리하고 있다는 경고이며, 정신적인 고통은 삶의 균형이 깨졌거나 중요한 가치를 놓치고 있다는 내면의 목소리일 수 있다. 이러한 고통은 우리를 잠시 멈춰 세우고, 지금까지의 방식이 과연 올바른지, 무엇이 문제인지, 그리고 어떤 변화가 필요한지 되돌아보게 만든다. 고통은 '즉시' 해결해야 할 문제가 아니라, '지연된' 성찰의 기회를 제공하는 역설적인 선물인 셈이다. 이 멈춤 속에서 우리는 비로소 자신의 진정한 필요와 욕망, 그리고 나아가야 할 방향을 어렴풋이 감지하게 된다.

성장은 '지연된' 반응이다

개인의 성장은 결코 즉각적으로 이루어지지 않는다. 새로운 지식을 습득하고, 기술을 연마하며, 인격적으로 성숙해지는 모든 과정은 필연적인 '지연'을 수반한다. 우리는 수많은 시행착오를 겪고, 실패를 통해 배우며, 오랜 시간 동안 노력과 경험을 축적해야만 비로소 한 단계 성장할 수 있다. 이때 고통은 이러한 성장의 과정에서 나타나는 필연적인 동반자다.

새로운 것을 배우는 고통, 익숙한 것을 버리는 고통, 실패에서 오는 고통은 모두 성장을 위한 '지연된 반응'이다. 마치 근육이 성장하기 위해 운동 중 고통을 겪어야 하듯이, 우리의 정신적, 정서적 근육도 성장통을 통해 단련된다. 이 고통은 우리가 한계에 부딪혔음을 알리고, 그 한계를 넘어서기 위한 새로운 노력을 요구한다. 그리고 그 노력이 축적되는 '지연된 시간' 속에서 비로소 진정한 성장이 '연착'되어 도착하는 것이다. 고통은 성장의 직접적인 원인이 아니라, 성장이 일어나고 있음을 알려주는 '미래의 그림자'이자, '지연된 성장의 신호'인 셈이다.

고통은 '새로운 시작'을 위한 준비 과정

고통은 때로는 우리를 완전히 무너뜨리는 것처럼 느껴지지만, 역설적으로 새로운 시작을 위한 준비 과정이 되기도 한다. 기존의 방식이나 관계가 더 이상 작동하지 않을 때, 고통은 그것을 놓아버리고 새로운 길을 모색하도록 강제한다. 실연의 고통은 새로운 사랑을 위한 공간을 만들고, 실패의 고통은 새로운 도전을 위한 교훈을 제공한다.

이러한 고통의 시간은 단순히 아픔을 견디는 것이 아니라, 과거를 정리하고 미래를 구상하는 '지연된 전환점'이 된다. 우리는 고통 속에서 자신의 취약성을 인정하고, 내면의 강인함을 발견하며, 삶의 우선순위를 재정립하게 된다. 이 모든 과정은 '즉시' 이루어지지 않고, 고통이라는 '딜레이' 속에서 천천히 숙성된다. 그리고 그 숙성의 시간이 지나면, 비로소 고통의 그림자 뒤에 숨어 있던 '새로운 시작'이 우리에게 '연착'되어 도착하는 것이다.

결론적으로, '고통은 변화의 그림자일 수 있다'는 통찰은 고통을 단순히 피해야 할 대상이 아닌, 삶의 필연적인 '지연' 과정의 일부로 이해하게 한다. 고통은 우리에게 '멈춤'을 요구하고, 성장의 '지연된 반응'을 알리며, '새로운 시작'을 위한 준비 과정이 된다. '즉시' 고통에서 벗어나려는 조급함 대신, 고통의 '시간성'을 이해하고 그 속에서 성찰하며 인내할 때, 우리는 고통의 그림자 뒤에 숨겨진 진정한 성장과 변화를 '연착'으로 맞이할 수 있는 지혜를 얻게 될 것이다.

2장. 고통은 진짜 실패일까, 그냥 지연일까

우리는 고통을 경험할 때, 종종 그것을 '실패'의 증거로 받아들이곤 한다. 목표 달성에 실패했을 때, 관계에서 어려움을 겪을 때, 혹은 건강이 악화될 때 찾아오는 고통은 마치 우리가 무언가를 잘못했거나, 능력이 부족해서 겪는 당연한 결과처럼 느껴진다. '빨리빨리'의 문화 속에서 고통은 즉시 제거해야 할 '문제'로 인식되며, 고통이 지속될수록 우리는 스스로를 더 큰 실패자로 낙인찍는다.

하지만 이 책이 제시하는 '연착'의 관점에서 고통을 바라본다면, 고통은 단순히 '실패'가 아닐 수 있다. 오히려 고통은 더 큰 의미를 지닌 '지연(Delay)'일 가능성이 높다. 즉, 고통은 우리가 원하는 결과나 깨달음에 도달하기까지 필연적으로 거쳐야 하는 '시간'이자, 그 과정에서 발생하는 '성장통'일 수 있다는 것이다. 실패와 지연은 겉모습은 비슷해 보이지만, 본질적으로는 전혀 다른 의미를 지닌다.

실패와 지연의 본질적 차이

'실패'는 일반적으로 목표 달성에 실패했거나, 기대했던 결과가 나오지 않았을 때의 상태를 의미한다. 이는 종결적이고 부정적인 의미를 내포하며, 더 이상의 진행이 어렵다는 인식을 동반한다. 반면, '지연'은 목표를 향해 나아가는 과정에서 일시적으로 늦어지거나, 예상치 못한 난관에 부딪히는 상황을 뜻한다. 지연은 종결이 아니라, 아직 끝나지 않은 '과정'이며, 미래의 가능성을 품고 있는 '시간'이다.

예를 들어, 마라톤 선수가 결승선에 도달하지 못하고 주저앉았다면 그것은 '실패'일 수 있다. 하지만 중간에 잠시 넘어졌다가 다시 일어나 달린다면, 그것은 '지연'일 뿐 실패가 아니다. 중요한 것은 '끝났는가, 아니면 계속되는가'의 차이다. 고통이 찾아왔을 때, 우리가 그것을 '실패'로 단정 짓고 모든 것을 멈춰버린다면 그것은 진짜 실패가 될 것이다. 그러나 고통 속에서도 계속 나아가려는 의지를 잃지 않는다면, 그 고통은 단지 목표 달성까지의 '지연'일 뿐이다.

고통은 '숨겨진 학습'의 시간이다

고통이 '지연'일 수 있는 이유는, 고통의 시간 속에서 우리가 미처 인식하지 못하는 '숨겨진 학습'이 일어나기 때문이다. 우리는 고통을 통해 자신의 한계를 깨닫고, 문제의 본질을 더 깊이 이해하며, 새로운 해결책을 모색하게 된다. 이러한 학습은 즉각적으로 눈에 보이는 성과로 나타나지 않을 수 있다. 오히려 오랜 시간 동안 내면에 축적되고 숙성되는 '지연된 학습'인 경우가 많다.

사업에 실패하여 막대한 손실을 입는 고통을 겪었다고 가정해보자. 당장은 모든 것이 끝난 것 같은 '실패'로 느껴질 것이다. 하지만 그 고통 속에서 우리는 시장의 흐름을 읽는 법, 재무 관리의 중요성, 팀원과의 소통 방식 등 수많은 교훈을 얻게 된다. 이러한 교훈들은 다음 도전을 위한 귀중한 자산이 되며, 궁극적으로 더 큰 성공을 위한 '지연된 준비'가 된다. 고통은 겉으로는 아무것도 얻지 못하는 것처럼 보이지만, 사실은 가장 중요한 학습과 성장이 일어나는 '지연된 시간'인 것이다.

'연착 감수성'으로 고통을 재해석하기

고통을 '실패'가 아닌 '지연'으로 재해석하기 위해서는 '연착 감수성'이 필요하다. '연착 감수성'은 모든 중요한 것이 우리에게 '늦게' 도착한다는 진실을 받아들이고, 그 지연된 시간 속에서 의미를 찾으며, 불확실성과 불완전함을 포용하는 태도다. 고통이 찾아왔을 때, 우리는 그것이 '성장을 위한 지연'일 수 있음을 인지하고, 조급함 대신 인내심을 발휘해야 한다.

고통 속에서 우리는 '지금 당장' 해결되지 않는 것에 대한 불안감을 느낄 수 있다. 하지만 '연착 감수성'은 이러한 불안감을 내려놓고, 고통의 시간 속에서 일어나는 미세한 변화와 내면의 성장을 신뢰하도록 돕는다. 마치 겨울이 아무리 길어도 봄이 반드시 오리라는 믿음처럼, 고통의 시간이 아무리 길어도 그 뒤에는 반드시 성장과 변화가 '연착'되어 올 것이라는 확신을 가지는 것이다.

결론적으로, 고통은 단순히 '실패'의 증거가 아니라, 더 큰 변화와 성장을 위한 '지연'일 수 있다. 고통의 시간은 우리에게 '숨겨진 학습'의 기회를 제공하며, '연착 감수성'을 통해 우리는 고통을 새로운 시각으로 재해석하고 그 속에서 진정한 의미를 찾아낼 수 있다. 고통이 찾아왔을 때, 우리는 그것을 '끝'이 아닌 '과정'으로, '실패'가 아닌 '지연'으로 받아들일 때, 비로소 고통의 그림자 뒤에 숨겨진 빛나는 성장을 '연착'으로 맞이할 수 있을 것이다.

3장. 대부분의 포기는 딜레이를 견디지 못하는 조급함 때문이다

인간은 무언가를 시작할 때, 그 과정이 순조롭게 진행되고 목표가 빠르게 달성되기를 기대한다. '즉시성'을 숭배하는 현대 사회의 가치관은 이러한 조급함을 더욱 부추긴다. 하지만 삶의 중요한 대부분은 필연적으로 '지연(Delay)'과 '연착(延着)'을 수반한다. 목표 달성까지의 시간이 예상보다 길어지거나, 중간에 예기치 않은 난관에 부딪혔을 때, 우리는 쉽게 좌절하고 모든 것을 포기하려 한다. 대부분의 포기는 무능력이나 나약함 때문이 아니라, 이 '지연'을 견디지 못하는 내면의 조급함과 불안감에서 비롯한다.

조급함의 심리 – 즉각적 만족과 딜레이 불내성

현대인의 삶을 지배하는 강력한 욕구 중 하나는 '즉각적 만족(Instant Gratification)'이다. 음식이 바로 배달되고, 정보는 실시간으로 업데이트되는 세상은 우리 뇌를 '지연'에 대한 인내력이 약하도록 길들인다. 심리학에서 '기대 지연 불내성(Intolerance of Delay)'이라 부르는 이 경향은, 불확실하거나 지연되는 상황을 참지 못하고 즉각적인 만족이나 명확한 결과를 요구하는 심리다. 목표 달성이 지연될 때, 우리는 '왜 나는 안 되지?' 같은 부정적인 생각에 사로잡힌다. 결과가 '즉시' 나타나지 않는다는 사실 자체가 견디기 어려운 고통으로 다가오기 때문이다. 이러한 불내성은 우리가 끈기 있게 노력해야 할 '과정'을 단순히 '시간 낭비'나 '실패의 전조'로 해석하게 만들고, 결국 포기라는 선택으로 이끈다.

포기를 부추기는 두 가지 함정 – 결과 중심주의와 불확실성

이러한 조급함은 두 가지 함정과 결합될 때 더욱 강력해진다. 첫째는 '결과 중심주의'다. 과정의 중요성보다는 눈에 보이는 최종 결과만을 중시하는 태도는 사람들이 '지연된 과정'을 인내하지 못하게 만든다. 다이어트를 시작했지만 단기간에 눈에 띄는 체중 감소가 없다면 쉽게 포기하는 것처럼, '결과'가 '즉시' 보이지 않으면 그 과정이 아무리 가치 있어도 쉽게 좌절한다. 둘째는 '불확실성'이다. 우리가 겪는 '지연'은 종종 그 끝이 언제일지, 과연 목표에 도달할 수 있을지 예측할 수 없는 시간을 동반한다. 미래에 대한 명확한 그림이 그려지지 않을 때 인간은 본능적으로 불안감을 느끼고, 이 불안감을 끝내기 위해 차라리 포기하는 것이 낫다는 결정을 내리게 된다.

포기를 넘어서는 지혜 – 연착 감수성 기르기

포기의 유혹을 넘어서기 위해서는 '연착 감수성'을 길러야 한다. '연착 감수성'은 모든 중요한 것이 우리에게 '늦게' 도착한다는 진실을 받아들이고, 그 지연된 시간 속에서 의미를 찾으며, 불확실성과 불완전함을 기꺼이 포용하는 태도다. 이는 조급함을 내려놓고, '기다림'의 가치를 인정하며, 과정 속의 '지연'을 성장의 기회로 삼는 것을 의미한다. 연착 감수성을 가진 사람은 '딜레이'를 실패가 아닌 '성장을 위한 필수적인 숙성'의 과정으로 해석한다. 그들은 결과가 즉시 나타나지 않더라도, 과정 속에서 일어나는 작은 진전과 내면의 성장을 소중히 여긴다. 이러한 태도는 불확실성 속에서도 흔들리지 않는 끈기를 제공하며, 결국 포기하지 않고 목표에 도달하는 힘이 된다.

궁극적으로 포기의 심리는 '딜레이'를 견디지 못하는 조급함과 불확실성에서 온다. 포기하지 않는다는 것은 단순히 끈기만을 의미하는 것이 아니다. 그것은 '연착'의 미학을 이해하고, 지금 이 순간의 '지연'이 결국 더 큰 의미를 지닌 '도착'으로 이어질 것을 신뢰하는 태도인 것이다.

4장. 다이어트 실패, 그 연착의 심리학

새해 다짐, 여름휴가 준비, 건강 검진 결과… 우리 삶에서 '다이어트'만큼 반복적으로 결심하고 실패하는 목표가 또 있을까? 이 장은 바로 이 가장 보편적인 실패의 경험을 통해, 이 책이 관통하는 '연착'의 문제를 가장 적나라하게 해부한다. 우리는 왜 그토록 다이어트에 실패하는가? 이 장은 그 원인이 의지박약이나 정보 부족 때문이 아니라고 단언한다.

저울 눈금의 정체 앞에서 느끼는 좌절감, '한 입만'의 유혹에 무너지는 결심, 어제의 나와 비교하며 키우는 조급함 등 다이어트의 실패 과정은 '딜레이를 견디지 못하는 마음'의 모든 증상을 집약적으로 보여준다. 즉각적인 쾌락(음식)은 강력하고 확실하지만, 목표(건강한 몸)는 멀고 불확실하다. 이 장은 다이어트의 실패가 '지연된 신체 변화'를 견디지 못하는 우리 마음의 조급함을 비추는 거울임을 논증한다. 이를 통해 우리는 포기의 심리가 작동하는 가장 구체적인 메커니즘을 이해하고, '연착 감수성'이 왜 필요한지에 대한 가장 현실적인 답을 얻게 될 것이다.

저울의 배신 – '정체기'라는 고통을 견디지 못할 때

다이어트라는 긴 여정에는 반드시 넘어야 하는 거대한 산이 있다. 바로 '저울의 배신'이라 불리는 순간이다. 굳은 결심으로 튀김 대신 샐러드를 선택하고, 소파의 유혹을 뿌리치고 땀 흘려 운동한 지 몇 주. 초반의 눈에 띄는 변화에 기쁨을 느끼던 것도 잠시, 어느 날부터 저울의 숫자는 요지부동이다. 어제와 같은 숫자, 혹은 야속하게도 약간 늘어난 숫자를 마주하는 순간, 우리는 깊은 무력감과 좌절에 빠진다. 우리의 모든 노력이 부정당하는 듯한 이 감정적 고통, 이것이 바로 수많은 다이어트를 실패로 '연착'시키는 첫 번째 관문인 정체기(plateau)다. 이 순간, 저울은 단순한 측정 도구가 아니라 우리의 인내심을 시험하고 가능성을 의심하게 만드는 냉혹한 심판관이 된다. '이렇게까지 했는데 변하지 않는다면, 다 소용없는 것 아닐까?'라는 의심은 포기라는 달콤한 유혹의 속삭임으로 변모한다.

하지만 우리가 '배신'이라 느끼는 이 정체기는, 실패의 증거가 아니라 오히려 우리 몸이 변화에 성공적으로 적응하고 있다는 가장 확실한 신호다. 생물학적으로 우리 몸은 생존을 위해 항상성(homeostasis)을 유지하려는 강력한 본능을 가지고 있다. 섭취 칼로리가 줄고 체지방이 감소하면, 몸은 이를 일종의 '위기 상황'으로 인식하여 대사 적응(metabolic adaptation)을 시작한다. 즉, 더 적은 에너지로도 생존할 수 있도록 기초대사량을 낮추고, 포만감 호르몬인 '렙틴' 수치를 줄이며, 공복 호르몬인 '그렐린'을 늘려 식욕을 자극한다. 이것이 바로 정체기의 과학적 실체다. 따라서 저울의 멈춤은 우리의 노력이 부족해서가 아니라, 우리 몸이 새로운 환경에 적응하며 다음 단계의 변화를 준비하기 위해 잠시 숨을 고르는 필연적인 '지연'의 시간인 셈이다. 이는 마치 수면 위로 솟아오르기 전, 물 밑에서 힘을 응축하는 잠수함과도 같다.

이러한 생물학적 원리를 이해하는 것은 정체기가 주는 심리적 압박에서 벗어나는 첫걸음이다. 정체기를 '실패'가 아닌 '적응'의 과정으로 재해석할 때, 우리는 이 고통스러운 시간을 '숨겨진 학습'의 기회로 전환할 수 있다. 지금이야말로 저울의 숫자라는 결과 중심주의에서 벗어나 과정의 가치를 돌아볼 때다. '체중'이라는 단 하나의 지표에 매달리는 대신, '체중계 숫자 외의 승리(Non-Scale Victories)'에 주목해야 한다. 꽉 끼던 바지가 편안해진 느낌, 계단을 올라도 숨이 덜 차는 순간, 아침에 일어날 때의 개운함, 운동 무게가 늘어나는 성취감 등. 이러한 긍정적 변화들은 저울이 보여주지 못하는 진정한 성공의 증거들이다. 이 시간을 통해 무심코 첨가하던 소스의 칼로리를 점검하고, 수면의 질을 높이며, 스트레스 관리법을 찾는 등 생활 습관 전반을 미세 조정할 수 있다.

결론적으로 정체기는 다이어트의 끝이 아니라, 단기적 체중 감량을 넘어 지속 가능한 생활 습관으로 나아가는 전환점이다. 이는 우리의 '연착 감수성', 즉 목표에 도달하는 과정에서 발생하는 필연적 지연을 견뎌내는 능력을 시험하는 과정이다. 저울의 배신 앞에서 좌절하고 포기한다면 우리는 영원히 이전의 패턴으로 회귀할 것이다. 하지만 이 지연의 시간을 이해하고, 인내하며, 학습의 기회로 삼는다면, 우리는 비로소 숫자 뒤에 숨겨진 진짜 변화를 마주하게 될 것이다. 정체기는 고통스러운 연착이지만, 동시에 더 깊고 단단한 성공을 위한 뿌리를 내리는 시간임을 기억해야 한다.

'한 입만'의 함정 – 즉각적 만족이 장기적 목표를 이길 때

"한 입만 괜찮겠지." 이 속삭임은 다이어트의 굳은 결심을 무너뜨리는 가장 교활하고 강력한 적이다. 길고 힘든 하루 끝에 마주한 달콤한 케이크, 동료들과 함께하는 즐거운 식사 자리의 바삭한 튀김 앞에서 우리의 이성은 이 작은 타협안을 제시한다. '완전한 포기'가 아닌 '사소한 예외'처럼 느껴지기 때문에 이 유혹은 더욱 거부하기 힘들다. 그러나 이 '한 입'은 단순한 음식 조각이 아니라, 먼 미래의 불확실한 성공과 눈앞의 확실한 쾌락 사이에서 벌어지는 치열한 심리전의 서막이다. 그리고 대부분의 경우, 이 전쟁에서 승리하는 것은 즉각적 만족의 유혹이다.

이 현상은 심리학에서 말하는 '지연 불내성(Delay Intolerance)', 즉 더 큰 미래의 보상을 위해 현재의 만족을 지연시키는 능력이 부족한 상태를 극명하게 보여준다. 우리의 뇌는 본능적으로 먼 미래의 추상적인 목표보다 눈앞의 구체적이고 즉각적인 보상에 더 강렬하게 반응하도록 설계되어 있다. 몇 달 후 입게 될 멋진 옷이나 개선될 건강 수치는 아직 현실이 아닌 상상의 영역에 머물러 있지만,

혀끝에서 느껴지는 달콤함은 지금 이 순간의 확실한 쾌락이다. 뇌의 보상회로에서는 이 '한 입'에 대한 기대로 도파민이 분출되며, 이는 우리의 이성적 판단을 마비시키고 충동을 억제하는 전두엽의 기능을 압도한다. 결국 우리는 '나중에 후회하더라도 지금은 즐기고 싶다'는 원초적 욕망에 굴복하게 되는 것이다. 이것은 의지박약의 문제가 아니라, 우리의 생존 본능과 현대 사회의 풍요가 충돌하며 빚어내는 문명적인 딜레마다.

더 큰 문제는 '한 입만'이 결코 '한 입'으로 끝나지 않는다는 점에 있다. 한번 규칙을 어기고 나면, 소위 '에라 모르겠다 효과(What-the-Hell Effect)'라는 심리적 둑이 무너지기 시작한다. '어차피 오늘 다이어트는 망쳤으니, 이왕 먹는 거 제대로 즐기고 내일부터 다시 시작하자.' 이처럼 완벽주의적인 흑백논리는 사소한 실수 하나를 완전한 실패로 규정짓고, 통제력을 완전히 포기하게 만든다. '한 입'의 죄책감은 자기혐오로 이어지고, 스트레스를 받은 뇌는 다시 한번 즉각적인 위안, 즉 음식을 찾게 되는 악순환이 시작된다. 결국 사소한 예외는 걷잡을 수 없는 폭식으로 이어지며, 다음 날 아침에는 불어난 체중과 함께 어제보다 더 무거워진 좌절감만이 남게 된다.

따라서 '한 입만'의 함정에서 벗어나는 것은 의지력을 시험하는 것이 아니라, 현명한 전략을 세우는 문제다. 가장 효과적인 방법 중 하나는 유혹의 순간에 어떻게 행동할지 미리 정해두는 '실행 의도(Implementation Intention)'를 만드는 것이다. 예를 들어, '만약 회식 자리에서 디저트를 권유받는다면, 나는 미소와 함께 "정말 맛있어 보이네요, 하지만 괜찮습니다"라고 말하고 따뜻한 차를 마실 것이다'처럼 구체적인 행동 계획을 세워두는 것이다. 이는 충동적인 '뜨거운 상태'가 되었을 때, 미리 준비해 둔 '차가운 이성'의 각본대로 행동하게 하여 실패의 가능성을 줄여준다. 또한 강렬한 식욕이 느껴질 때 '10분만 기다리기' 규칙을 적용하는 것도 감정적 뇌를 진정시키고 이성적 뇌가 개입할 시간을 버는 데 도움이 된다. 이처럼 '한 입만'의 유혹은 의지로 억누르는 것이 아니라, 인간의 심리를 이해하고 설계된 전략으로 우회하는 것이다. 이를 통해 우리는 즉각적 만족의 노예가 되기를 거부하고, 장기적 목표를 향한 '지연'을 기꺼이 감수하는 주체적인 존재로 거듭날 수 있다.

어제의 나와 비교하기 - 결과주의가 낳는 조급함

다이어트의 여정에서 가장 흔하면서도 치명적인 습관은 바로 '어제의 나'와 강박적으로 비교하는 것이다. 매일 아침 눈을 뜨자마자 비몽사몽간에 체중계로 향하는 의식. 숨을 참고 올라선 그 위에서 숫자가 단 100g이라도 줄어 있으면 하루를 승리감으로 시작하고, 그대로이거나 조금이라도 늘어 있으면 세상이 무너진 듯한 절망감에 휩싸인다. 이처럼 하루 단위의 미세한 변화에 감정이 종속되는 순간, 우리는 장기적인 관점을 잃고 '결과주의'가 파놓은 조급함의 함정에 빠지게 된다. 하루하루의 체중 변화를 일일 성적표처럼 받아들이는 이 습관은, 다이어트를 꾸준한 생활 개선이 아닌 아슬아슬한 외줄타기로 변질시킨다.

이러한 조급함의 근원에는 '성공은 직선으로 나타나야 한다'는 비현실적인 믿음이 자리 잡고 있다. 하지만 우리 몸은 기계가 아닌 복잡한 유기체다. 어제 먹은 음식의 염분량, 수분 섭취량, 탄수화물 저장량, 수면의 질, 스트레스 호르몬 수치, 여성의 경우 생리 주기에 이르기까지 수십 가지 변수가 체중에 영향을 미친다. 따라서 오늘 체중이 어제보다 조금 늘었다는 것은 지방이 쌓였다는 의미가 아니라, 몸이 수분을 조금 더 머금고 있을 가능성이 훨씬 크다. 이 자연스러운 생물학적 '파동'을 이해하지 못하고, 모든 변화를 성공과 실패라는 이분법적 잣대로 해석하는 것이 비극의 시작이다. 이는 마치 매일 씨앗을 파내어 뿌리가 얼마나 자랐는지 확인하려는 어리석은 농부와 같다. 잦은 확인은 성장을 돕는 것이 아니라 오히려 뿌리를 상하게 할 뿐이다.

여기에 더해 '손실 회피(Loss Aversion)'라는 강력한 심리적 편향이 상황을 악화시킨다. 심리학자 대니얼 카너먼의 연구에 따르면, 인간은 같은 크기의 이득에서 얻는 기쁨보다 손실에서 느끼는 고통을 약 두 배 더 크게 느낀다. 이를 다이어트에 적용하면, 1kg을 감량했을 때의 기쁨보다 1kg이 늘었을 때의 고통이 훨씬 압도적이라는 의미다. 며칠간의 노력으로 얻은 성취감과 동기부여가 단 하루의 체중 증가(그것이 정상적인 변동일지라도)로 인해 완전히 소멸되어 버린다. 결국 다이어터의 마음속에는 작은 기쁨의 기억보다 큰 고통의 기억만이 쌓여가고, 이는 '어차피 해도 안 된다'는 무력감과 포기로 이어진다.

이처럼 결과주의가 낳는 조급함은 과정의 가치를 완전히 무시하게 만든다. 어제 계획한 대로 건강한 식단을 지키고, 힘든 운동을 완수했다면 그것 자체로 '성공한 하루'다. 하지만 결과주의자는 오직 저울의 숫자로만 그날의 성공 여부를 판단한다. 자신의 통제하에 있는 '행동'의 가치를 폄하하고, 자신의 통제 밖에 있는 '결과(일일 체중 변동)'에 집착하는 것이다. 이는 장기적인 목표를 향한 여정에 필수적인 '연착 감수성'을 파괴하는 행위다. 주식 투자자가 일일 등락에 연연하지 않고 장기적인 성장 추세를 보듯, 다이어트 역시 긴 호흡으로 바라보아야 한다.

따라서 이 조급함의 굴레에서 벗어나기 위한 첫걸음은 평가의 기준과 주기를 바꾸는 것이다. 매일 아침 체중을 재는 습관 대신, 일주일에 한 번 정해진 시간에 같은 조건에서 체중을 재는 것이 좋다. 이는 무의미한 일일 변동이라는 '소음'을 걸러내고, 진짜 의미 있는 '추세'를 파악하게 해준다. 만약 매일 체중을 확인해야만 안심이 된다면, 숫자에 연연하기보다 그 숫자를 기록하여 주간 또는 월간 추세선으로 확인하는 습관을 들여야 한다. 더 나아가, 성공의 정의를 '나의 계획을 실천했는가?'로 바꾸어야 한다. 어제의 나보다 체중이 줄었는가가 아니라, 어제의 나보다 계획을 잘 지켰는가를 기준으로 삼는 것이다. 이처럼 과정 중심으로 시각을 전환할 때, 우리는 비로소 조급함에서 벗어나 긴 여정을 완주할 수 있는 진정한 인내심을 기를 수 있다.

기다리지 못하는 마음 – '연착 감수성'으로 완성하는 다이어트

우리는 지금까지 다이어트를 실패로 이끄는 여러 증상을 살펴보았다. 저울의 숫자에 좌절하는 '정체기'의 고통, '한 입만'이라는 즉각적 만족의 유혹, 어제의 나와 비교하며 키우는 조급함. 그러나 이 모든 것은 단 하나의 근원적인 질병에서 파생된 증상에 불과하다. 그 질병의 이름은 바로 '기다리지 못하는 마음', 즉 '연착 감수성(Delay Tolerance)'의 부재다. 버튼 하나로 음식이 배달되고, 클릭 한 번으로 세상의 모든 정보를 얻는 시대에 우리는 '기다림'이라는 근육을 완전히 상실해버렸다. 이처럼 즉시성이 미덕이 된 사회에서, 본질적으로 '지연'을 속성으로 하는 몸의 변화를 견뎌내는 것은 어쩌면 가장 어려운 과제일지 모른다.

기다림이 이토록 고통스러운 이유는 그것이 '불확실성'을 동반하기 때문이다. 식단을 조절하고 운동을 하는 현재의 노력은 '확실한 비용'이지만, 체중 감량이라는 미래의 보상은 '불확실한 이익'처럼 느껴진다. '내가 지금 이 고생을 하는 것이 과연 효과가 있을까?', '이 길이 정말 맞는 길일까?'라는 의심이 피어나는 순간, 우리는 현재의 고통을 감수할 명분을 잃어버린다. 불확실성이 주는 불안감은 미래의 보상 가치를 급격히 떨어뜨리고, 우리는 그 불안에서 탈출하기 위해 가장 쉬운 방법, 즉 모든 것을 포기하고 현재의 안락함으로 돌아가는 길을 선택한다. 다이어트의 실패는 결국 의지력의 실패가 아니라, 이 불확실성의 무게를 견디지 못하는 마음의 실패인 것이다.

그렇다면 이 기다리지 못하는 마음을 어떻게 다스려야 하는가? 해답은 '더 강한 의지력'이나 '더 완벽한 계획'에 있지 않다. 그것은 '지연'과 '연착'을 바라보는 관점 자체를 바꾸는 인식의 대전환에서 시작된다. 애초에 다이어트는 정시 출발하여 정시 도착하는 KTX

가 아니라, 수시로 날씨가 바뀌는 바다를 항해하는 배와 같다는 사실을 받아들이는 것이다. 예상치 못한 풍랑(정체기)을 만나고, 항로를 잠시 이탈(일탈)하기도 하며, 목적지에 생각보다 늦게 도착하는 것은 실패가 아니라 항해의 본질이다. 이 책의 핵심 주제인 "모든 존재는 연착한다"는 말을 기억해야 한다. 씨앗이 싹을 틔우고, 아이가 어른이 되며, 위대한 예술 작품이 탄생하는 데 시간이 걸리듯, 한 사람의 몸과 습관이 근본적으로 변하는 것 역시 필연적으로 '연착'될 수밖에 없다.

따라서 진정으로 다이어트를 완성하고자 한다면, 우리는 '연착 감수성'을 기르고 그것을 바탕으로 다이어트를 설계해야 한다. 첫째, '10kg 감량' 같은 결과 중심의 목표에서 '매일 30분 걷기, 건강한 식사하기' 같은 과정 중심의 시스템으로 초점을 옮겨야 한다. 목표 달성은 내 통제 밖에 있지만, 시스템을 실행하는 것은 내 통제 안에 있다. 하루하루 시스템을 지켜내는 것에서 즉각적인 성취감을 얻을 때, 우리는 더 이상 먼 미래의 결과에 조급해하지 않을 수 있다. 둘째, 완벽주의를 버리고 '좋은 실패'를 계획에 포함해야 한다. 어쩌다 한 번 과식했더라도 '역시 난 안돼'라며 모든 것을 놓아버리는 대신, '괜찮아, 내일 다시 하면 돼'라며 빠르게 궤도로 복귀하는 회복탄력성을 길러야 한다. 성공은 넘어지지 않는 것이 아니라, 넘어질 때마다 다시 일어서는 것에 있기 때문이다.

결국 다이어트의 성공이란, 체중계 위에서 원하는 숫자를 마주하는 단 한 번의 순간이 아니다. 그것은 수많은 연착과 지연을 인내하고, 불확실성을 견디며, 그럼에도 불구하고 꾸준히 나아가는 과정 전체를 통해 '기다릴 줄 아는 사람'으로 변화하는 이야기다. '연착 감수성'을 기르는 것은 단순히 다이어트를 성공시키는 기술을 넘어, 우리 삶의 모든 영역에서 더 깊고 단단한 성취를 이루는 근본적인 지혜가 될 것이다. 몸의 변화는 마음의 변화를 따르고, 그 마음의 핵심에는 바로 이 '기다림의 미학'이 자리하고 있다.

6부

학습과 체화의 지연
- 느린 반복의 지혜

 '핵심 요약', '3분 강의', '속성 과정'. 우리는 '빠른 학습'과 '즉각적인 성과'를 최고로 여기는 시대에 살고 있다. 하지만 자전거를 타는 법을 책으로만 배울 수 없듯이, 진정한 앎은 단순히 정보를 머리에 넣는 행위가 아니라 몸과 무의식에 깊이 새겨지는 '체화(體化)'의 과정을 통해 완성된다. 그리고 이 체화의 과정은 본질적으로 '지연'과 '느린 반복'을 먹고 자란다.

 6부 '학습과 체화의 지연 – 느린 반복의 지혜'는 바로 이 '빠른 학습'의 신화를 해체하고, 진정한 앎이 우리에게 '연착'하는 여정을 탐구한다. 우리는 왜 '오늘 공부한 것이 다음 달에야 결과로 나타나는지', 노력해도 '지금은 안 변하는 것처럼' 느껴지는 '노력의 시차'를 분석한다. 또한, '어느 날 갑자기 스타가 되는' 현상 이면에 숨겨진 '보이지 않는 축적'의 비밀을 파헤치고, '슬럼프'가 사실은 멈춤이 아니라 다음 단계로 나아가기 위한 '지연된 성장'임을 논증한다.

　나아가, '시험이 끝난 후에야 진짜 이해가 시작되는' 역설을 통해, 학습의 본질이 즉각적인 평가가 아닌 '느린 반복'과 '지연된 깨달음'에 있음을 밝힐 것이다. 궁극적으로 이 부는 '연착 감수성'을 학습에 적용하여, 독자들이 조급함의 딜레마에서 벗어나 꾸준함과 신뢰 속에서 진정한 지혜를 향한 길을 걷도록 안내한다.

1장. 오늘 공부한 건 다음 달에 나온다
– 피상적 학습의 딜레마

우리는 오늘 배운 것이 '오늘' 혹은 '내일' 바로 결과로 나타나기를 바란다. 시험 공부를 하면 바로 성적이 오르고, 새로운 기술을 배우면 '즉시' 전문가가 되는 것을 기대한다. 하지만 현실은 그렇지 않다. 오늘 공들여 공부하고 노력한 것이 실제로 우리의 능력으로 체화되어 결과로 나타나는 시점은, 대개 우리가 예상하는 것보다 훨씬 더 '지연'되어 도착한다. 마치 밭에 씨앗을 뿌리면 당장 열매를 맺지 않고 오랜 기다림의 시간을 거쳐야 하는 것과 같다. 오늘 공부한 건 다음 달에, 어쩌면 그 다음 해에 비로소 빛을 발한다. 이러한 '시간 지연'의 본질을 이해하지 못할 때, 우리는 '피상적 학습(Superficial Learning)'의 딜레마에 빠진다.

피상적 학습은 정보가 뇌의 표면에만 머물고, 우리의 사고방식이나 행동, 그리고 삶의 방식에 실질적인 변화를 가져오지 못하는 상태를 말한다. 이는 학습의 본질적인 '지연' 과정을 간과하고, '즉각적인 이해'만을 추구하는 조급함에서 비롯한다.

'알았다'는 착각이 낳는 허상

우리는 종종 어떤 개념이나 원리를 접하고는 '아, 알겠다!'고 외친다. 책을 읽고 핵심 내용을 요약하거나, 강의를 듣고 고개를 끄덕일 때, 우리는 자신이 그것을 '완전히 알았다'고 믿어 버린다. 하지만 이러한 '알았다는 착각'은 진정한 학습과 체화를 방해하는 가장 큰 허상 중 하나다. 이는 단순히 정보의 표면적인 이해에 불과한 경우가 많다.

진정한 앎은 정보를 머릿속에 저장하는 것을 넘어, 그것을 자신의 것으로 소화하고, 비판적으로 사고하며, 다양한 맥락에 적용하고, 나아가 새로운 아이디어를 창출할 수 있는 능력을 의미한다. 이러한 깊이 있는 이해는 '즉각적인 깨달음'으로는 얻을 수 없다. 시간이 지나면서 반복적으로 정보를 되새기고, 실제 문제에 적용해보고, 실수하며 교정하는 '지연된 숙성'의 과정이 필요하다. '오늘 알았다고 생각하는 것'과 '다음 달에 몸으로 발현되는 것' 사이에는 이러한 깊이의 차이가 존재한다.

정보의 '소비'와 '소화'의 간극

현대 사회는 '정보 소비'의 속도를 미덕으로 여긴다. 우리는 수많은 뉴스와 지식을 빠르게 훑고 지나가며, '새로운 정보를 많이 안다'는 사실 자체에 만족한다. 하지만 이러한 '빠른 소비'는 지식의

'소화'를 방해한다. 음식을 아무리 빨리 먹어도 몸이 영양분을 흡수하고 소화하는 데 시간이 걸리듯, 지식도 뇌가 그것을 처리하고 기억하며 통합하는 데 충분한 '지연'의 시간이 필요하다.

정보를 단순히 소비하는 것만으로는 그것이 우리의 장기 기억으로 넘어가거나, 사고의 틀을 바꾸는 '체화'의 단계로 나아갈 수 없다. 이는 마치 수많은 책을 읽었지만 정작 자신의 삶이나 행동에는 아무런 변화도 없는 것과 같다. '오늘 읽은 책'의 내용이 '다음 달에 내 삶의 지혜'가 되기 위해서는, 읽는 행위 그 자체를 넘어선 깊은 성찰과 반추, 그리고 적용이라는 '지연된 소화'의 과정이 필수적이다.

학습의 '연착'을 위한 인내

결국 '오늘 공부한 건 다음 달에 나온다'는 깨달음은 학습이 본질적으로 '연착'의 과정임을 알려준다. 우리가 어떤 것을 배우기 위해 노력할 때, 그 즉시 눈에 보이는 효과나 성과가 나타나지 않는다고 해서 좌절할 필요는 없다. 오히려 그 '지연'의 시간은 지식이 우리의 내면에 깊이 뿌리내리고, 몸과 마음으로 체화되는 중요한 숙성의 시간이다.

이러한 '연착'을 위한 인내는 단순히 '참는 것'이 아니라, '지연' 속에 숨겨진 의미와 가치를 이해하고 신뢰하는 태도다. 오늘 뿌린 지식의 씨앗이 내일 당장 싹트지 않더라도, 꾸준히 물을 주고 햇볕을 쬐어주면 언젠가 반드시 열매를 맺을 것이라는 믿음이다. 조급함을 내려놓고, '느린 반복'을 통해 꾸준히 노력할 때, 오늘 시작한 학습의 결과는 다음 달, 혹은 그 이후 언젠가 우리에게 '연착'되어 진정한 지혜와 능력으로 발현될 것이다.

2장. 공부는 내일의 나를 바꾼다 – 노력의 시차

 우리는 '오늘'의 노력이 '오늘' 바로 결과로 나타나지 않을 때 좌절한다. 특히 공부와 학습의 영역에서는 그 지연의 시간이 더욱 길게 느껴지곤 한다. 하지만 진정한 공부는 당장의 만족을 위한 것이 아니다. 그것은 마치 느리게 흐르는 강물이 거대한 지형을 바꾸듯, 오늘의 꾸준한 노력이 '내일의 나'를 근본적으로 변화시키는 과정이다. 즉, 공부는 즉각적인 지식의 습득을 넘어, 우리의 사고방식, 문제 해결 능력, 그리고 세상을 바라보는 관점 자체를 '지연'을 통해 바꾸어 놓는 강력한 힘을 지닌다. 이것이 바로 '노력의 시차(時差)'다.
 이 장에서는 '오늘의 공부'가 '내일의 나'를 어떻게 변화시키는지, 그리고 그 변화가 '노력의 시차'라는 지연의 과정을 통해 어떻게 이루어지는지 탐구한다.

'즉시성'이 감추는 노력의 시차

현대 사회는 모든 것에서 '즉시성'을 요구한다. 클릭 한 번에 정보가 쏟아지고, 빠른 결과와 성과를 숭배한다. 이러한 환경은 우리에게 노력과 결과 사이의 '시차'를 간과하게 만든다. 운동을 하면 즉시 근육이 생기고, 독서를 하면 당장 지식이 쌓이는 것처럼 느끼고 싶어 한다. 하지만 실제로는 그렇지 않다. 오늘 흘린 땀이 바로 다음 날 눈에 띄는 변화를 가져오지는 않으며, 오늘 읽은 한 줄의 글이 바로 내일의 지혜로 연결되지도 않는다.

이러한 노력의 시차는 학습과 성장의 본질적인 특성이다. 지식은 축적되고, 기술은 숙련되며, 지혜는 숙성되는 데 시간이 걸린다. 우리가 아무리 열심히 노력해도, 그 노력이 실질적인 변화로 나타나기까지는 일정 기간의 '지연'이 필요하다. '즉시성'이라는 환상에 매몰되면, 우리는 이 필수적인 '시차'를 견디지 못하고 쉽게 포기하게 된다. 노력의 시차를 이해하는 것은, 눈에 보이는 결과가 바로 나타나지 않더라도 꾸준히 나아갈 수 있는 인내의 바탕이 된다.

'체화'는 지연된 변화의 열매

진정한 공부는 지식을 머리로만 아는 것을 넘어, 그것이 몸에 배어 무의식적으로 발현되는 '체화(體化)'의 단계에 이르는 것이다. 자전거를 처음 배울 때 넘어지고 또 넘어지며 중심을 잡는 법을 익히듯, 어떤 기술이나 지식도 수많은 시행착오와 반복을 거쳐야만 완전히 '내 것'이 된다. 처음에는 의식적으로 노력해야 하지만, 시간이 지나면서 그것이 몸에 익고 자연스러워지는 과정이 바로 '체화'다.

이러한 체화는 결코 '즉시' 이루어지지 않는다. 오늘 아무리 열심히 연습해도 내일 당장 베테랑이 될 수는 없다. 체화는 일관된 노력과 '느린 반복'이 축적된 결과다. 매일 조금씩, 꾸준히 반복하는 과정에서 우리의 뇌는 새로운 신경망을 구축하고, 몸은 새로운 패턴을 기억한다. 이 '지연된 축적'의 시간이 있었기에, 우리는 어느 순간 의식하지 않고도 유창하게 외국어를 구사하고, 복잡한 문제를 직관적으로 해결하며, 숙련된 기술을 자연스럽게 발휘하게 된다. '오늘의 공부'가 '내일의 나'를 숙련된 존재로 바꾸는 것은 바로 이 '체화'라는 노력의 시차를 통해서다.

'느린 반복'이 만드는 내면의 혁명

'느린 반복'은 지루하거나 비효율적인 과정처럼 보일 수 있지만, 사실은 가장 강력한 학습 전략이자 내면의 혁명을 일으키는 원동력이다. 같은 내용을 다시 읽고, 같은 문제를 다시 풀어보고, 같은 기술을 또다시 연습하는 것은 피상적으로는 시간 낭비처럼 보일지 모른다. 하지만 이러한 '느린 반복' 속에서 우리는 이전에 놓쳤던 미세한 부분을 발견하고, 깊이 있는 통찰을 얻으며, 자신의 이해를 더욱 견고히 다진다.

또한, '느린 반복'은 우리의 뇌에 정보를 깊이 각인시키는 역할을 한다. 망각 곡선을 극복하고, 단기 기억을 장기 기억으로 전환하며, 서로 다른 지식들을 연결하여 큰 그림을 그리는 데 필수적이다. '오늘'의 반복이 쌓여 '내일'의 뇌 구조를 변화시키고, 새로운 사고

방식을 형성하며, 문제 해결 능력을 향상시키는 것이다. 이는 단순히 지식을 늘리는 것을 넘어, '내일의 나'를 더욱 지혜롭고 유능한 사람으로 바꾸는 근본적인 변화다. 이 모든 것이 노력의 시차가 만드는 강력한 결과물이다.

결론적으로, '공부는 내일의 나를 바꾼다'는 것은 지식이 '노력의 시차'라는 '지연'과 '느린 반복'을 통해 '체화'되어 궁극적으로 우리 자신을 변화시킨다는 의미다. 즉각적인 성과에 대한 기대를 내려놓고, '노력의 시차'를 이해하며 '느린 반복'의 힘을 신뢰할 때, 우리는 '오늘'의 노력이 '내일의 나'를 진정으로 성장시키고 지혜롭게 만들 수 있음을 깨닫게 될 것이다. 이러한 믿음이야말로 진정한 학습의 동력이자, 삶의 모든 중요한 것이 '연착'되어 온다는 진실을 받아들이는 지혜로운 태도다.

3장. 노력의 시차 – 왜 지금은 안 변하는가

우리는 간절히 원하고 열심히 노력한다. 다이어트를 위해 식단을 조절하고 운동을 시작하며, 외국어 학습을 위해 매일 단어를 외우고 문법을 익힌다. 하지만 며칠, 혹은 몇 주가 지나도 눈에 띄는 변화가 없을 때 우리는 쉽게 좌절하고 질문을 던진다. "나는 이렇게 열심히 하는데, 왜 지금은 아무것도 변하지 않는가?" 이러한 질문은 '노력의 시차(時差)'를 제대로 이해하지 못할 때 발생한다. 우리가 들이는 노력과 그 노력이 실제 결과로 나타나는 시점 사이에는 필연적인 시간적 간극, 즉 '시차'가 존재한다.

이 장에서는 우리가 느끼는 '왜 지금은 안 변하는가'라는 의문에 답하며, 노력의 시차가 발생하는 근본적인 이유와 그 속에서 우리가 어떻게 인내하고 지속해야 하는지 탐구한다. 모든 중요한 변화와 성장은 '즉시' 오지 않으며, 보이지 않는 곳에서 축적되는 '지연된 시간' 속에서 비로소 '연착'되어 도착한다.

'보이지 않는 변화'의 시간

우리가 변화를 느끼지 못하는 가장 큰 이유는, 많은 변화가 처음에는 우리의 눈에 보이지 않게 진행되기 때문이다. 씨앗이 땅속에서 싹을 틔우기 전까지 오랜 시간 보이지 않는 곳에서 뿌리를 내리고 영양분을 흡수하듯이, 우리의 노력도 외적인 성과로 드러나기 전까지는 내면의 '보이지 않는 변화'를 만들어낸다.

예를 들어, 근력 운동을 시작하면 처음에는 근육통만 느껴질 뿐 근육의 크기나 힘이 눈에 띄게 늘어나지 않는다. 하지만 우리 몸속에서는 근섬유가 미세하게 손상되고 회복되면서 더 강해질 준비를 하고 있다. 외국어 학습도 마찬가지다. 수많은 단어를 외우고 문장을 연습해도 당장 유창해지지는 않지만, 뇌 속에서는 새로운 언어 회로가 형성되고 기존 지식과 연결되는 복잡한 작업이 진행된다. 이러한 '보이지 않는 변화'의 시간은 노력이 헛되지 않고 꾸준히 축적되고 있음을 의미한다. 우리가 조급하게 '지금'만을 바라볼 때, 이 중요한 축적의 시간을 간과하게 된다.

'임계점'을 넘어서는 지연

변화가 '지금' 당장 나타나지 않는 두 번째 이유는, 많은 변화가 '임계점(Threshold)'을 넘어서야 비로소 가시화되기 때문이다. 물이 섭씨 99도까지는 액체 상태를 유지하다가 100도가 되어야 끓는 것처럼, 우리의 노력도 일정량 이상이 축적되어야만 비로소 눈에 띄는 결과로 전환된다. 그 임계점까지 도달하는 시간이 바로 '노력의 시차'다.

대부분의 사람들은 이 임계점에 도달하기 직전, 즉 변화가 막 시작되려는 시점에서 포기하는 경향이 있다. 충분히 물을 주었지만 아직 꽃이 피지 않았다고 해서 씨앗을 파내 버리는 것과 같다. 임계점 이전의 노력은 겉보기에는 아무런 변화도 없는 것처럼 보이지만, 사실은 결정적인 순간을 위한 강력한 기반을 다지고 있는 것이다. 이 '지연된 축적'의 시간을 견뎌내고 임계점을 넘어설 때, 노력은 비로소 폭발적인 변화를 만들어낸다.

시스템적 변화와 '느린 통합'

개인의 노력이 '지금' 당장 변화를 만들어내지 못하는 또 다른 이유는, 우리의 삶과 능력은 단일 요소로 구성된 것이 아니라 복잡한 '시스템'으로 이루어져 있기 때문이다. 새로운 지식이나 기술을 배우는 것은 단순히 하나의 퍼즐 조각을 얻는 것이 아니라, 기존의 퍼즐 전체를 재배열하고 통합하는 과정에 가깝다. 이 '느린 통합'의 과정 또한 노력의 시차를 발생시킨다.

예를 들어, 새로운 운동 방법을 배우면 처음에는 몸이 어색하고 기존의 움직임과 충돌할 수 있다. 이는 새로운 동작이 기존의 운동신경 시스템에 완전히 통합되지 않았기 때문이다. 시간이 지나고 반복적인 연습을 통해 새로운 동작이 몸에 익고, 기존의 시스템과 조화를 이루게 될 때 비로소 우리는 효율적이고 능숙한 움직임을 할 수 있게 된다. 이러한 시스템적 변화는 '즉시' 일어나지 않으며,

각 요소가 서로 유기적으로 연결되고 새로운 패턴을 형성하는 '지연된 통합'의 시간을 필요로 한다. 우리가 '왜 지금은 안 변하는가'라고 느낄 때, 실제로는 우리의 내면 시스템이 새로운 노력을 천천히 흡수하고 통합하는 중일 수 있다.

결론적으로, '노력의 시차'는 우리가 '지금' 당장 변화를 느끼지 못하는 이유를 설명한다. '보이지 않는 변화'의 시간, '임계점'을 넘어서는 지연, 그리고 '시스템적 변화'를 위한 '느린 통합'이 바로 그 시차를 만들어낸다. 우리가 조급함을 내려놓고 이 '지연된 시간'을 이해하며 꾸준히 노력할 때, '오늘'의 노력이 '내일'의, 혹은 '다음 달'의 '나'를 진정으로 변화시키는 강력한 힘이 될 것이다. 모든 중요한 성장은 '즉시' 오지 않으며, 인내와 신뢰 속에서 '연착'되어 도착한다.

4장. 암기는 사라져도, 반복은 남는다

우리는 학창 시절부터 수많은 것을 외워왔다. 시험을 잘 보기 위해, 혹은 당장 필요한 정보를 기억하기 위해 밤새워 암기했던 경험은 누구에게나 있을 것이다. 하지만 그렇게 애써 외운 내용들이 시험이 끝나자마자, 혹은 며칠 지나지 않아 머릿속에서 희미해지는 경험 또한 흔하다. 이는 암기가 '즉시 사라지는' 휘발적인 특성을 가지고 있기 때문이다. 반면, 아무리 느리고 지루하게 느껴질지라도 '반복'은 정보가 우리의 내면에 '천천히 남게' 하는 강력한 힘을 지닌다.

이 장에서는 '즉각적인 암기'의 한계와 '느린 반복'이 가져다주는 진정한 학습의 차이를 탐구한다. 모든 중요한 지식과 기술은 '즉시' 흡수되지 않으며, 꾸준하고 지루한 '지연된 반복'을 통해 비로소 우리 몸과 마음에 '연착'되어 체화된다.

단기 기억과 망각 곡선

인간의 기억은 크게 단기 기억과 장기 기억으로 나뉜다. 우리가 어떤 정보를 처음 접하고 암기할 때, 그 정보는 주로 단기 기억에 저장된다. 단기 기억은 용량과 지속 시간에 한계가 있어, 새로운 정보가 계속 들어오거나 시간이 지나면 빠르게 사라진다. 이것이 바로 우리가 '즉시' 암기한 내용이 '즉시' 사라지는 이유다. 시험 전날 벼락치기했던 내용이 시험지를 채우자마자 머릿속에서 증발하는 현상도 여기에 해당한다.

에빙하우스의 '망각 곡선(Forgetting Curve)' 이론은 이러한 단기 기억의 휘발성을 잘 보여준다. 학습 후 시간이 지남에 따라 기억량이 급격히 줄어들다가 특정 시점부터는 감소율이 둔화된다는 것이다. 이 망각 곡선은 암기가 '지속적인 기억'으로 이어지지 못하는 한계를 명확히 드러낸다. 따라서 단순히 외우는 행위만으로는 지식을 오래 유지하기 어렵다. '즉시 사라지는 암기'의 딜레마를 극복하기 위해서는 다른 방식의 접근이 필요하다.

'반복'이 만드는 뇌의 고속도로

암기의 한계를 넘어서 정보를 장기 기억으로 전환하고 체화하는 가장 강력한 방법은 바로 '반복(Repetition)'이다. 반복은 단순히 똑같은 내용을 여러 번 읽거나 외우는 것을 넘어선다. 그것은 같은 개념을 다양한 방식으로 접하고, 여러 상황에 적용하며, 주기적으로 되새기는 능동적인 과정이다. 이러한 반복은 뇌 속에 새로운 신경 연결망(Neural Pathways)을 구축하고, 기존의 연결망을 강화하여 마치 '고속도로'처럼 정보를 빠르고 효율적으로 전달할 수 있도록 만든다.

처음에는 느리고 어렵게 느껴지던 정보도 반복을 통해 점점 익숙해지고, 더 이상 의식적인 노력을 기울이지 않아도 자연스럽게 떠오르거나 활용할 수 있게 된다. 이것은 정보가 단순히 '머릿속에 있다'는 것을 넘어, 우리의 사고와 행동의 일부로 '체화'되는 과정이다. '즉시 사라지는 암기'와 달리, '반복'은 지식이 우리의 내면에 '천천히 남도록' 만들어 진정한 숙련으로 이끄는 길이다.

'느린 반복'이 만드는 지속 가능한 지식

'반복은 천천히 남는다'는 것은 학습이 '즉시성'의 문제가 아니라 '지연된 지속성'의 문제임을 시사한다. 한 번에 많은 정보를 외우는 것보다, 적은 양이라도 꾸준히, 그리고 '느리게 반복'하는 것이 장기적인 학습에 훨씬 더 효과적이다. 이러한 '느린 반복'은 다음과 같은 이점을 가진다.

- 기억의 공고화: 간격을 두고 반복할 때 뇌는 정보를 더욱 깊이 처리하고 장기 기억으로 저장한다.
- 이해의 심화: 같은 내용을 여러 번 접하면서 이전에 놓쳤던 미묘한 의미나 새로운 연결고리를 발견하게 되어 이해의 깊이가 더해진다.
- 체화로의 전환: 반복적인 연습은 지식을 머리로만 아는 것을 넘어, 몸이 기억하고 무의식적으로 발현되는 '체화' 단계로

이끈다.

이러한 '느린 반복'은 지루하고 시간이 많이 걸리는 과정처럼 보일 수 있다. 하지만 이것이야말로 진정한 학습과 지혜를 얻는 가장 확실한 길이다. '즉시' 사라지는 암기에 대한 미련을 버리고, '천천히 남는' 반복의 힘을 신뢰하며 '지연'의 시간을 견딜 때, 우리는 지속 가능한 지식을 쌓고 실력을 향상시킬 수 있을 것이다.

결론적으로, '암기는 즉시 사라져도, 반복은 천천히 남는다'는 학습이 '즉각적인 성과'가 아닌 '지연된 축적'을 통해 이루어짐을 보여준다. 단기 기억의 휘발성을 넘어 장기적인 지혜를 얻기 위해서는 '느린 반복'의 가치를 이해하고 실천해야 한다. 이 지루하고 긴 '반복의 시간'을 견뎌낼 때, 우리는 비로소 지식을 '연착'시켜 우리의 삶을 풍요롭게 하는 진정한 능력으로 만들 수 있다.

5장. 진짜 이해는 휴식에서 온다
– 쉬는 동안 일하는 뇌

우리는 어려운 문제를 풀다가 막히면 답답함을 느낀다. 몇 시간을 붙잡고 씨름해도 실마리가 보이지 않을 때가 있다. 결국 포기하고 잠자리에 들거나 다른 일을 하다가, '다음 날' 갑자기 해결책이 떠오르거나 개념이 명확해지는 놀라운 경험을 하기도 한다. 이러한 현상은 진정한 이해가 '즉각적인 깨달음'이 아니라 '지연된 반응'을 통해 찾아온다는 것을 보여준다. 진짜 이해는 문제를 푼 바로 그 순간이 아니라, 그 후에 주어지는 '학습의 반응 시간'을 통해 비로소 '연착'되어 도착한다.

이 장에서는 우리가 의식적으로 인지하지 못하는 사이에도 뇌가 활발히 작동하며 지식을 통합하고 새로운 통찰을 만들어내는 과정을 탐구한다. '지연'의 시간을 활용하여 깊은 이해에 도달하는 학습의 지혜를 이야기한다.

뇌의 '배치 처리'와 휴식의 중요성

우리의 뇌는 정보를 '실시간'으로만 처리하는 것이 아니다. 오히려 일정량의 정보가 쌓인 후 한꺼번에 처리하는 '배치 처리(Batch Processing)' 방식에 능하다. 마치 컴퓨터가 여러 작업을 동시에 수행하다가 한 번에 저장하거나 백그라운드에서 업데이트하는 것과 비슷하다. 우리가 밤새워 공부하거나 복잡한 문제를 풀 때, 뇌는 그 정보를 일단 '입력'하지만, 그것을 완전히 '소화'하고 '통합'하는 작업은 주로 우리가 휴식을 취하거나 잠자리에 들었을 때 일어난다.

특히 수면은 학습의 '반응 시간'에서 가장 중요한 부분이다. 잠자는 동안 뇌는 낮에 얻은 정보를 재정리하고, 중요한 기억을 강화하며, 서로 다른 지식들 사이의 연결고리를 찾는다. 해결되지 않던 문제에 대한 아이디어가 꿈속에서 나타나거나, 아침에 일어나자마자 해답이 명확해지는 경험은 뇌가 휴식 시간에 '지연된 처리'를 완수했음을 의미한다. 따라서, '진짜 이해는 문제를 푼 다음 날 온다'는 것은 뇌가 제대로 기능하기 위해 필요한 '지연된 반응 시간'을 존중해야 함을 뜻한다.

잠복기와 '아하!'의 순간

많은 학습 과정에는 '잠복기(Incubation Period)'가 존재한다. 어떤 문제나 개념에 대해 오랫동안 씨름하다가 잠시 그것을 잊거나 다른 활동을 할 때, 갑자기 '아하!(Aha!)' 하는 깨달음의 순간이 찾아오는 경우가 바로 잠복기의 결과다. 이 잠복기 동안 우리의 의식은 다른 곳에 집중하지만, 무의식적인 뇌는 여전히 그 문제를 탐색하고 해결책을 모색한다.

잠복기는 문제 해결에 필요한 정보들이 뇌 속에서 새롭게 조합되고 재구성되는 '지연된 통합'의 시간이다. 이는 '즉각적인 통찰'에 대한 환상에서 벗어나 '기다림'이 가져다주는 지혜를 보여준다. 우리는 답을 찾지 못한다고 해서 즉시 포기할 것이 아니라, 뇌에게 충분한 '잠복기'를 제공해야 한다. 그 지연된 시간 속에서 뇌는 최적의 연결을 찾아내고, 마침내 '진짜 이해'라는 '연착'된 깨달음을 우리에게 선사할 것이다.

'시험은 공부보다 먼저 오지만, 공부는 시험보다 늦게 따라온다'의 심화

6부 3장, '시험은 공부보다 먼저 오지만, 공부는 시험보다 늦게 따라온다'는 지연된 이해의 역설을 심화한다. 시험은 특정 시점에 우리가 학습한 내용을 '즉시' 평가하려 하지만, 우리의 진정한 학습과 이해는 그 시험 이후에도 지속되는 '지연된 과정'이다. 시험을 위해 벼락치기했던 내용이 시험이 끝난 후 비로소 의미 있게 다가오거나, 시험 기간에는 어려웠던 개념이 나중에 저절로 이해되는 경험은 '학습의 반응 시간'이 시험 시점과 일치하지 않음을 보여준다.

진정한 학습은 시험 점수에 국한되지 않는다. 그것은 우리가 배운 지식을 삶에 적용하고, 다른 지식과 연결하며, 스스로 질문하고 답을 찾아가는 끝없는 과정이다. 이 과정에서 발생하는 '지연'과 '반응 시간'을 존중할 때, 우리는 단순히 지식을 외우는 것을 넘어,

그것을 깊이 이해하고 체화하여 '내일'의 더 큰 지혜와 능력으로 만들 수 있다. '진짜 이해는 문제를 푼 다음 날 온다'는 것은 우리의 조급함을 내려놓고, 뇌의 자연스러운 학습 리듬을 신뢰하라는 강력한 메시지다.

결론적으로, '진짜 이해는 문제를 푼 다음 날 온다'는 학습에 필요한 '지연된 반응 시간'의 중요성을 강조한다. 뇌의 '배치 처리'와 '잠복기'를 이해하고 휴식의 가치를 인정할 때, 우리는 '즉각적인 이해'의 환상에서 벗어나 더욱 깊이 있고 견고한 '지연된 이해'에 도달할 수 있다. 학습은 '지금' 모든 것이 끝나지 않으며, '내일'이라는 '연착'의 시간을 통해 비로소 완전한 의미를 찾아 우리에게 도착한다.

6장. 슬럼프는 멈춘 게 아니라, 잠시 보이지 않는 성장이다

오랜 시간 열심히 노력했는데도 실력이 늘지 않는 것처럼 느껴지거나, 오히려 퇴보하는 듯한 기분이 들 때가 있다. 아무리 애써도 예전만큼 성과가 나오지 않고, 모든 것이 막혀버린 듯한 답답함을 느낀다. 우리는 이러한 상태를 슬럼프(Slump)라고 부른다. 슬럼프는 종종 노력의 한계나 재능의 부족을 의미한다고 여겨지며, 많은 이들을 좌절시키고 결국 포기하게 만든다. 하지만 '연착의 미학'은 슬럼프를 다른 관점에서 해석한다. 슬럼프는 멈춘 것이 아니라, '지연' 속에서 더 큰 성장을 준비하는 '잠시 보이지 않는 성장'의 시간이다.

이 장에서는 슬럼프가 단순히 정체나 퇴보가 아니라, 우리의 능력과 지혜가 다음 단계로 도약하기 위해 필요한 '숙성의 딜레이'임을 조명한다. 눈에 보이는 성과가 없을 때조차 내면에서는 중요한 변화가 일어나고 있다는 것을 이해할 때, 우리는 슬럼프를 극복하고 진정한 성장을 '연착'시킬 수 있다.

왜 슬럼프가 오는가? - 인지 부하와 시스템 재조정

슬럼프가 찾아오는 주된 이유 중 하나는 우리의 뇌와 몸이 새로운 정보와 기술을 처리하며 '인지 부하(Cognitive Load)'를 겪기 때문이다. 우리는 새로운 것을 배울 때 기존의 익숙한 패턴을 깨고 새로운 신경 연결망을 구축해야 한다. 이 과정은 엄청난 에너지를 소모하며, 때로는 뇌에 과부하를 주어 일시적인 효율 저하나 혼란을 야기한다.

또한, 우리의 학습 시스템은 선형적으로만 발전하지 않는다. 직선으로 쭉 뻗어 나가는 성장이 아니라, 계단식으로 발전하는 경우가 많다. 즉, 꾸준히 노력하다가 어느 순간 정체기에 접어들고, 그 정체기를 지나면 다시 급격하게 성장하는 패턴을 보인다. 슬럼프는 바로 이 '시스템 재조정' 기간에 해당한다. 기존의 학습 방식이나 기술이 한계에 부딪혀 다음 단계로 나아가기 위해 잠시 멈춰 서서 내부 시스템을 재구성하는 '지연된 재충전'의 시간인 것이다. 우리가 슬럼프를 '멈춤'으로 오해하는 동안에도, 뇌와 몸은 더 높은 수준의 성능을 발휘하기 위해 조용히 준비하고 있다.

'보이지 않는 성장'을 믿는 지혜

슬럼프 기간 동안 가장 어려운 것은 '지금 당장' 눈에 보이는 성과가 없다는 사실을 견디는 것이다. 하지만 '연착의 미학'은 바로 이 '보이지 않는 성장'을 믿는 지혜를 강조한다. 농부가 겨울철 황량한 밭을 보며 땅속에서 씨앗이 얼지 않고 봄을 기다리고 있음을 믿듯이, 우리는 슬럼프 기간에도 우리의 노력이 사라지지 않고 내면에서 꾸준히 축적되고 있음을 신뢰해야 한다.

심리학에서는 이를 '잠복 학습(Latent Learning)'이라고도 부른다. 특정 기간 동안 학습이 눈에 띄게 나타나지 않지만, 잠재적으로 이루어지고 있다가 나중에 특정 조건이 주어졌을 때 비로소 발현되는 현상이다. 슬럼프는 이 잠복 학습이 활발하게 일어나는 시기일 수 있다. 우리의 뇌가 의식적으로 인지하지 못하는 사이에도 정보를 통합하고 새로운 연결을 만들며, 다음 단계의 도약을 위한 준비를 하고 있는 것이다. 그러므로 슬럼프는 '멈춘 것'이 아니라, '잠시 가시화되지 않는 성장'인 셈이다.

슬럼프를 '연착'의 기회로 삼기

슬럼프를 단순한 정체가 아닌 '연착'의 기회로 삼기 위해서는 몇 가지 지혜로운 태도가 필요하다.

- 자기 성찰의 시간: 멈춰 선 김에 자신의 학습 방식이나 연습 루틴을 되돌아보고, 부족한 점이나 개선할 부분을 찾아본다.
- 휴식과 재충전: 무리하게 슬럼프를 극복하려 애쓰기보다, 충분한 휴식을 통해 뇌와 몸이 재정비할 시간을 준다.
- 관점의 전환: 단기적인 성과에 연연하지 않고, 장기적인 관점에서 자신의 성장을 바라본다. 슬럼프가 다음 단계로 나아가

기 위한 필수적인 '지연'임을 받아들인다.
- 기본으로 돌아가기: 때로는 슬럼프가 기본적인 원리나 기초를 다시 다져야 할 시기임을 알려주는 신호일 수 있다.

슬럼프는 '빨리빨리'만을 외치는 현대 사회의 강박에서 벗어나, 우리 자신에게 '지연'의 시간을 선물할 기회다. 이 시간을 현명하게 활용하고, '보이지 않는 성장'을 신뢰할 때, 우리는 슬럼프를 극복하는 것을 넘어 더욱 단단하고 지혜로운 존재로 '연착'되어 나아갈 수 있을 것이다.

결론적으로, '슬럼프는 멈춘 게 아니라, 잠시 보이지 않는 성장이다'는 학습과 성장의 과정에 필연적으로 따르는 '지연'의 의미를 확장한다. 슬럼프는 인지 부하와 시스템 재조정의 시간이자, '보이지 않는 성장'이 일어나는 잠복기다. 이 '지연된 정체'의 시간을 현명하게 받아들이고 인내할 때, 우리는 슬럼프를 '연착'의 기회로 삼아 더 큰 도약을 이룰 수 있을 것이다.

7장. 지식은 체화에 시간이 걸린다
– 안다고 해서 바로 쓰지 못한다

 우리는 어떤 지식이나 정보를 머리로 '알게' 되는 순간, 그것을 즉시 활용할 수 있을 것이라고 기대한다. 책에서 읽은 이론을 바로 실전에 적용하거나, 강의에서 배운 개념을 곧바로 문제 해결에 사용할 수 있을 것이라고 생각한다. 하지만 현실은 다르다. 아무리 완벽하게 이해했다고 생각한 지식이라도, 막상 실제 상황에 맞닥뜨리면 머뭇거리거나 제대로 활용하지 못하는 경우가 많다. 이는 지식이 '안다'는 수준에서 '쓸 수 있다'는 수준으로 나아가기 위해 필연적으로 '체화(體化)'라는 '지연된 과정'을 거쳐야 하기 때문이다. 안다고 해서 바로 쓰지 못하는 것은, 지식이 우리의 몸과 마음에 완전히 '연착'될 시간이 필요하기 때문이다.

 이 장에서는 지식의 '체화'가 왜 '지연'을 수반하는지, 그리고 '아는 것'과 '할 수 있는 것' 사이의 간극을 메우기 위해 어떤 노력이 필요한지 탐구한다.

'선언적 지식'과 '절차적 지식'의 간극

지식은 크게 두 가지 형태로 나눌 수 있다. 하나는 '선언적 지식(Declarative Knowledge)'으로, 사실, 개념, 이론 등 '무엇인가'를 아는 지식이다. 예를 들어, 자전거를 타는 방법을 설명하는 이론을 아는 것이 여기에 해당한다. 다른 하나는 '절차적 지식(Procedural Knowledge)'으로, '어떻게' 하는지를 아는 지식이다. 즉, 실제로 자전거를 타는 능력이다.

우리가 책을 읽거나 강의를 들으며 얻는 대부분의 지식은 선언적 지식에 가깝다. 우리는 머리로 자전거 타는 법을 완벽하게 이해할 수 있지만, 그렇다고 해서 바로 자전거를 능숙하게 탈 수 있는 것은 아니다. 선언적 지식이 절차적 지식으로 전환되기 위해서는 수많은 연습과 경험을 통한 '지연된 반복'이 필수적이다. '안다고 해서 바로 쓰지 못하는' 이유는 바로 이 선언적 지식과 절차적 지식 사이의 깊은 간극 때문이다. 이 간극을 메우는 데는 상당한 '체화의 시간'이 필요하다.

'연습'은 지연된 체화의 필수 과정

지식을 체화하는 가장 확실한 방법은 바로 '연습(Practice)'이다. 연습은 단순히 반복하는 것을 넘어, 배운 지식을 실제 상황에 적용해보고, 실수하며 교정하고, 피드백을 통해 개선해나가는 능동적인 과정이다. 이러한 연습은 '즉시' 숙련도를 높여주지 않는다. 오히려 처음에는 어색하고 비효율적으로 느껴질 수 있다. 하지만 꾸준한 연습은 우리의 뇌와 몸에 새로운 신경 경로를 만들고, 근육 기억을 형성하며, 무의식적인 반응을 자동화한다.

예를 들어, 외국어 문법 규칙을 완벽하게 외웠다고 해도, 실제로 원어민과 유창하게 대화하기까지는 수많은 연습과 시간이 필요하다. 문법을 '아는 것'과 그것을 '자연스럽게 사용하는 것' 사이에는 엄청난 '지연'이 존재한다. 이 지연된 시간을 견디고 꾸준히 연습할 때, 우리는 비로소 지식을 '체화'하여 즉각적으로 활용할 수 있는 능력으로 만들 수 있다. 연습은 지식이 우리의 몸과 마음에 '연착'되어 완전히 스며들도록 돕는 필수적인 과정이다.

'무의식적 숙련'을 위한 인내

지식이 완전히 체화되면 우리는 그것을 의식적으로 생각하지 않고도 자연스럽게 활용할 수 있게 된다. 이를 '무의식적 숙련(Unconscious Competence)'이라고 부른다. 운전을 처음 배울 때는 기어 변속, 브레이크, 액셀러레이터, 핸들 조작 등 모든 것을 의식적으로 조절해야 하지만, 숙련된 운전자는 이 모든 것을 동시에 무의식적으로 처리하며 편안하게 운전한다.

이러한 무의식적 숙련은 '즉각적인 이해'의 결과가 아니라, 수많은 '지연된 반복'과 '체화의 시간'이 축적된 결과다. '안다고 해서 바로 쓰지 못하는' 것은 우리가 아직 무의식적 숙련의 단계에 도달하지 못했기 때문이다. 이 단계에 이르기 위해서는 눈에 보이는 성과가 없더라도 꾸준히 노력하고, '지연'의 시간을 인내하는 지혜가 필요하다. 지식이 우리의 몸과 마음에 완전히 '연착'되어 무의식적으로 발현될 때, 우리는 비로소 진정한 전문가가 될 수 있다.

결론적으로, '지식은 체화에 시간이 걸린다 - 안다고 해서 바로 쓰지 못한다'는 '선언적 지식'이 '절차적 지식'으로 전환되고 '무의식적 숙련'에 이르기까지 '지연된 체화'의 시간이 필요함을 강조한다. '아는 것'과 '할 수 있는 것' 사이의 간극을 메우기 위해서는 꾸준한 '연습'과 '느린 반복'을 통해 '지연'의 시간을 견뎌야 한다. 이러한 인내 속에서 지식은 비로소 우리의 몸과 마음에 '연착'되어 진정한 능력으로 발현될 것이다.

8장. 공부는 '느린 반복'을 견디는 정신 수련이다

공부는 많은 이들에게 고통스러운 과정으로 여겨진다. 새롭고 복잡한 내용을 이해하는 어려움뿐 아니라, 무엇보다 '느린 반복'이라는 지난하고 지루한 과정을 견뎌야 하기 때문이다. 같은 것을 또 보고, 또 풀고, 또 연습하는 행위는 때로는 무의미하게 느껴지거나 지겹게 느껴진다. 우리는 '빨리빨리' 다음 단계로 넘어가고 싶어 하고, '즉각적인 성과'를 보고 싶어 한다. 하지만 진정한 공부는 이러한 조급함과 지루함을 넘어서는 '느린 반복'을 견디는 정신 수련의 과정이다.

이 장에서는 공부를 단순히 지식 습득을 넘어선 정신적인 훈련으로 해석한다. '지연'과 '반복' 속에서 인내심을 기르고, 불확실성을 수용하며, 궁극적으로 자기 통제력과 의지력을 강화하는 학습의 본질적인 의미를 조명한다.

지루함과의 싸움 – 즉시성의 유혹을 넘어서기

'느린 반복'의 가장 큰 적은 바로 지루함이다. 새로운 것을 배우는 초기 단계에는 호기심과 성취감이 동반되지만, 일정 수준에 도달한 후 실력을 더욱 향상시키기 위해서는 지루하고 반복적인 연습이 필수적이다. 이때 우리는 '빨리빨리' 다음 단계로 넘어가고 싶어 하거나, 더 자극적인 다른 활동에 시선을 돌리려는 유혹을 느낀다. 이는 '즉시적인 만족'을 추구하는 현대인의 본능적인 반응이다.

하지만 진정한 숙련과 체화는 이러한 지루함을 견뎌내는 능력에서 시작된다. 피아니스트가 수천 번 같은 음계를 반복 연습하고, 운동선수가 수만 번 같은 동작을 되풀이하는 것은 지루한 일이지만, 그 지루함을 견디는 과정에서 근육 기억이 형성되고 무의식적인 반응이 자동화된다. 공부도 마찬가지다. 문제를 풀고 오답을 반복적으로 확인하며, 개념을 되새기는 지루한 '느린 반복'을 견딜 때 비로소 지식이 우리의 뇌와 몸에 깊이 각인된다. 이 지루함과의 싸움은 '즉시성'의 유혹을 넘어서는 정신적 훈련이다.

불확실성 속의 인내 – 결과의 지연을 받아들이기

'느린 반복'을 견디는 것은 단순히 지루함을 참는 것만을 의미하지 않는다. 그것은 또한 불확실성 속에서 결과를 인내하는 능력을 요구한다. 내가 지금 이렇게 힘들게 반복하는데 과연 언젠가 실력이 늘까, 목표를 달성할 수 있을까 하는 의구심이 들 때가 있다. 특히 노력 대비 눈에 보이는 성과가 미미할 때 이러한 불확실성은 더욱 커진다. 우리는 노력과 결과 사이에 존재하는 '지연'의 시간을 견디지 못하고 쉽게 포기하려 한다.

  하지만 공부는 결과를 '바로' 보여주지 않는다. 우리가 들이는 노력은 겉으로 드러나지 않는 곳에서 축적되며, 임계점을 넘어야 비로소 가시화된다. '느린 반복'을 견디는 정신 수련은 바로 이 불확실한 '지연'의 시간을 묵묵히 받아들이는 태도를 길러준다. 당장 눈앞의 결과를 보지 못하더라도, 내가 들이는 노력이 언젠가 반드시 '연착'되어 도착할 것이라는 깊은 신뢰와 인내심을 배우는 것이다. 이는 학습뿐만 아니라 삶의 전반에 걸쳐 요구되는 중요한 정신적 강인함이다.

자기 통제력과 의지력의 강화

  '느린 반복'을 견디는 것은 곧 자기 통제력(Self-control)과 의지력(Willpower)을 강화하는 과정이다. 당장의 만족이나 외부 자극에 쉽게 흔들리지 않고, 장기적인 목표를 위해 현재의 고통이나 지루함을 감수하는 능력은 강력한 정신력을 필요로 한다. 매일 꾸준히 책상에 앉아 '느린 반복'을 수행하는 것은, 자기 자신과의 약속을 지키고 유혹을 이겨내는 훈련이다.

  이러한 정신 수련은 우리의 뇌가 '지연된 만족(Delayed Gratification)'을 선호하도록 재구성하는 데 기여한다. '지금' 당장의 즐거움을 포기하고 '나중'의 더 큰 보상을 위해 노력하는 능력은 성공적인 삶을 위한 핵심 역량으로 손꼽힌다. 공부를 통해 '느린 반복'을 견디는 것은 단지 지식을 습득하는 행위를 넘어, 삶의 모든 영역에서 요구되는 강력한 정신적 근육을 단련하는 셈이다. 이 근육은 우리가 '지연'과 '불확실성'으로 가득한 삶 속에서도 흔들리지 않고 나아갈 수 있는 힘을 제공한다.

　결론적으로, '공부는 '느린 반복'을 견디는 정신 수련이다'는 학습이 단순한 지적 활동을 넘어선 내면의 훈련임을 강조한다. 지루함과의 싸움, 불확실성 속에서의 인내, 그리고 자기 통제력과 의지력의 강화는 모두 '느린 반복'이라는 '지연된 과정'을 통해 이루어진다. 이 정신 수련을 통해 우리는 '즉시성'의 환상에서 벗어나 '연착'되는 진정한 지혜와 성숙함에 이를 수 있을 것이다.

9장. 등수는 한 번에 오른다 – 실력의 연착 구조

우리는 탁월한 실력을 가진 사람들을 보면 종종 '타고난 재능'이나 '운'을 떠올린다. 그들이 마치 어느 날 갑자기 정상에 오른 것처럼 보일 때가 많기 때문이다. 하지만 이러한 인식은 실력의 본질을 오해하는 것이다. 실력은 눈앞에 보이는 능력이 아니라, 오랜 시간 드러나지 않은 채 축적된 노력의 흔적이다.

진정한 실력은 단숨에 얻어지지 않는다. 그것은 화려한 재능보다 훨씬 더 강력한, '꾸준함'이라는 이름의 느린 반복, 그리고 '지연된 축적'이라는 시간의 발효를 통해 형성된다. 실력은 단발적인 성과가 아니라, 반복된 실패와 훈련, 포기하지 않은 날들의 총합이다.

중요한 것은, 실력은 천천히 쌓이지만 결과는 그에 비례해 점진적으로 오지 않는다는 점이다. 성장은 조용히 진행되다가, 어느 한 순간 갑작스럽게 발현된다. 아무 변화도 없던 것처럼 보였던 사람이, 어느 날 갑자기 등수를 올리고, 실력을 드러내고, 주변의 인정을 받는다.

그러나 그것은 '갑자기'가 아니다. 그 모든 도약은 사실, 오래된 연착의 귀결이다. 실력은 빠르게 쌓이지 않는다. 그러나 도달할 때는 빠르게 도달한다. 마치 바닥이 보이지 않는 계단을 오르던 사람이, 어느 순간 갑자기 시야를 틔우듯. 그것은 하나의 계단이 아니라, 수많은 반복과 지연된 노력들이 만들어낸 임계점의 돌파다.

이 장에서는 실력이 어떻게 '느리게 쌓이다가 갑자기 도약하는 구조'를 갖는지를 설명한다. 실력이란 결국 지연을 견디는 힘이고, 결과 없는 시간의 연속을 기꺼이 받아들이는 태도이며, 조급함 없이 꾸준히 걸은 자에게만 주어지는 '연착된 도착'의 선물이다.

지연 효과와 실력의 복리

학습 심리학에는 '지연 효과(Lag Effect)'라는 개념이 있다. 학습 직후에 복습하는 것보다, 일정 시간이 지난 후 다시 반복할 때 기억의 지속성과 강화가 더 높아진다는 원리다. 이는 단기간의 몰입보다, 간격을 두고 꾸준히 반복하는 방식이 훨씬 깊고 오래 남는 학습을 만든다는 사실을 보여준다.

우리의 실력 또한 이 지연 효과와 매우 유사한 방식으로 작동한다. 하루하루의 작은 노력이 당장은 눈에 띄지 않지만, 시간이 지남에 따라 축적되고 응축되어 거대한 '실력의 복리 효과'를 일으킨다. 매일 1%씩만 나아져도, 한 달 뒤에는 30% 이상의 변화가 쌓인다. 반대로, 하루아침에 모든 것을 바꾸려는 사람은 조급함에 무너지고, 결국 아무것도 남기지 못한다.

실력은 지금 당장의 결과가 아니다. 그것은 '지연된 시간' 속에서 서서히 부풀어 오르다가, 어느 순간 한꺼번에 드러나는 성장의 구조를 가진다. 변화는 눈에 띄지 않게 진행되지만, 도약은 한순간에 발생한다. 등수는 천천히 오르지 않는다. 대부분은 한 번에 오른다. 그 이전까지는 보이지 않던 실력의 축적이, 어느 날 불현듯 발현되는 것이다.

결국, 실력이란 느리게 쌓이고, 갑자기 드러나는 '연착된 능력'이다. 그것은 조급함을 견디며 반복을 축적해온 자에게만 주어지는 늦은 보상이다. '지연 효과'와 '복리 구조'는 실력이란 무엇인가에 대한 가장 정직한 설명이 된다.

재능보다 '꾸준함'이 이긴다

역사상 많은 위대한 인물들은 천재적인 재능보다는 '꾸준함'으로 성공을 이뤄냈다. 토마스 에디슨은 "천재는 1%의 영감과 99%의 노력으로 이루어진다"고 말했다. 여기서 '노력'은 곧 '꾸준함'을 의미한다. 매일 반복되는 실험과 실패 속에서도 포기하지 않고 끈기 있게 매달리는 것이 그들의 실력을 만들어낸 본질적인 힘이었다.

이러한 꾸준함은 '즉각적인 만족'을 유보하고, '지연된 보상'을 향해 나아갈 줄 아는 정신적 강인함을 요구한다. 재능은 출발점에서 유리할 수 있지만, '꾸준함'은 장기적인 레이스에서 승리할 수 있는 지속적인 동력을 제공한다. '실력'은 처음부터 타고나는 것이 아니라, '느린 반복'이라는 지루한 과정을 '꾸준하게' 견뎌낸 사람에게만 주어지는 '늦은 도착'의 선물이다.

'연착 감수성'이 만드는 진정한 실력

결국, 실력을 진정으로 향상시키는 핵심은 '연착 감수성'을 갖는 것이다. 나의 노력이 당장 눈에 보이는 결과로 나타나지 않더라도, 그것이 언젠가 반드시 '연착'되어 나에게 돌아올 것이라는 믿음을 가지고 묵묵히 나아가는 태도다. '실력의 늦은 도착'을 받아들이는 것은 조급함을 버리고, 과정 자체에 의미를 부여하며, 매일의 작은 노력이 궁극적으로 큰 변화를 가져올 것이라는 확신을 가진다.

이러한 '연착 감수성'은 좌절의 순간에도 흔들리지 않는 끈기를 제공한다. 실력이 '지금' 당장 눈에 띄게 늘지 않는다고 해서, 혹은 슬럼프에 빠졌다고 해서 포기하지 않는 것은 '꾸준함'의 가치를 이해하고 '지연'의 시간을 기꺼이 받아들이기 때문이다. '실력은 꾸준함의 다른 이름'이라는 말은, '즉시' 모든 것을 얻으려는 환상에서 벗어나 '지연된 노력'이 가져다주는 진정한 성취의 가치를 되새기게 한다.

결론적으로, '실력은 '꾸준함'의 다른 이름이다 – 실력의 늦은 도착'은 진정한 실력이 타고난 재능이 아닌 '꾸준함'이라는 '느린 반복'과 '지연된 축적'을 통해 형성됨을 강조한다. '지연 효과'와 '실력의 복리'를 이해하고, 재능보다 '꾸준함'이 중요하며, '연착 감수성'을 통해 '실력의 늦은 도착'을 인내할 때, 우리는 비로소 진정한 실력과 성취를 경험하게 될 것이다.

7부
몸과 감각의 연착
– 스포츠와 일상의 리듬

    일상생활과 스포츠 활동에서 나타나는 신체 반응과 감각의 미묘한 지연을 탐구한다. '피지컬'을 넘어선 '리듬'과 '기다림'의 중요성을 강조하며, 몸의 지연된 학습 과정을 조명한다. 우리는 흔히 운동선수들의 순간적인 반응 속도에 감탄한다. 공이 날아오면 찰나의 순간에 몸을 움직여 받아내고, 상대의 움직임을 읽고 정확히 대응한다. 마치 모든 것이 '즉시' 일어나는 것처럼 보인다. 하지만 우리의 몸과 감각은 생각보다 복잡한 '지연'의 과정을 거쳐 외부 세계와 소통하고 반응한다.

    이 부에서는 스포츠 경기와 우리 일상 속에서 나타나는 신체 반응과 감각의 미묘한 '시간차'를 탐구한다. '피지컬'이라는 표면적인 능력을 넘어, 눈에 보이지 않는 '리듬'과 '기다림'이 어떻게 우리의 움직임을 조율하고 실력을 향상시키는지 조명할 것이다. 몸이 정보를 받아들이고 체화하는 '지연된 학습 과정'을 이해할 때, 우리는 더욱 유연하고 효율적인 방식으로 세상과 상호작용할 수 있음을 깨닫게 될 것이다.

1장. 공은 떠났고, 몸은 아직 반응하지 않았다
– 반응의 시간차

 경기장에서 야구공이 투수의 손을 떠나는 순간, 타자는 이미 공의 궤적을 예측하고 방망이를 휘두를 준비를 한다. 하지만 아무리 뛰어난 타자라도 공이 손을 떠난 순간 '즉시' 반응하여 타격하는 것은 불가능하다. 우리의 뇌가 시각 정보를 받아들이고 처리하며, 팔다리에 움직임을 지시하는 데는 필연적으로 아주 짧은 '반응 시간(Reaction Time)'이 존재하기 때문이다. 공은 이미 떠났지만, 우리의 몸은 아직 완벽히 반응하지 못한 상태인 것이다.

 이 장에서는 인간의 몸이 외부 자극에 반응할 때 발생하는 이러한 미세한 '시간차'의 본질을 탐구한다. 모든 움직임이 '즉시' 이루어지는 것 같지만, 실제로는 우리의 감각과 신경계가 거치는 복잡하고 '지연된 처리 과정'이 있음을 조명한다.

감각 지각의 딜레이

우리가 외부 세계를 인지하는 것은 감각 기관을 통해 들어온 정보가 뇌로 전달되고 처리되는 일련의 과정이다. 빛, 소리, 촉각 등 모든 감각 정보는 각각 다른 속도로 신경계를 통해 뇌로 이동한다. 예를 들어, 시각 정보는 청각 정보보다 빠르게 뇌에 도달하지만, 이 모든 과정은 '즉시' 이루어지는 것이 아니다. 눈이 빛을 감지하고, 그 신호가 시신경을 통해 뇌의 시각 피질로 전달되는 데는 미세한 시간이 걸린다. 우리가 '지금' 본다고 느끼는 것은 사실 '조금 전'의 이미지다.

스포츠 상황에서 이러한 감각 지각의 딜레이는 매우 중요하다. 축구 선수가 날아오는 공을 볼 때, 그가 실제로 보고 있는 공의 위치는 아주 미세하게나마 공의 실제 위치보다 '뒤처져' 있다. 이 딜레이는 찰나의 순간에 이루어지는 판단과 반응에 큰 영향을 미친다. 우리가 인식하는 '현실'은 감각 지각의 딜레이로 인해 항상 '지연된 실재'임을 이해해야 한다.

뇌의 정보 처리 시간 – 자극에서 반응까지

감각 정보가 뇌에 도달했다고 해서 바로 몸이 움직이는 것은 아니다. 뇌는 들어온 정보를 해석하고, 이전의 경험과 비교하며, 적절한 반응을 계획하고, 최종적으로 운동 신경에 명령을 내린다. 이 모든 '정보 처리 과정'은 수십 밀리초(ms)에서 수백 밀리초에 이르는 시간을 필요로 한다. 이것이 바로 우리가 '반응 시간'이라고 부르는 딜레이다.

운전을 할 때 갑자기 앞차가 멈추는 것을 보고 브레이크를 밟기까지, 혹은 게임에서 적이 나타나는 것을 보고 마우스를 클릭하기까지는 이 뇌의 정보 처리 시간이 필수적이다. 아무리 훈련된 사람이라도 이 기본적인 뇌의 처리 시간을 '0'으로 만들 수는 없다. 운동선수들이 '반응 속도'를 높이기 위해 훈련하는 것은 이 처리 시간을 줄이는 것이지, 완전히 없애는 것이 아니다. 공은 이미 떠났지만, 우리의 뇌가 그 공의 정보를 최종적으로 처리하여 몸에 명령을 내리기까지는 필연적인 '지연'이 따른다.

'예측'과 '리듬'이 딜레이를 극복하는 방법

인간은 이러한 감각과 뇌의 반응 시간차를 극복하기 위해 '예측(Anticipation)'과 '리듬(Rhythm)'이라는 놀라운 능력을 발전시켜 왔다. 운동선수들은 상대방의 움직임이나 공의 궤적을 미리 예측하여, 실제 반응 시간보다 '미리' 움직임을 시작한다. 타자가 투수의 투구폼을 보고 공의 종류와 궤적을 예측하여 방망이를 휘두르는 것이 대표적인 예다. 이러한 예측은 '지연'을 만회하고 최적의 타이밍을 찾아내게 한다.

또한, '리듬'은 우리의 움직임이 외부 자극과 미세한 시간차를 두고 자연스럽게 조화되도록 돕는다. 음악에 맞춰 춤을 추거나, 여럿이 함께 노를 젓는 것처럼, 리듬은 우리의 몸이 '즉시' 반응하려 하기보다 전체적인 흐름 속에서 '지연된 조화'를 이루도록 유도한다. '공은 떠났고, 몸은 아직 반응하지 않았다'는 사실은 인간의 한계를 보여주는 동시에, 그 한계를 뛰어넘기 위한 '예측'과 '리듬'이라는

'연착'의 지혜를 발달시켰음을 알려준다.

　결론적으로, '공은 떠났고, 몸은 아직 반응하지 않았다 – 반응의 시간차'는 우리의 몸과 감각이 외부 자극에 '즉시' 반응하지 못하고, 필연적인 '지연'의 과정을 거침을 보여준다. 감각 지각의 딜레이와 뇌의 정보 처리 시간은 모든 움직임에 '반응 시간'이라는 시간차를 부여한다. 하지만 인간은 이러한 '지연'의 한계를 '예측'과 '리듬'이라는 '연착'의 지혜로 극복하며 세상과 조화롭게 상호작용한다.

2장. 운동선수는 왜 예측하며 반응하는가
– 스포츠의 딜레이 미학

스포츠 경기는 종종 한 치의 오차도 없는 '즉각적인 반응'의 연속처럼 보인다. 하지만 실제로는 그렇지 않다. 공이 날아오고, 상대방이 움직이며, 몸이 반응하는 모든 순간에는 미세한 '지연(Delay)'이 존재한다. 특히 최고 수준의 운동선수들은 이러한 딜레이를 단순히 극복하는 것을 넘어, '예측'이라는 고도의 능력을 통해 딜레이 자체를 활용하는 '스포츠의 딜레이 미학'을 보여준다. 그들은 단순히 빠르게 반응하는 것이 아니라, 앞으로 일어날 일을 미리 읽어 '지연'을 뛰어넘는 것처럼 보인다.

이 장에서는 운동선수들이 어떻게 '예측'이라는 능력을 통해 반응의 딜레이를 관리하고, 이 과정이 어떻게 스포츠 경기에서 아름다운 '딜레이 미학'을 창조하는지 탐구한다.

'반응'을 넘어선 '예측'의 필수성

인간의 신경 반응 속도는 물리적인 한계를 가진다. 아무리 훈련된 운동선수라도 눈으로 본 것을 뇌가 처리하고, 다시 몸에 명령을 내려 움직이기까지는 최소 수십 밀리초(ms)의 시간이 필요하다. 탁구나 야구, 복싱과 같이 찰나의 순간에 승부가 결정되는 스포츠에서는 이러한 '반응 시간'만으로는 최적의 플레이를 하기 어렵다. 예를 들어, 시속 150km의 강속구를 던지는 투수의 공이 타석까지 도달하는 데는 0.4초밖에 걸리지 않는데, 인간의 반응 속도는 보통 0.1초에서 0.2초 정도다. 즉, 공을 보고 반응하면 이미 늦는다는 의미다.

따라서 운동선수들은 단순히 외부 자극에 '반응'하는 것을 넘어, 상대방의 움직임, 공의 궤적, 상황적 맥락 등을 종합하여 미리 '예측(Anticipation)'하고 움직임을 시작한다. 투수의 투구폼이나 눈빛, 혹은 상대 공격수의 몸짓에서 다음 플레이를 읽어내는 것이다. 이러한 예측은 '반응의 딜레이'를 사실상 없애고, 실제로 공이 도착하기 전에 최적의 위치를 잡거나 움직임을 시작하게 만든다.

'경험'과 '패턴 인식'이 만드는 예측 능력

운동선수의 뛰어난 예측 능력은 타고나는 것보다는 수많은 '경험'과 '반복 훈련'을 통한 '패턴 인식' 능력에서 비롯된다. 그들은 경기 상황에서 발생하는 무수한 데이터(상대방의 습관, 특정 상황에서의 선택지, 공의 회전 등)를 반복적으로 접하면서 뇌 속에 특정 패턴을 각인시킨다. 이러한 패턴들은 의식적인 분석을 넘어 무의식적인 차원에서 빠르게 인식되고, 다음 상황을 예측하는 데 활용된다.

예를 들어, 농구 선수가 상대방의 드리블과 시선을 보고 패스 방향을 예측하거나, 배구 선수가 상대 토스의 높이와 속도를 보고 스파이크 위치를 예측하는 것은 오랜 시간 동안 쌓아온 경험과 훈련을 통해 뇌 속에 형성된 '지연된 학습의 결과'다. 이들은 겉으로는 '즉시' 예측하는 것처럼 보이지만, 그 이면에는 수많은 시행착오와 '느린 반복'을 통한 데이터 축적이라는 '지연된 과정'이 존재한다.

'딜레이 미학' – 템포와 리듬의 조절

운동선수들이 예측을 통해 딜레이를 극복하는 과정은 단순한 속도 경쟁을 넘어선 '스포츠의 딜레이 미학'을 창조한다. 그들은 때로는 일부러 상대방의 '반응 딜레이'를 유발하거나, 자신의 움직임에 미묘한 '시간차'를 두어 상대를 혼란시키는 전략을 사용하기도 한다. 농구에서 '템포 조절'을 하거나, 테니스에서 '슬라이스 서브'를 넣어 공의 속도를 늦추는 것은 상대방의 예측과 반응 딜레이를 노리는 행위다.

또한, '리듬'은 예측과 반응 사이의 딜레이를 부드럽게 연결하는 중요한 요소다. 축구 경기에서 선수들이 서로 패스를 주고받으며 리듬을 타는 것은, 각 선수의 움직임이 서로에게 '지연된' 정보로 전달되더라도, 전체적인 리듬 속에서 조화롭게 연결될 수 있도록 돕는다. 이러한 딜레이 미학은 단순히 빠르기만 한 움직임을 넘어, 예측과 템포 조절을 통해 경기를 예술적인 수준으로 끌어올린다.

결론적으로, '운동선수는 왜 예측하며 반응하는가 – 스포츠의 딜레이 미학'은 스포츠 경기에서 '반응의 딜레이'가 필연적으로 존재하며, 이를 극복하기 위해 '예측'이라는 고도의 능력이 사용됨을 보여준다. 이 예측 능력은 수많은 '경험'과 '패턴 인식'이라는 '지연된 학습'의 산물이다. 나아가 운동선수들은 '예측'을 통해 딜레이를 관리하고, '템포'와 '리듬'을 조절하여 스포츠 경기에서 '딜레이 미학'이라는 예술적인 경지를 만들어낸다. 이는 삶의 다른 영역에서도 '즉시성'만을 추구하기보다 '지연'을 이해하고 활용하는 지혜가 필요함을 시사한다.

3장. 골프는 왜 어려운가
– 손은 쳤지만 공은 아직 오지 않았다장

골프는 언뜻 보면 정적인 스포츠처럼 보인다. 격렬하게 몸을 부딪치거나 엄청난 속도로 뛰는 일도 없다. 그저 작은 공을 클럽으로 쳐서 멀리 보내는 단순한 동작의 반복처럼 보인다. 하지만 전 세계 수많은 사람이 골프의 매력에 빠져들면서도, 동시에 좌절감을 느끼는 이유는 무엇일까? 왜 골프는 그렇게도 어려울까? 그 핵심에는 '반응의 시간차'와 '지연된 결과'라는 우리 몸과 감각의 본질적인 특성이 숨어 있다.

'손맛'의 비밀 – 찰나의 순간에 숨은 시간차

골프 스윙은 수십 개의 근육이 유기적으로 움직이는 복잡한 동작이다. 백스윙부터 다운스윙, 임팩트를 거쳐 피니시까지 이어지는 이 모든 과정은 하나의 물 흐르듯 자연스러운 움직임을 요구한다. 이때 중요한 건, 우리가 클럽을 휘두르는 손의 움직임과 실제로 공이 클럽 페이스에 맞아 나가는 순간 사이에 존재하는 극히 짧은 딜레이다. 우리는 손으로 공을 쳤다고 느끼지만, 그 순간에도 공은 클럽 페이스에 접촉하고 이탈하는 미세한 시간을 거친다. 우리가 '임팩트'라고 부르는 찰나의 순간에도, 에너지 전달과 반발력 작용이라는 물리적 과정이 '0초' 만에 끝나지 않는 것이다.

골퍼들이 흔히 '손맛'이라고 부르는 감각은 이 지연된 반응을 통해 형성된다. 손에서 공을 쳤다는 촉각 정보가 뇌에 전달되고, 동시에 공이 날아가는 시각 정보가 눈으로 들어와 뇌에서 통합될 때 비로소 우리는 "아, 잘 맞았다!"또는 "아, 망했다!"라는 인식을 하게 된다. 이 모든 과정이 동시다발적으로 일어나는 것 같지만, 실제로는 각기 다른 속도로 뇌에 도착한 정보들을 뇌가 종합적으로 해석한 결과다. 손이 공을 친 순간과 우리가 그 타구의 결과를 '인지'하는 순간 사이에는 분명히 아주 미세하지만 결정적인 시간차가 존재한다.

시간을 거스르는 교정 – 지연된 피드백과의 싸움

골프가 어려운 진짜 이유는 바로 이 '지연된 피드백(delayed feedback)'에 있다. 내가 스윙을 한 '지금'의 동작이 어떤 결과를 가져올지는, 자신의 스윙이 만들어 낸 결과가 시간차를 두고 눈앞에 펼쳐지는 것을 지켜봐야만 알 수 있기 때문이다. 즉, 내가 원하는 결과를 얻기 위해서는 이미 지나간 과거의 스윙 동작을 상상하며 현재의 스윙을 교정해야 하는 것이다.

이는 마치 시간을 거슬러 올라가야 하는 퍼즐과 같다. 축구나 농구처럼 즉각적인 피드백이 오가는 스포츠와 달리, 골프는 스윙 동작과 그 결과 사이에 공간적, 시간적 간극이 크다. 예를 들어, 야구 타자가 공을 치는 순간, 그는 공의 궤적을 거의 즉각적으로 보고 다음 동작을 준비할 수 있다. 하지만 골프는 공이 수백 미터를 날아가 착지하는 과정을 본 뒤에야 비로소 자신의 스윙이 어떠했는지를 평가할 수 있다. 이때 발생하는 '인지의 딜레이'와 '수정 행동의 딜레이'가 골프를 더욱 어렵게 만든다.

이러한 지연된 피드백은 골프 연습의 본질을 규정한다. 우리는 방금 친 샷의 결과를 보며 '아, 이번에는 몸이 너무 일찍 열렸구나'라고 생각한다. 하지만 이미 몸이 열린 '그 순간'은 지나갔고, 우리는 다음 스윙을 할 '미래'에 과거의 실수를 반영해야 한다. 수많은 연습과 반복을 통해 이 지연된 피드백의 간극을 줄이고, 몸이 무의식적으로 올바른 스윙 궤도를 기억하도록 만드는 것이 골프 실력 향상의 핵심이다. 손이 쳤다고 느낀 순간, 이미 공은 떠났고, 그 결과를 알기까지의 짧은 지연 속에서 골퍼는 끊임없이 자신과의 싸움을 벌인다. 이처럼 골프는 '지금'의 즉각적인 반응보다는, '지연'을 이해하고 받아들이며 몸과 마음의 리듬을 조절하는 능력이 중요함을 역설적으로 보여주는 스포츠라 할 수 있다.

4장. 피지컬보다 리듬이 중요하다
– 감각과 감각 사이의 시간

스포츠 경기나 일상생활에서 우리는 흔히 '피지컬이 좋다'는 말을 한다. 강한 힘, 빠른 속도, 뛰어난 유연성 등 신체적인 우수함이 중요한 요소임은 분명하다. 그러나 아무리 뛰어난 피지컬을 가졌다 해도, 무언가 '어색하다'거나 '박자가 맞지 않는다'는 느낌을 줄 때가 있다. 반대로, 겉보기에는 평범한 피지컬을 가졌음에도 '리듬감이 좋다'는 칭찬을 들으며 유려하고 효율적인 움직임을 보여주는 사람들도 있다. 이 차이는 어디에서 오는 것일까?

감각의 비동기성 – 왜 피지컬만으로는 부족한가?

핵심은 '리듬'에 있다. 그리고 이 리듬은 서로 다른 감각 정보들이 우리 뇌에 도달하고 통합되는 시간차, 즉 '감각과 감각 사이의 시간'을 얼마나 능숙하게 다루느냐에 달려 있다. 우리의 뇌는 시각, 청각, 촉각, 균형 감각 등 수많은 감각 정보를 동시에 받아들인다. 그런데 앞선 장들에서 보았듯이, 이 모든 감각 정보는 각각 다른 속도로 우리 뇌에 도착한다. 빛은 빠르고, 소리는 느리며, 촉각은 신경 전달 경로에 따라 또 다른 지연이 발생한다.

예를 들어, 농구 선수가 드리블을 할 때를 상상해 보자. 그는 공이 손에 닿는 촉각 정보, 공이 바닥에 튀는 소리(청각), 그리고 공의 움직임(시각)을 동시에 인지하며 움직인다. 이 세 가지 감각 정보는 엄밀히 말해 '동시에' 뇌에 도달하지 않는다. 뇌는 이 각기 다른 시점에 도착한 정보들을 '연착(延着)'시켜 하나의 의미 있는 움직임으로 통합해야 한다. 만약 이 시간차가 제대로 조절되지 않으면, 손은 공보다 늦게 움직이거나, 눈은 공의 움직임을 제대로 따라가지 못할 것이다.

리듬이라는 지휘자 – 감각을 조율하여 타이밍을 만들다

이러한 감각 정보의 비동기성 속에서 효율적인 움직임을 만들어내는 것이 바로 '리듬'이다. 리듬감이 좋은 사람은 이 미묘한 지연들을 의식적으로 혹은 무의식적으로 조절하여, 감각 정보들이 하나의 완벽한 흐름처럼 느껴지게 만든다. 마치 오케스트라의 지휘자가 각 악기들의 연주 타이밍을 조절하여 아름다운 음악을 만들어내듯, 우리의 뇌는 감각 정보들의 '지연'을 활용해 최적의 반응과 움직임을 이끌어내는 것이다.

스포츠에서 '타이밍'이 중요하다고 말할 때, 이는 단순히 '적절한 순간'을 의미하는 것을 넘어선다. 그것은 곧 '감각 정보들이 통합되는 리듬'을 의미한다. 테니스 선수가 공을 치는 순간, 투수가 던진 공이 글러브에 꽂히는 순간, 춤을 추는 발이 바닥에 닿는 순간… 이 모든 행위는 시각, 청각, 촉각, 그리고 고유수용성 감각(몸의 위치와 움직임을 감지하는 감각)이 완벽한 하모니를 이룰 때 최고의 효율을 낸다. 이 하모니는 각 감각 정보가 우리 뇌에 도달하는 미세한 지연들을 뇌가 어떻게 '조절'하느냐에 따라 달라진다.

결국, 피지컬이 '힘과 속도'라는 하드웨어적인 능력이라면, 리듬은 '감각 정보의 조화'라는 소프트웨어적인 능력이라 할 수 있다. 아무리 강력한 근육을 가졌어도 리듬이 깨지면 힘을 효율적으로 전달할 수 없고, 아무리 빨라도 타이밍이 어긋나면 무의미한 움직임이 된다. 탁월한 운동선수들은 이 '감각과 감각 사이의 시간'을 본능적으로 이해하고 제어함으로써, 겉으로 보기에는 effortless(힘들이지 않는)한 움직임을 만들어낸다. 그들의 움직임은 단순히 빠르고 강한 것이 아니라, 지연된 감각 정보들이 완벽하게 연착(延着)하며 만들어내는 아름다운 흐름인 것이다.

5장. 체력은 훈련보다 회복에서 자란다
– 회복의 지연된 효과

우리는 무언가를 이루기 위해 '훈련'하고 '노력'하는 행위 그 자체에 가치를 둔다. 더 강해지고 싶다면 더 무거운 것을 들어야 하고, 더 빨라지고 싶다면 더 많이 달려야 한다고 생각한다. 맞는 말이다. 하지만 체육관에서 땀을 쏟고, 거친 숨을 몰아쉬는 그 순간에 우리의 체력이 자라는 것은 아니다. 오히려 우리의 몸은 그 순간 '손상'되고 있는 중이다. 근육 섬유는 찢어지고, 에너지는 고갈되며, 신경계는 피로해진다.

초과 회복의 원리 – 땀 흘리는 순간이 아닌, 쉬는 순간에 성장한다

진정한 성장은, 바로 그 '훈련 이후의 시간', 즉 회복(Recovery)의 과정에서 일어난다. 우리가 잠을 자고, 영양분을 섭취하고, 휴식을 취하는 동안 몸은 스스로를 치유하고, 이전보다 더 강한 상태로 재건한다. 이 과정을 '초과 회복(Supercompensation)'이라고 부르는데, 훈련으로 인해 약해졌던 몸이 회복 과정을 거치며 훈련 전보다 더 높은 수준의 능력을 갖추게 되는 현상이다.

이것이야말로 '지연된 효과'의 전형적인 사례다. 우리는 노력을 '지금' 쏟아붓지만, 그 노력의 결실인 '성장'은 '조금 뒤'에, 그것도 직접적인 훈련 행위가 아닌 '회복'이라는 수동적이고 보이지 않는 과정 속에서 나타난다. 즉, 체력은 훈련하는 순간이 아니라, 회복하는 순간에 '연착(延着)'하여 도달하는 것이다. 마치 씨앗을 뿌리고 물을 주지만, 싹은 기다림의 시간 끝에 터져 나오듯 말이다. 이러한 회복의 중요성은 운동선수들에게는 기본적인 진리이며, 그들은 훈련 시간만큼이나 회복 시간을 철저하게 관리한다.

지식과 마음의 회복력 – 모든 성장은 지연된 형태로 온다

회복의 지연된 효과는 비단 육체적인 체력에만 국한되지 않는다. 지적인 능력이나 정신적인 회복력 역시 마찬가지다. 밤새도록 공부를 하거나 프로젝트에 매달린다고 해서 그 지식이 즉시 '내 것'이 되는 것은 아니다. 충분한 수면과 휴식을 통해 뇌가 정보를 정리하고 통합하는 시간을 가져야 비로소 새로운 지식이 체화되고, 문제 해결 능력이 향상된다. 스트레스나 정신적인 피로도 마찬가지다. 즉시 해소되는 것처럼 느껴지지 않아도, 충분한 휴식과 재충전의 시간이 주어져야 비로소 회복 탄력성이 '지연된 형태로' 돌아온다.

결국, 우리는 '열심히 하는 것'에만 몰두하느라 '쉬는 것'의 가치

를 간과하기 쉽다. 하지만 세상의 모든 성장은 즉각적이지 않다. 노력의 씨앗은 뿌려지지만, 그것이 열매를 맺는 데는 반드시 '지연된 회복의 시간'이 필요하다. '체력은 훈련보다 회복에서 자란다'는 것은 단순히 운동의 원리를 넘어선 삶의 중요한 통찰을 담고 있다. 우리에게는 '지금 당장'의 성과를 내지 못하더라도, 보이지 않는 곳에서 우리를 더 단단하게 만드는 '지연된 회복'의 시간을 존중하고 기다릴 줄 아는 지혜가 필요하다. 이 지혜를 통해 우리는 더욱 꾸준히, 그리고 깊이 있게 성장하며 세상에 연착(延着)할 수 있을 것이다.

6장. 승리는 타이밍에서 결정된다
– 0.1초가 만든 세계

　스포츠는 '시간'과의 싸움이다. 100미터 달리기에서는 0.01초의 차이가 금메달과 은메달을 가르고, 농구에서는 버저 비터 슛 하나로 승패가 뒤바뀐다. 우리는 이처럼 눈에 보이는 찰나의 순간이 모든 것을 결정한다고 믿기 쉽다. 하지만 승패를 가르는 0.1초는 결코 그 순간에만 존재하는 시간이 아니다. 그것은 보이지 않는 과거와, 눈치챌 수 없는 시차들이 빚어낸 시간의 결정체다. 이 장에서는 결정적 순간을 만드는 '지연'과 '시차'의 마법을 세 개의 층으로 나누어 깊이 파고든다.

과거의 연착(延着) – 보이지 않는 시간의 축적

　결정적인 순간에 터져 나온 버저 비터 슛은 그날 처음 던져진 것이 아니다. 그 슛 안에는 수천, 수만 번의 지루한 반복이 낳은 근육의 기억, 코치의 피드백을 곱씹던 밤, 그리고 뼈아픈 패배의 경험까지, 선수 자신도 의식하지 못하는 과거의 시간들이 겹겹이 쌓여 있다. 우리는 선수의 '현재' 기량에만 감탄하지만, 그 기량은 셀 수 없는 '과거'의 훈련이 지연된 형태로 응축되어 나타난 것이다. 이것이 바로 '체화(Embodiment)'의 과정이다.

체화된 능력은 즉각적인 명령으로 나오는 것이 아니라, 필요한 순간에 마치 오랫동안 기다렸다는 듯 '연착'하여 발현된다. 따라서 승부는 '지금, 여기'에서 벌어지는 순수한 실력 대결이 아니라, 누가 더 깊고 두터운 과거를 자신의 몸에 쌓아왔는가에 대한 '시간의 대리전'이라 할 수 있다. 승자의 몸은 그 자체로 하나의 역사이며, 결정적 순간이란 그 역사가 현실에 말을 거는 찰나이다.

타이밍의 재구성 – 감각과 운동의 시차 조율

그렇다면 결정적 '순간' 자체는 어떻게 구성되는가? 스포츠에서 말하는 완벽한 '타이밍'은 모든 것이 동시에 일어나는 '동시성'의 개념이 아니다. 오히려 그것은 각기 다른 속도로 도착하는 정보와 반응들이 만들어내는 '시차 조율의 예술'에 가깝다. 시속 150km의 공을 치는 타자를 예로 들어보자. 그의 완벽한 타이밍 안에는 최소 네 가지의 시간이 포개져 있다.

- 물리적 시간: 공이 투수의 손을 떠나 홈플레이트에 도달하는 0.4초.
- 감각적 시간: 타자의 눈이 공의 궤적을 포착해 뇌로 신호를

보내는 수십 밀리초.
- 인지적 시간: 뇌가 공의 구질과 속도를 판단하고 스윙 여부를 결정하는 수십 밀리초.
- 운동적 시간: 뇌의 명령이 신경을 통해 근육에 전달되어 실제 스윙이 시작되는 수십 밀리초.

타자는 이 모든 지연 시간을 무의식적으로 계산하고 조율하여, 아직 도착하지 않은 공의 '미래' 위치에 방망이를 휘두른다. 축구 수비수가 패스의 길을 미리 읽고 가로채거나, 복서가 상대의 펀치를 예측하고 카운터를 날리는 것 역시 마찬가지다. 결국 타이밍이란, 속도의 경쟁이 아니라 흩어진 시간의 조각들을 하나의 완벽한 하모니로 묶어내는 지휘자의 능력과 같다.

승자의 경지 – 지연을 다스리는 통찰력

과거의 축적과 현재의 조율을 넘어, 진정한 승자는 '지연' 그 자체를 다스리는 경지에 이른다. 이는 단순히 기술을 넘어선 일종의 통찰력이며, 여기에는 역설적인 시간의 지혜가 담겨 있다.

첫째, 그들은 '몸이 기억하는 패턴'을 통해 생각보다 먼저 움직인다. 머리로 분석하고 판단하는 의식의 지연을 뛰어넘어, 체화된 감각이 직접 반응하는 것이다. 둘째, 그들은 상대의 의도를 한발 앞서 읽는 '예측'을 통해 미래의 시간을 현재로 끌어온다. 이는 단순한 추측이 아니라, 수많은 데이터를 통해 확률을 좁혀가는 고도의 정보 처리 능력이다.

그리고 가장 중요한 셋째, 그들은 극도의 위기 상황에서 '조금 늦게 찾아오는 평정심'을 경험한다. 모두가 허둥대는 바로 그 순간, 오히려 주변의 시간이 느려지는 듯한 감각 속에서 가장 최적의 판단을 내린다. 이 침착함은 즉각적으로 찾아오는 것이 아니라, 모든 혼란이 지나간 뒤에야 비로소 '연착'하는 최고의 정신 상태다. 결국 승리란, 이 모든 지연된 과정들—체화된 과거, 조율된 현재, 그리고 늦게 찾아온 평정심—이 정교한 톱니바퀴처럼 맞물려 돌아갈 때 비로소 우리 앞에 모습을 드러내는, 가장 값진 '연착'의 결과물인 것이다.

7장. 경기 전 긴장은 언제 풀리는가
– 멘탈과 신체 반응의 시차

스포츠 경기, 중요한 발표, 면접. 우리는 인생의 결정적인 무대를 앞두고 어김없이 '긴장'이라는 불청객을 맞이한다. 심장은 멋대로 요동치고, 손에는 땀이 나며, 머릿속은 온갖 걱정으로 복잡해진다. 아무리 노련한 베테랑이라도 이 숙명적인 감정에서 완전히 자유로울 수는 없다. 그런데 이 지긋지긋한 긴장은 대체 언제, 어떻게 풀리는 것일까? 그리고 이 긴장이 풀리는 과정에는 어떤 필연적인 '시차(time lag)'가 숨어 있을까?

의식의 명령과 신체의 불복종

가장 흥미로운 지점은, 긴장이 우리의 의지만으로 통제되지 않는다는 사실이다. 우리는 "긴장하지 말자", "마음을 편히 갖자"고 수없이 되뇌지만, 몸은 그 명령을 비웃기라도 하듯 제멋대로 반응한다. 대부분의 운동선수들은 경기가 시작되기 '전'이 아니라, 경기가 시작된 '직후'에야 비로소 긴장이 풀리고 몸이 가벼워진다고 고백한다. 경기장에 입장하고, 관중의 함성을 듣고, 몸을 풀고, 첫 플레이를 시작하는 일련의 과정 속에서 서서히, 그리고 자신도 모르게 긴장이 완화되는 것이다.

이는 우리의 멘탈과 신체 사이에 명백한 '시간차'가 존재함을 보여준다. 멘탈이 '이제 괜찮아'라고 선언하더라도, 신체는 그 선언을 즉각적으로 받아들이지 않고 '조금 늦게' 반응한다. 마치 목소리는 도착했지만, 그 울림이 공간에 퍼지는 데 시간이 걸리는 것과 같다. 이처럼 우리의 의식과 신체는 완벽한 동기화를 이루지 못하고, 언제나 미묘하게 어긋난 채로 '지연된 조화'를 향해 나아간다.

몸이라는 관성의 법칙 – 호르몬과 신경계의 시차

멘탈과 신체 반응의 시차는 의지박약의 문제가 아니라, 우리 몸에 깊이 각인된 생물학적 관성 때문이다. 긴장 상황에서 우리 뇌는 생존을 위해 몸을 '싸움 또는 도피(fight or flight)' 모드로 전환시킨다. 교감 신경계가 활성화되고, 아드레날린과 코르티솔 같은 스트레스 호르몬이 온몸으로 분비된다. 그 결과 심박수가 빨라지고, 근육이 경직되며, 모든 감각이 극도로 예민해진다.

문제는 이 시스템이 한번 켜지면, 스위치를 내리듯 단숨에 꺼지지 않는다는 점이다. 뇌가 '이제 위험이 사라졌다'고 인지하고 부교감 신경계를 활성화시켜 몸을 진정시키려 해도, 이미 혈액 속에 퍼진 호르몬이 분해되고 신경계가 안정을 되찾기까지는 절대적인 물리적 시간(딜레이)이 필요하다. 이는 마치 뜨겁게 달궈진 냄비가 불을 끈 후에도 한동안 뜨거운 열기를 유지하는 것과 같다. 흥분했던 신체는 그 상태를 유지하려는 관성을 가지며, 이 관성의 시간이 바로 우리가 느끼는 '불편한 시차'의 정체다.

부드러운 연착을 위한 기술 – 루틴과 기다림의 지혜

그렇다면 우리는 이 피할 수 없는 시차 앞에서 속수무책으로 당해야만 할까? 그렇지 않다. 수많은 운동선수들은 이 시차를 현명하게 관리하는 기술을 터득했는데, 그것이 바로 '루틴(routine)'이다. 경기 전 특정 음악을 듣거나, 정해진 순서대로 스트레칭을 하거나, 심지어 신발 끈을 고쳐 매는 사소한 반복 행동은 뇌와 몸에 일종의 '예측 가능성'을 선물한다.

이러한 루틴은 '이제 곧 익숙한 상황이 시작될 것이니, 과도한 경계 태세를 풀어도 좋다'는 신호를 혼란스러운 몸에 보내는 것과 같다. 즉, 멘탈과 신체 사이의 삐걱거리는 시간차를 부드럽게 이어주는 의식적인 다리 놓기인 셈이다. 이를 통해 긴장 상태에서 최적의 퍼포먼스 상태로 '급발진'하는 것이 아니라 '부드럽게 연착(延着)'할 수 있게 된다. 이는 중요한 발표나 시험 직전, 첫 몇 분간 목소리가 떨리거나 머리가 맑지 않다가 서서히 제 컨디션을 찾아가는 우리 모두의 경험과도 맞닿아 있다.

결국 '지금 당장' 긴장을 풀고 싶다는 조급함을 내려놓고, 우리 몸이 스스로를 재조정할 시간을 존중하는 것. 이 '기다림의 지혜'야말로 삶의 모든 무대에서 우리를 구원하는 가장 강력한 기술일지 모른다.

8부

느리게 흐르는 사회
– 제도와 시스템의 시간차

우리는 앞선 부들을 통해 감각에서 존재, 그리고 마음의 영역에 이르기까지 '지연'이 얼마나 근원적인 현상인지를 탐구했다. 이제 8부 '느리게 흐르는 사회'는 그 시선을 우리를 둘러싼 거대한 시스템으로 확장한다. 기술의 발전으로 세상은 눈부신 속도로 변하는 듯 보이지만, 정작 우리의 삶을 규정하는 정치, 법, 언론, 그리고 사회 전체의 인식은 왜 항상 한 박자 늦게 따라오는 것처럼 느껴지는가? 어쩌면 그 지연은 시스템의 결함이 아니라, 본질적 속성일지도 모른다.

이 부는 사회라는 거대한 유기체가 가진 본질적인 '관성(inertia)'과 그로 인해 발생하는 필연적인 '시간차'를 해부한다. 우리는 '유령 정체'라는 물리적 현상을 통해 개인의 합리적 행동이 어떻게 시스템 전체의 마비를 초래하는지 목격하고, 주식 시장의 '일목균형표'를 통해 과거의 데이터가 어떻게 미래를 예측하려는 '지연된 시도'로 이어지는지 살펴볼 것이다.

더 나아가, 정치가 위기에 항상 늦게 반응하고, 정의가 분노보다 느리게 도착하며, 법이 사건 이후에만 작동하는 이유를 통해 제도가 가진 '사후적(ex post facto) 시간성'을 고찰한다. 또한, '속보'를 쏟아내는 뉴스와 '즉시성'을 강요하는 SNS 속에서 진실과 숙고가 어떻게 지연되는지 분석하며, 문명 자체가 위기를 겪고 나서야 비로소 뒤를 돌아보는 '지연된 성찰'의 구조임을 논증한다.

결국 이 부는 사회 시스템의 '연착'이 단순히 비효율이나 실패가 아니라, 복잡성을 다루고 안정을 유지하려는 문명의 본질적인 속성일 수 있음을 제시한다. 이를 통해 독자들은 '느리게 흐르는 사회'의 리듬을 이해하고, 조급한 분노를 넘어 시스템의 시간차를 꿰뚫어 보는 지혜로운 통찰을 얻게 될 것이다.

1장. 정치는 항상 한 박자 늦다
– 제도와 위기의 시간차

우리는 급변하는 세상에 살고 있다. 기술은 눈 깜짝할 사이에 진보하고, 정보는 실시간으로 쏟아지며, 새로운 사회 문제는 매일같이 터져 나온다. 이러한 속도에 발맞춰 모든 것이 즉각적으로 반응하기를 기대하지만, 유독 '정치'와 '제도'는 항상 한 박자 늦는 것처럼 느껴진다. 마치 세상은 이미 저만치 앞서 달려가는데, 정치는 과거의 유령처럼 뒤뚱거리며 따라오는 듯한 인상을 준다. 왜 정치는 항상 '지금'의 위기에 '조금 늦게' 반응할 수밖에 없을까?

정치와 제도의 본질적인 속성 때문이다. 정치는 개개인의 즉각적인 욕망이나 찰나의 감정에 따라 움직이는 것이 아니라, 복잡한 이해관계와 다양한 의견을 조율하고, 합의를 형성하며, 법과 절차에 따라 움직인다. 새로운 법안 하나를 통과시키는 데에도 수많은 논의와 심의, 표결 과정이 필요하며, 이는 필연적으로 '시간(딜레이)'을 요구한다.

예를 들어, 새로운 기술이 등장했을 때를 생각해 보자. 인공지능(AI)이나 가상화폐(암호화폐)처럼 혁신적인 기술은 사회에 엄청난 파급력을 가져온다. 순식간에 새로운 산업이 생겨나고, 기존 질서가 흔들리며, 예상치 못한 부작용이나 윤리적 문제가 발생하기도 한다. 대중은 '지금 당장' 정부가 규제하거나 지원책을 마련하라고 요구하지만, 정부는 즉각적으로 반응하기 어렵다. 해당 기술에 대한 충분한 이해가 필요하고, 전문가들의 의견을 수렴해야 하며, 관련 부처 간의 조율과 사회적 합의를 거쳐야만 비로소 법과 제도를 만들 수 있기 때문이다. 이 모든 과정은 최소 몇 개월, 길게는 몇 년의 '지연된 대응'을 초래한다.

이러한 '지연'은 단순히 정치인들의 무능력이나 게으름 때문만은 아니다. 오히려 민주주의 시스템의 본질적인 특성이기도 하다. 다수의 의견을 수렴하고, 소수의 권리를 보호하며, 신중한 결정을 내리기 위해서는 충분한 숙고의 시간이 필요하다. '지금 당장'의 위기에 즉각적으로 반응하는 것이 때로는 성급한 판단이나 포퓰리즘으로 이어져 더 큰 문제를 야기할 수도 있기 때문이다. 정치는 마치 거대한 유조선과 같다. 방향을 바꾸는 데 엄청난 시간과 공간이 필요하며, 급하게 키를 돌리면 오히려 전복될 위험이 있다.

하지만 문제는 이 '지연'이 때로는 '위기'를 더욱 심화시키기도 한다는 점이다. 기후 변화, 저출산 고령화, 팬데믹과 같은 거대한 위기는 이미 오래전부터 경고 신호를 보냈지만, 정치와 제도는 그 심각성을 인지하고 효과적인 대응책을 마련하는 데 항상 한 박자 늦었다. 대중의 분노와 요구는 '지금' 폭발하지만, 제도의 반응은 '조금 늦게' 따라오면서 그 간극은 더욱 커진다. 이러한 '시간차'의 불일치는 사회적 불만과 불신을 야기하는 주요 원인이 된다.

결국, 정치는 '지금'의 요구에 즉각적으로 반응하기 어려운, 본질적으로 '지연된 시스템'이다. 위기는 빠르게 '도착'하지만, 제도는 그 위기를 인지하고 대응책을 '연착(延着)'시키는 데 시간이 걸린다. 이 필연적인 시간차를 이해하는 것은 정치에 대한 우리의 기대를 현실적으로 조정하고, 동시에 제도적 지연을 최소화하기 위한 지혜로운 방안을 모색하는 출발점이 될 것이다. '정치는 항상 한 박자 늦다'는 것은 비판을 넘어선, 사회 시스템의 본질적인 '지연'을 이해하는 중요한 통찰인 셈이다.

2장. 정의(正義)는 왜 늦게 오는가
- 분노와 반응의 엇갈림

우리는 불의한 일에 직면했을 때 즉각적인 분노를 느끼고, 정의가 즉시 실현되기를 갈망한다. 억울한 피해자의 이야기에 공감하고, 가해자의 처벌을 요구하며, 부조리한 시스템이 당장 개선되기를 바란다. 우리의 감정은 '지금 당장' 정의가 집행되기를 외치지만, 현실에서 정의는 놀랍도록 '느리게' 움직인다. 때로는 수십 년이 지난 후에야 진실이 밝혀지고, 때로는 한참 뒤에야 관련자들이 처벌받는 경우를 본다. 왜 정의는 이토록 '연착(延着)'하며 우리에게 도착하는 것일까? 이러한 '정의의 지연'은 여러 복합적인 요인에서 비롯된다.

진실 규명의 지난한 시간

첫 번째 원인은 진실을 규명하는 데 필요한 시간이다. 사건의 진실을 밝히는 과정은 복잡하고 지난하다. 증거를 수집하고, 증인을 확보하며, 수많은 가능성을 열어두고 다각도로 조사해야 한다. 과학적 분석이 필요할 때도 있고, 법적 절차를 준수해야 할 때도 있다. 이 과정은 짧게는 수개월, 길게는 수년에 걸친 물리적인 시간을 요구한다. 목격자의 기억은 왜곡될 수 있고, 증거는 숨겨지거나 훼손될 수 있으며, 권력과 자본의 개입으로 진실이 은폐되기도 한다. 이 모든 변수들이 진실이 우리에게 '연착'하도록 만드는 원인이 된다.

제도적 절차의 불가피한 지연

둘째는 제도적 절차의 지연이다. 법정의 판결은 일방적인 선언이 아니다. 변론, 증인 심문, 증거 제출, 항소 등 엄격하고 복잡한 절차를 거쳐야 한다. 이러한 절차는 피고인의 방어권을 보장하고 오판의 가능성을 줄이기 위해 필수적이지만, 동시에 정의가 지연될 수밖에 없는 구조적 원인이 된다. 재판이 길어지고, 대법원까지 가는 과정을 거치면서 이미 세월이 흐른 뒤에야 최종적인 '정의'가 모습을 드러내는 경우가 비일재하다. 드라마나 영화처럼 통쾌하게 '지금 당장' 판결이 내려지는 일은 현실에서 거의 없다.

사회적 합의 형성의 느린 흐름

셋째는 사회적 합의를 형성하는 시간이다. 때로는 법적 정의를 넘어 사회 전체가 특정 문제에 대해 '정의란 무엇인가'에 대한 합의에 이르는 데 오랜 시간이 걸린다. 과거에는 당연시되었던 관습이나 제도도, 시대가 변하면서 '불의'로 인식되고 새로운 정의를 요구하는 목소리가 커지기도 한다. 예를 들어, 인권이나 환경 문제처럼 사회적 인식이 변화하고 새로운 가치관이 확산되어야만 비로소 법과 제도가 움직이는 경우다. 이러한 '집단 인식의 지연'은 정의 실현의 중요한 장벽이 된다.

가장 대표적인 예시는 과거사 정리 문제다. 국가 폭력이나 인권 유린과 같은 불행한 사건들은 당시에는 제대로 밝혀지지 않고 묻히는 경우가 많다. 수십 년이 지난 후에야 새로운 증거나 사회적 분위기 변화로 인해 진실 규명과 명예 회복이 이루어지는 경우가 있다. 그때 '이제야 정의가 실현되었다'고 하지만, 그 정의는 이미 오래전 사건에 대한 지연된 반응이자, 수많은 사람들의 끈질긴 노력이 '연착'하여 도착한 결과물인 셈이다.

결국, 사람들의 분노와 정의에 대한 갈망은 '지금' 뜨겁게 타오르지만, 정의라는 실체는 복잡한 진실 규명 과정과 엄격한 제도적 절차, 그리고 느리게 변화하는 사회적 합의의 시간 속에서 '조금 늦게' 그리고 '어렵게' 우리에게 도착한다. 이 필연적인 '지연'을 이해하는 것은 우리가 정의를 추구함에 있어 좌절하지 않고, 긴 호흡으로 인내하며, 때로는 그 지연의 시간을 단축하기 위해 노력해야 함을 일깨워준다. 정의는 즉각적인 분출이 아니라, 시간의 축적을 통해 비로소 연착하는 아름다운 결과물인 것이다.

3장. 유령 정체와 시스템의 연착
ㅡ 교통체증은 어디에서 시작되는가

출근길, 명절 귀성길, 주말 나들이길… 우리 삶에서 '교통체증'만큼이나 불가항력적으로 느껴지는 시간의 지연이 또 있을까? 이 장은 바로 이 가장 보편적인 지연의 경험을 통해, 이 책이 관통하는 '시스템의 연착' 문제를 가장 명확하게 보여준다. 우리는 왜 아무런 사고도, 공사도 없는 도로에서 꼼짝없이 갇히게 되는가? 이 장은 그 원인이 단순히 차가 많기 때문이 아니라고 단언한다.

앞 차의 갑작스러운 제동에 따라 브레이크를 밟는 나의 행동, 그 뒤로 연쇄적으로 이어지는 붉은 브레이크등의 물결, 결국 수 킬로미터 뒤에서 영문도 모른 채 멈춰서는 상황 등 '유령 정체'의 발생 과정은 '개인의 작은 행동이 시스템 전체에 초래하는 연착'의 모든 증상을 집약적으로 보여준다. 즉각적인 대응(급제동)은 안전을 위한 합리적 선택 같지만, 그 파급 효과(충격파)는 거대하고 파괴적이다.

이 장은 유령 정체가 '보이지 않는 연결고리가 만들어내는 시스템의 함정'을 비추는 거울임을 논증한다. 이를 통해 우리는 실패가 누적되는 가장 물리적인 메커니즘을 이해하고, '시스템 전체를 보는 눈'이 왜 필요한지에 대한 가장 현실적인 답을 얻게 될 것이다.

사고도 없는데 막히는 길 – 유령 정체 현상의 미스터리

탁 트인 고속도로 위, 운전자는 엑셀을 밟으며 해방감을 느낀다. 목적지까지의 거리는 예측 가능하며, 자동차는 정직한 속도로 그 거리를 줄여나간다. 이 순간, 도로라는 시스템은 운전자의 의도대로 완벽하게 작동하는 것처럼 보인다. 하지만 저 멀리, 수평선 위에서부터 붉은빛이 전염병처럼 번져오기 시작한다. 하나의 점으로 시작된 브레이크등은 순식간에 수백 개의 점으로 증식하며 거대한 붉은 강을 이룬다. 운전자의 발은 반사적으로 브레이크로 옮겨가고, 조금 전까지의 쾌속 질주는 짜증 섞인 느린 걸음으로, 이내 완전한 멈춤으로 바뀐다.

차량이 거대한 쇳덩이로 변해버린 채 도로 위에 갇히는 순간, 인간의 이성은 즉시 이 현상에 대한 합리적인 원인을 찾아 나선다. '분명 큰 사고가 났을 거야.', '아니면 도로 확장 공사라도 하나?' 운전자는 라디오 교통 정보에 채널을 맞추고, 스마트폰 내비게이션의 붉은 선을 확대하며 사고 지점을 확인하려 한다. 옆 차선의 운전자와 무언의 눈빛을 교환하며 상황의 심각성을 가늠하기도 한다. 이 모든 행위는 '모든 결과에는 반드시 원인이 있다'는 우리의 상식을 확인하려는 필사적인 노력이다. 이 지루하고 답답한 정체는 분명 어딘가에 있을 '사고'나 '공사'라는 명확한 원인에 대한 대가라고, 스스로를 납득시키는 것이다.

얼마나 지났을까. 멈춰 있던 차들이 약속이라도 한 듯 서서히 움직이기 시작한다. 가다 서다를 몇 번 더 반복하던 행렬은 이내 제 속도를 되찾는다. 이제 운전자는 곧 마주하게 될 '정체의 원인'을 확인하기 위해 전방을 주시한다. 갓길에 세워진 사고 차량, 부서진 도로의 잔해, 혹은 번쩍이는 경광등과 분주한 경찰관들의 모습을 마음속에 그린다. 그러나 몇 킬로미터를 더 달려도 도로 위에서 발견되는 것은 아무것도 없다. 마치 마술처럼, 모든 문제의 근원이었어야 할 그 '사건 현장'이 감쪽같이 증발해버린 것이다. 도로 위에는 그저 평온한 아스팔트와 앞서 달리는 차들의 뒷모습만이 유유히 흐를 뿐이다.

이것이 바로 교통 공학자들이 '유령 정체(Phantom Jam)'라고 명명한, 현대 사회의 가장 기이한 미스터리 중 하나다. 명확한 물리적 장애물 없이, 오직 도로 위를 달리는 자동차들의 흐름 그 자체만으로 거대한 교통 마비가 발생하는 현상. 우리는 방금 전까지 실제로 존재했던 고통스러운 '정체'를 온몸으로 겪었지만, 그에 합당한 '원인'은 어디에서도 찾을 수 없다. 이처럼 원인이 증발해버린 결과 앞에서 우리는 당혹감을 느낀다. 대체 무엇이 이 거대한 시스템을 일순간에 마비시켰던 것일까? 이 유령 같은 현상이야말로, 개별 행위자의 의도와는 무관하게 시스템 자체가 구조적으로 만들어내는 거대한 '딜레이'의 실체를 목격하게 되는 첫 번째 관문이다.

한 대의 브레이크가 낳는 파급 효과 – 연쇄적 지연 반응

유령 정체의 비밀을 푸는 열쇠는 놀랍게도 단 한 대의 자동차, 그리고 그 운전자가 밟는 브레이크 페달에 있다. 상상해보자. 1차선에서 시속 100km로 순항하던 한 운전자가 앞차와의 간격이 너무 가깝다고 느껴 순간적으로 브레이크를 살짝 밟는다. 그의 차는 시속 95km로 약간 감속한다. 이 행위 자체는 지극히 사소하고 합리적인 운전 습관이다. 그러나 이 작은 감속이 바로 거대한 연착의 파동을 일으키는 최초의 돌멩이가 된다.

그 뒤를 따르던 두 번째 차량의 운전자는 앞차의 브레이크등이 켜지는 것을 보고, 자신도 브레이크를 밟는다. 인간의 반응 속도에는 필연적인 '지연'이 존재하기에, 그는 앞차보다 조금 더 길게 브레이크를 밟아 안전거리를 확보하려 한다. 그의 차는 시속 90km로 감속한다. 이제 세 번째, 네 번째, 다섯 번째 차량이 이 연쇄 반응에 동참한다. 각 운전자는 앞선 차량의 감속에 반응하며, 미세한 '반응 시간의 지연'과 '안전거리 확보를 위한 추가 감속'을 더한다. 마치 잔잔한 호수에 돌을 던졌을 때 동심원이 점점 더 크게 퍼져나가듯, 이 감속의 파동은 뒤로 갈수록 증폭된다.

이 파동이 수십, 수백 대의 차량을 거치고 나면, 최초의 미미했던 시속 5km 감속은 어느새 시속 50km, 70km의 급격한 감속으로 변질된다. 그리고 마침내 행렬의 어딘가에 있는 한 차량은 앞차와의 충돌을 피하기 위해 차를 완전히 멈춰 세우는 지경에 이른다. 이 지점에서 '흐름'은 '정체'로 변하고, 유령 정체가 탄생하는 것이다. 중요한 것은 이 과정에 참여한 그 누구도 악의적이거나 비합리

적인 행동을 하지 않았다는 점이다. 모든 운전자는 그저 앞차의 행동에 맞춰 안전하게 반응했을 뿐이다.

이것이 바로 시스템 이론에서 말하는 '나비 효과(Butterfly Effect)'의 전형적인 예시다. 한 운전자의 사소한 브레이크 조작이라는 작은 날갯짓이, 시스템 전체를 마비시키는 거대한 태풍을 일으킨 것이다. 여기서 핵심은 '연쇄적 지연 반응'이다. 각 차량의 반응 시간이라는 미세한 딜레이가 축적되고 증폭되면서, 시스템 전체의 효율을 급격히 떨어뜨리고 결국 마비 상태로 이끈다. 유령 정체는 우리에게 개별 행위자의 합리적인 행동이 모였을 때, 시스템 전체는 오히려 비합리적인 결과를 낳을 수 있다는 역설을 명백히 보여준다. 결국 정체의 원인은 특정 '사고'가 아니라, 시스템 내부에 내재된 '지연의 축적' 그 자체였던 것이다.

도로는 시스템이다 – 개인이 아닌 구조가 만드는 연착

유령 정체에 갇힌 운전자는 흔히 이렇게 생각한다. '대체 맨 앞차는 운전을 어떻게 하는 거야?', '누군가 한 명이 흐름을 다 망치고 있군.' 우리는 문제의 원인을 특정 개인의 미숙함이나 부주의함으로 돌리려는 경향이 있다. 눈에 보이는 현상을 설명할 가장 단순하고 직관적인 희생양을 찾는 것이다. 그러나 이는 현상의 본질에 대한 근본적인 오독(誤讀)이다. 유령 정체의 진짜 원흉은 특정 운전자가 아니라, 도로 위 모든 차량을 하나의 유기체로 묶는 '시스템' 그 자체이기 때문이다.

우리는 도로를 단순히 자동차들이 각자의 목적지를 향해 달리는 독립적인 공간으로 생각하지만, 사실 고속도로는 각 요소(자동차)가 서로 긴밀하게 상호작용하는 하나의 거대한 복잡계(Complex System)다. 이 시스템 안에서 모든 운전자는 앞차의 행동이라는 입력(Input)에 따라 자신의 행동(Output)을 결정한다. 앞차가 속도를 내면 나도 내고, 앞차가 멈추면 나도 멈춘다. 즉, 나의 주행은 나의 의지만으로 결정되는 것이 아니라, 시스템 전체의 흐름에 종속되어 있는 것이다.

이러한 시스템의 관점에서 볼 때, 우리가 3.2절에서 살펴본 '연쇄적 지연 반응'은 몇몇 개인의 실수가 아니라 시스템 구조 자체에 내재된 필연적인 속성이다. 인간의 반응 속도에 존재하는 0.5초에서 1초가량의 '딜레이'는 이 시스템의 모든 연결고리에 포함된 기본값(Default)이다. 따라서 수많은 딜레이의 고리가 연결된 이 시스템은, 외부의 큰 충격 없이도 내부의 작은 파동만으로 전체가 마비될 수 있는 구조적 취약성을 태생적으로 안고 있다. 교통 정체는 이 시스템이 가진 취약성이 드러나는 창발적 속성(Emergent Property)인 셈이다. 다시 말해, 연착은 개인이 만든 것이 아니라, 개인들의 상호작용을 규정하는 '구조'가 만든 것이다.

이것은 우리 사회의 다른 시스템들을 이해하는 데 매우 중요한 통찰을 제공한다. 우리는 종종 정치의 비효율을 '무능한 정치인' 개인의 탓으로 돌리고, 사법 절차의 지연을 '부도덕한 법조인'의 문제로 치부한다. 그러나 유령 정체의 교훈은 우리에게 문제의 근원이 개인이 아니라, 그들이 속한 시스템의 '구조'일 수 있음을 시사한다. 정치인이 아무리 뛰어나도 의사 결정에 수많은 '지연'의 고리가 연결된 정치 시스템 자체가 변화를 더디게 만들고, 법조인이 아무리 정의로워도 사실 확인과 절차적 정당성을 위해 필연적 '딜레이'를 포함하는 사법 시스템이 정의를 연착시키는 것이다. 이처럼 개인의 의도를 넘어서는 구조의 힘을 이해하는 것, 이것이 바로 시스템의 연착을 이해하는 핵심이다.

원인은 이미 사라졌다 – 결과만 남은 시스템의 딜레마

유령 정체의 가장 허탈하고도 중요한 특징은, 우리가 그 결과를 온몸으로 겪고 있을 때, 최초의 원인은 이미 저만치 앞서 흔적도 없이 사라진 뒤라는 사실이다. 행렬의 맨 뒤에서 차를 멈춰 세운 운전자가 한숨을 내쉴 때, 맨 앞에서 사소한 감속을 했던 첫 번째 운전자는 이미 정체 구간을 유유히 빠져나가 다시 쾌속으로 질주하고 있다. 그는 자신이 쏘아 올린 작은 공이 거대한 시스템의 연착을 거쳐, 수 킬로미터 뒤에서 수많은 사람의 시간을 멈춰 세우는 대혼란을 일으켰다는 사실조차 인지하지 못한다.

이것이 바로 시스템이 만들어내는 딜레마다. 우리는 원인이 아니라 오직 결과의 한가운데에 놓여있다. 정체의 고통을 겪는 이들에게는 명확한 책임의 주체도, 해결을 요구할 대상도 존재하지 않는다. 그저 영문 모를 결과 속에서 무력하게 시간을 흘려보낼 뿐이다. 이미 사라져버린 원인을 찾아 책임을 묻는 것은 불가능하며, 설사 찾아낸다 한들 그것은 너무나 사소해서 비난할 가치조차 없다. 문제는 원인 제공자의 악의나 실수가 아니라, 그 사소한 행위를 거대한 결과로 증폭시킨 시스템의 구조 그 자체에 있기 때문이다.

이러한 원인과 결과의 시공간적 분리는 우리 사회의 거의 모든 시스템 문제에서 동일하게 발견된다. 수십 년 전, 특정 산업을 위해 무심코 통과시킨 법안 하나(사라진 원인)가 오늘날 해결하기 어려운 환경 문제(남아있는 결과)를 낳는다. 과거 세대가 저지른 역사적 과오(사라진 원인)는 그 시대를 살아보지 않은 후손들에게 깊은 사회적 갈등(남아있는 결과)을 남긴다. 이처럼 우리는 종종 이미 떠나버린 유령이 남긴 뒷모습과 싸우고 있는 셈이다. 눈앞의 문제를 해결하기 위해 원인을 추적하지만, 그 원인은 이미 과거의 시간 속에 박제되어 손에 잡히지 않는다.

 결국 시스템의 연착을 이해한다는 것은, 이처럼 원인이 사라진 결과의 세계를 인정하는 것에서부터 시작된다. 눈앞의 현상만을 보고 성급하게 개인의 책임을 묻는 대신, 그 현상을 만들어낸 보이지 않는 구조와 축적된 시간의 무게를 읽어내려는 노력이 필요하다. 유령 정체는 우리에게 경고한다. 당신이 지금 겪고 있는 문제의 진짜 원인은 당신의 눈앞이 아닌, 당신이 알지 못하는 아득히 먼 시간과 공간에 있을 수 있다고. 그리고 그것이 바로 우리가 거대한 사회 시스템 앞에서 자주 무력감을 느끼는 이유라고 말이다.

4장. 주식 시장을 예측하려는 시도
– 일목균형표와 정보의 시간차

앞선 3장에서 우리는 '유령 정체' 현상을 통해, 명확한 원인이 보이지 않음에도 시스템의 구조적 문제만으로 거대한 '연착'이 발생하는 물리적 현실을 살펴보았다. 이는 시스템의 딜레이가 개인의 의지를 넘어서는, 불가해하고 압도적인 힘으로 작동할 수 있음을 보여준다. 그렇다면 인간은 이러한 시스템의 불가해한 연착 앞에서 속수무책으로 당하기만 했을까? 아니면 이 혼돈 속에서 질서를 찾아내고 미래를 예측하려는 시도를 했을까?

이 질문에 일생을 바쳐 답하려 한 인물이 있었으니, 바로 일본의 언론인 호소다 고이치(細田悟一)다. 필명인 '이치모쿠 산진(一目山人)', 즉 '산속의 한 남자가 밖을 내다본다'는 뜻처럼, 그는 시장의 단기적인 소음에서 벗어나 거시적인 관점에서 시간의 흐름과 힘의 균형을 한눈에 파악하고자 했다. 그는 2차 세계대전 이전부터 수많은 학생들과 함께 20년이 넘는 세월 동안 이 시스템을 연구하고 검증한 뒤에야 1969년, 세상에 '일목균형표'를 공개했다. 이 개발 과정 자체가 '지연된 결과'와 '느린 반복'의 가치를 증명하는 하나의 서사다. 그의 목표는 주식 시장이라는 거대한 시스템의 과거, 현재, 미래를 하나의 차트 위에 펼쳐내어, 마치 일기예보처럼 시장의 흐름을 직관적으로 이해할 수 있는 '시간의 지도'를 만드는 것이었다.

이 장은 바로 호소다 고이치가 그린 이 정교한 '시간의 지도'를 파고든다. 우리는 일목균형표의 핵심 요소인 선행스팬이 어떻게 과거의 '지연된 정보'를 미래로 투영하여 예측의 영역을 구축하는지, 그리고 후행스팬이 어떻게 현재의 의미를 과거와 비교하여 '지연된 확증'을 구하는지 심도 있게 분석할 것이다. 이를 통해 시스템의 연착을 극복하고 미래를 예측하려는 인간의 가장 치열한 시도가, 역설적으로 또 다른 '시간차'와 '지연의 철학'을 얼마나 깊이 내포하고 있는지 탐구한다.

선행스팬 – 과거의 데이터를 미래로 보내는 '지연된 예측'

일목균형표를 구성하는 여러 요소 중에서도, 우리의 '연착'이라는 주제와 가장 깊이 맞닿아 있는 것은 단연 '선행스팬(先行スパン)'이다. 이름 그대로 '시간을 앞서가는 선'이라는 뜻의 선행스팬은 현재의 주가보다 한참 앞서, 미래의 영역에 구름(雲)의 형태로 미리 그려져 있다. 마치 미래를 예언하는 수정 구슬처럼, 차트 위에 펼쳐진 선행스팬은 우리에게 아직 오지 않은 미래의 지지와 저항 영역을 미리 보여주는 듯한 착각을 불러일으킨다. 어떻게 과거와 현

재의 데이터만을 가지고 미래의 지형도를 그리는 것이 가능할까?

그 비밀을 파헤쳐 보면, 선행스팬의 '예측'이 사실은 정교하게 계산된 '지연된 과거'의 투영임을 알 수 있다. 선행스팬은 현재로부터 26일, 혹은 52일 전의 과거 데이터(특정 기간의 고가와 저가의 평균 등)를 바탕으로 계산된다. 그리고 그 계산된 값을 단순히 미래의 시간 축(현재로부터 26일 앞선 지점)에 강제로 옮겨놓은 것에 불과하다. 즉, 미래를 그리는 이 신비로운 선은 사실 미래를 예언하는 것이 아니라, 과거의 정보를 시간 축 위에서 미래로 '이주'시킨 결과물이다. 미래의 저항이 거셀 것이라는 예측은, 과거의 특정 시점에 매수와 매도의 힘겨루기가 그만큼 치열했다는 '지연된 기록'에 다름 아니다.

결국 선행스팬은 미래를 보여주는 창이 아니라, 과거라는 거울을 미래라는 벽에 비춰보는 행위와 같다. 그것은 진정한 의미의 예측이라기보다는, 과거의 데이터, 즉 '지연된 정보'를 바탕으로 구성한 '지연된 예측'이다. 이 도구는 미래의 불확실성을 극복하려는 시도 속에서 역설적으로 '우리가 상상하는 미래란 결국 과거의 연장선이자 지연된 흔적의 재구성에 불과하다'는 진실을 폭로한다. 시스템의 딜레이를 앞서가려는 이 치열한 노력은, 아이러니하게도 우리 인간의 인식이 언제나 과거의 영향력이라는 딜레이 안에 갇혀 있음을 가장 선명하게 시각화해주는 셈이다.

후행스팬 – 현재의 의미를 과거에서 확인하는 '지연된 확증'

일목균형표가 미래를 예측하려는 야심 찬 시도라면, 동시에 현재의 의미를 규정하기 위해 과거를 끊임없이 돌아보는 철학적 성찰의 도구이기도 하다. 그 성찰의 중심에 바로 '후행(後行)스팬', 즉 '시간을 뒤따라가는 선'이 있다. 선행스팬이 미래의 영역에 그려지는 것과 정반대로, 후행스팬은 현재의 주가를 과거의 시간 축 위에 그려 넣는, 시간을 역주행하는 유령 같은 선이다. 미래를 예측하기 위해 만들어진 도구에 왜 이토록 노골적으로 '지연'되고 '후행'하는 장치를 포함시킨 것일까?

후행스팬의 작동 원리는 놀라울 정도로 단순하면서도 심오하다. 그것은 바로 '오늘의 종가'를 정확히 26일 전의 날짜에 점으로 찍어 선으로 연결한 것이다. 즉, 차트 위에서 후행스팬이 위치한 곳은 '지금의 가격'을 의미하고, 그 스팬과 부딪히는 26일 전의 주가 차트는 '과거의 가격'을 의미한다. 트레이더는 후행스팬이 과거의 주가보다 위에 있는지 아래에 있는지를 봄으로써, 현재의 추세가 얼마나 강력한지를 한눈에, 직관적으로 확인한다. 이것은 현재의 좌표를 과거라는 지도 위에 찍어봄으로써, 현재의 위치가 오르막인지 내리막인지를 가늠하는 행위와 같다.

이러한 기술적 장치는 '현재의 의미는 과거와의 관계 속에서만 규정된다'는 심오한 철학적 통찰을 시각화한다. 우리는 '지금'이라는 순간을 진공 상태에서 이해하지 못한다. '나는 지금 행복한가?'라는 질문은 과거의 불행했던 기억이나 평범했던 어제와의 비교를 통해 비로소 그 의미가 선명해진다. '이 프로젝트는 성공적인가?'라는 판단 역시, 과거의 실패 사례나 이전의 기준점과 대조할 때만 가능하다. 후행스팬은 바로 이 과정을 압축적으로 보여주는 '지연된 확증(Delayed Confirmation)'의 장치다. 현재의 사건(오늘의 가격)은 그 자체로 의미가 확정되는 것이 아니라, 과거의 시간 속으로 보내져 비교되고 나서야 비로소 그 의미(추세의 강도)를 인정받는 것이다.

결국 후행스팬은 우리에게 '이해는 언제나 늦게 온다'는 진실을 가르쳐준다. 선행스팬이 '과거의 지연된 데이터'로 미래를 예측했다면, 후행스팬은 '현재의 데이터'를 과거로 보내 그 의미를 지연된 채로 확증한다. 일목균형표는 이 두 개의 스팬을 통해 미래와 현재 모두 과거라는 '지연'의 거울을 통해서만 온전히 파악될 수 있음을 보여준다. 어떤 시스템이든, 사건의 발생과 그 의미의 이해 사이에는 극복할 수 없는 시간차가 존재하며, 진정한 앎이란 이 '지연'의 구조를 받아들이는 데서 시작되는 것이다.

하나의 차트, 세 개의 시간 – 연착을 한눈에 보는 지혜

선행스팬이 과거의 데이터를 미래로 보내는 '지연된 예측'이라면, 후행스팬은 현재의 데이터를 과거로 보내 그 의미를 찾는 '지연된 확증'이다. 이 서로 다른 방향을 향하는 두 개의 시간적 벡터가 '일목균형표'라는 하나의 평면 위에서 공존한다는 사실이야말로, 창시자 호소다 고이치가 도달한 가장 심오한 철학적 통찰이다. 이 차트는 단순히 미래를 예측하거나 현재를 확인하는 도구를 넘어, 우리가 시간을 인식하는 방식을 근본적으로 뒤흔든다.

우리의 일상적인 시간관은 '과거 → 현재 → 미래'로 흐르는 단선적이고 순차적인 흐름이다. 그러나 일목균형표 위에서는 이 질서가 해체된다. 사용자는 '현재'의 가격을 보면서, 동시에 26일 '미래'의 영역에 그려진 구름(선행스팬)을 통해 과거가 만들어낸 미래의 저항을 읽어내고, 26일 '과거'의 영역에 찍힌 점(후행스팬)을 통해 현재의 의미를 재확인한다. 즉, 과거와 현재, 그리고 미래라는 세 개의 시간이 하나의 시야 안에 동시에 들어와 서로를 규정하고 해석하는, 복잡하고 다층적인 시간의 지도가 펼쳐지는 것이다.

이것이야말로 '일목(一目)', 즉 '한눈에 본다'는 것의 진정한 의미다. 호소다 고이치가 산 위에서 내려다보고자 했던 것은 단순히 내일의 주가가 오를지 내릴지에 대한 정보가 아니었다. 그것은 과거의 관성이 미래를 어떻게 구속하는지(선행스팬), 그리고 현재의 가치가 과거와의 관계 속에서 어떻게 결정되는지(후행스팬)를 포함한, 시간의 총체적인 역학 관계였다. 그는 미래를 예측하는 가장 좋은 방법이 미래 그 자체가 아니라, 과거와 현재, 미래 사이에 얽혀 있는 '지연'과 '연착'의 구조를 한눈에 꿰뚫어 보는 것임을 알았던 것이다.

결론적으로 일목균형표는 우리에게 시스템을 이해하는 새로운 관점을 제시한다. 어떤 시스템의 현재 상태를 올바르게 파악하기 위해서는 단순히 '지금 여기'에만 집중해서는 안 된다. 우리는 과거의 데이터가 만들어내고 있는 미래의 가능성(선행스팬)과, 과거의 데이터와 비교될 때 비로소 드러나는 현재의 진짜 의미(후행스팬)를 동시에 고려해야 한다. 시스템의 연착을 극복하려던 인간의 가장 정교한 시도는, 역설적으로 우리에게 '지연'과 '시차'를 긍정하고, 그 복잡한 시간의 그물망을 읽어내는 것이야말로 진정한 지혜임을 가르쳐준다. 진정한 통찰은 미래를 맞추는 것이 아니라, 모든 것의 필연적인 '연착'을 한눈에 감당하는 데 있다.

5장. 사람들이 '이제야 깨달았다'고 말할 때

"아, 이제야 알겠네!" 또는 "그때는 미처 몰랐는데, 이제 와서 보니 그랬던 거였어." 우리는 살면서 이런 말을 참 많이 한다. 어떤 사실이나 관계, 혹은 현상의 본질을 '지금' 눈앞에서 직접 보고 있음에도 불구하고, 그것이 가진 진정한 의미나 함의를 파악하는 데는 오랜 시간이 걸릴 때가 많다. 마치 안개가 자욱한 길을 걷다가 어느 순간 안개가 걷히며 풍경이 선명해지듯이, '깨달음'은 종종 '지연된' 형태로 우리에게 '연착(延着)'한다. 왜 우리는 눈앞의 진실을 즉시 인지하지 못하고, 한참 뒤에야 비로소 '이제야 깨달았다'고 말하게 되는 것일까?

정보의 과부하와 인식의 필터

가장 큰 이유는 우리가 매 순간 겪는 정보의 과부하 때문이다.

현대 사회는 엄청난 양의 정보로 넘쳐난다. 우리의 뇌는 이 모든 정보를 즉시 처리할 수 없기 때문에, 중요한 정보만을 선별적으로 받아들이는 일종의 '필터'를 작동시킨다. 이때, 우리의 기존 신념, 경험, 관심사가 필터의 역할을 한다. 당장은 중요하다고 인식하지 못했던 정보나, 기존의 사고방식과 충돌하는 내용은 쉽게 간과되거나 무시된다.

예를 들어, 어떤 이가 건강에 좋지 않은 습관을 가지고 있다고 해보자. 주변에서 아무리 조언하고, 건강 프로그램에서 경고해도, 당장은 그 심각성을 깊이 깨닫지 못한다. '설마 나에게?'라는 생각이 필터 역할을 할 수 있다. 그러다 건강 검진 결과에 이상이 생기거나, 주변 사람이 비슷한 이유로 고통받는 것을 보고 나서야 비로소 '아, 정말 큰일이구나!' 하고 뒤늦게 깨닫는다. 이 깨달음은 정보가 '지금' 전달되지 않아서가 아니라, 그 정보의 진정한 의미가 '지연된 시간'을 통해 내면화되었기 때문이다.

경험의 축적과 관점의 변화

깨달음의 지연은 경험의 축적과도 밀접하게 관련되어 있다. 어린 시절에는 이해하지 못했던 부모님의 말씀이 나이가 들어 자신이 부모가 되어보니 비로소 깊이 공감되는 경우가 있다. 학창 시절에는 그저 어려운 개념으로만 생각했던 지식이, 사회생활을 하며 특정 문제에 직면하고 나서야 비로소 그 중요성을 '뼈저리게' 느끼는 경우도 있다.

이처럼 시간과 함께 쌓이는 경험은 우리에게 새로운 관점과 통찰을 제공한다. 이전에는 보이지 않던 연결고리가 보이고, 흩어져 있던 정보들이 하나의 의미 있는 그림으로 맞춰진다. 이는 마치 낡은 사진첩을 다시 들여다보는 것과 같다. 과거의 사진을 지금 다시 보면, 그 당시에는 미처 몰랐던 표정이나 배경의 의미를 '이제야' 발견하게 되는 것처럼, 우리의 인식 또한 시간이 흐르면서 '지연된 통찰'을 얻게 되는 것이다.

사회적 깨달음의 긴 호흡

개인적인 깨달음뿐만 아니라, 사회적인 깨달음 역시 긴 호흡의 시간을 필요로 한다. 환경 문제, 사회적 불평등, 역사적 과오 등 거대한 사회적 문제들은 수십 년, 때로는 수백 년에 걸쳐 인식이 변화하고 나서야 비로소 해결의 움직임을 보인다. 예를 들어, 과거에는 당연시되었던 성차별적 발언이나 행동들이 이제 와서는 심각한 문제로 인식되는 것도 그렇다. 당시에는 '이제야 깨달았다'고 말하는 순간이 없었고, 수많은 논의와 저항, 그리고 고통의 시간을 거쳐야만 비로소 '이제야 깨달았다'는 집단적 인식이 형성된다.

결국, 우리가 무언가를 '이제야 깨달았다'고 말하는 순간은, 단순히 정보가 '지금' 전달된 것이 아니라, 그 정보가 우리 내면에서 충분히 숙성되고, 다양한 경험과 연결되어, 마침내 하나의 의미 있는 형태로 '지연되어 도착'한 연착의 순간이다. 조급함 없이 시간의 흐름 속에서 우리의 인식과 이해가 자연스럽게 성장하도록 기다려주는 것이야말로, 진정한 깨달음을 얻는 지혜로운 방식일 것이다.

6장. 뉴스는 속보지만, 진실은 지연된다

 우리는 아침에 눈을 뜨자마자 스마트폰으로 밤사이 전 세계에서 일어난 '속보'를 확인하고, 실시간 검색어로 가장 뜨거운 이슈를 파악한다. 방송사들은 '단독', '긴급', '속보'라는 자막을 연이어 띄우며 가장 빠르게 정보를 전달하려 애쓴다. 현대 사회에서 '뉴스'는 곧 '속도'의 대명사가 되었고, 지연 없이 '지금, 바로' 일어나는 사건을 전달하는 것이 언론의 미덕처럼 여겨진다. 하지만 이처럼 빠르게 소비되는 뉴스 속에서 과연 '진실'도 그만큼 빠르게 우리에게 도달하는 것일까?

속보의 유혹과 정보의 지연

 '속보(速報)'는 이름 그대로 속도를 생명으로 삼는다. 사건이 발생했다는 사실, 누가, 무엇을, 언제, 어디서 했는지 등 표면적인 사실(Fact)의 파편을 가장 빠르게 대중에게 전달하는 데 그 목적이 있다. 그러나 이 과정조차 우리가 생각하는 완전한 '실시간'은 아니다. 사건 현장의 취재원이 스마트폰으로 촬영한 영상은 통신망을 거쳐 편집국으로 전송되고, 데스크의 판단과 편집을 거쳐 플랫폼에 송출되기까지, 아무리 빨라도 수십 초에서 수 분의 물리적인 '딜레이'가 필연적으로 발생한다. 우리가 목격하는 '실시간 중계'는 사실상 '가장 지연이 적은 과거'일 뿐이며, 속도 경쟁 속에서 정교하게 연출된 '즉시성의 퍼포먼스'에 가깝다.

더 큰 문제는, 속보가 전달하는 단편적인 '사실'과 우리가 추구해야 할 총체적인 '진실(Truth)' 사이에 존재하는 깊은 간극이다. 진실은 단순히 낱개의 사실들을 모아놓은 것에 그치지 않는다. 그것은 사건의 역사적 배경, 복잡한 인과관계, 행위의 숨겨진 동기, 그리고 사회적 맥락까지 아우르는, 오랜 숙고와 검증을 통해 비로소 드러나는 입체적인 얼굴을 하고 있다. 만약 사실이 하나의 '점'이라면, 진실은 수많은 점들을 연결하고 그 관계를 해석하여 완성하는 거대한 '지도'와 같다. 속보는 우리에게 무수히 많은 점을 던져줄 수는 있지만, 그 지도를 완성할 시간을 허락하지 않는다.

바로 이 지점에서 '속보의 유혹'이 작동한다. 디지털 미디어 환경이라는 무한 경쟁의 시장에서, 언론사는 '진실의 깊이'보다 '정보의 속도'로 주목받는다. 다른 매체보다 1분이라도 먼저 보도하는 것이 생존의 조건이 되면서, 충분한 검증이나 심층적인 분석이라는 '지연된 과정'은 사치로 여겨지기 쉽다. '일단 보도하고, 아니면 말고' 식의 태도는, '지금 당장' 대중의 이목을 끌 수 있는 자극적인 정보나 확인되지 않은 소문을 쫓게 만든다. 이는 진실을 향한 여정에서 가장 중요한 '기다림'의 가치를 스스로 포기하는 행위다.

결국 속보 경쟁은 종종 오보나 왜곡된 정보를 양산하고, 대중에게 돌이킬 수 없는 혼란을 야기한다. 잘못된 정보가 한번 '속보'라는 이름으로 전파되고 나면, 그것은 대중의 머릿속에 강력한 첫인상으로 각인된다. 며칠 뒤에 나오는 '정정보도'나 심층 분석 기사는 이 첫인상을 완전히 뒤집기 어렵다. 정정보도야말로, 이미 떠나버린 버스 뒤를 쫓아가는 '지연된 진실'의 가장 허무한 형태다. 이처럼 속보의 유혹은 진실을 지연시킬 뿐만 아니라, 때로는 진실이 도착할 자리를 영원히 빼앗아 버리기도 한다.

진실은 왜 '연착'하는가

진정한 진실은 시간이 지남에 따라 점진적으로 드러나는 경우가 많다.

- 다각적인 검증의 시간: 사건 발생 초기에는 혼란스럽고 불확실한 정보가 많다. 여러 출처의 정보를 비교하고 교차 검증하며, 전문가의 분석을 기다려야 한다. 이 과정은 짧게는 며칠, 길게는 몇 주, 몇 달이 걸린다. 예를 들어, 대형 사건의 원인을 규명하거나, 복잡한 비리 사건의 실체를 파헤치는 데는 상당한 시간이 소요된다. 언론의 탐사 보도나 사법 기관의 수사 역시 이 '지연된 검증'의 시간을 통해 진실에 다가간다.
- 숨겨진 맥락의 발굴: 진실은 표면 아래에 숨겨진 맥락과 배

경을 이해할 때 비로소 완전해진다. 어떤 사건이 왜 일어났는지, 어떤 역사적·사회적 원인이 있었는지 등은 단번에 파악하기 어렵다. 시간이 흐르고 다양한 관점과 자료가 축적되어야만 비로소 '큰 그림'이 그려지고, 숨겨진 진실이 '연착(延着)'하여 우리에게 도착한다.

- 여론의 숙성과 변화: 진실이 사회적으로 받아들여지는 데에도 시간이 걸린다. 새로운 사실이 밝혀져도 기존의 통념이나 이해관계와 충돌할 경우, 대중은 이를 쉽게 수용하지 못하기도 한다. 사회적 논의와 논쟁, 그리고 공론화 과정을 거쳐 여론이 서서히 숙성될 때 비로소 진실은 비로소 그 힘을 얻고 사회적 변화를 이끌어낼 수 있다.

이처럼 뉴스는 '속보'로써 '지금'을 전달하지만, '진실'은 '지연'된 시간을 통해 '연착'하여 도착한다. 우리는 '실시간'이라는 환상에 매몰되어 즉각적인 정보를 소비하려 하지만, 진정한 이해와 성찰을 위해서는 '기다림'이 필요하다. 찰나의 속보가 아닌, 시간이 지나며 드러나는 진실의 느린 흐름을 이해하고 존중할 때, 우리는 더욱 현명하게 세상을 바라보고 판단할 수 있을 것이다.

7장. SNS는 즉시성을 강요한다 – 말과 판단의 착시

현대인의 손에 들린 스마트폰은 단순한 통신 기기를 넘어, 세상과 소통하는 창이 되었다. 그 중심에는 소셜 네트워크 서비스(SNS)가 있다. 우리는 SNS를 통해 '지금 이 순간'의 생각, 감정, 경험을 실시간으로 공유하고, 친구들의 '현재'를 쉴 새 없이 받아본다. 좋아요, 댓글, 리트윗(공유)은 클릭 한 번으로 이루어지고, 수많은 정보가 물밀듯이 쏟아진다. SNS는 우리에게 '즉시성'이라는 강력한 환상을 심어주며, 모든 것이 지연 없이 '지금, 바로' 연결되는 듯 보인다. 하지만 이 맹목적인 즉시성 속에서 우리의 '말'과 '판단'은 깊은 '착시'에 빠지곤 한다.

즉각적인 말의 함정 – 숙고 없는 발화

SNS는 생각을 다듬고 숙고할 시간을 주지 않는다. 짧은 글, 즉각적인 사진이나 영상은 생각나는 대로 올리도록 유도한다. 이는 곧 '말의 지연'이 사라진 환경을 만든다. 우리는 실제 대화에서 말을 하기 전 잠깐 멈추어 생각하거나, 중요한 문서는 여러 번 퇴고를 거친다. 이런 '지연된 발화'의 과정은 실수를 줄이고, 메시지를 더 명확하게 만들며, 상대방을 배려할 기회를 제공한다.

하지만 SNS에서는 이 과정이 생략된다. 누군가의 글에 분노하거나 감동하는 즉시 댓글을 달고, 생각 없는 리트윗을 누른다. '지금' 느껴지는 감정을 '지금' 표출하는 것에 익숙해지면서, 그 말의 파장이나 이후의 결과를 생각하는 '지연된 숙고'의 단계가 사라진다. 결과적으로 오해를 낳는 거친 말, 되돌릴 수 없는 비난, 경솔한 판단이 여과 없이 쏟아져 나오게 된다. 이는 훗날 '그때 왜 그랬을까?' 하고 후회하게 만드는 '지연된 깨달음'으로 돌아오곤 한다.

'지금' 보이는 것의 착시 – 판단의 왜곡

SNS는 세상을 실시간으로 보여주는 듯하지만, 사실은 '조작된 현재'를 보여주는 경우가 많다. 인스타그램 피드의 완벽한 사진은 수십 번의 보정 과정을 거쳤고, 트위터의 짧은 문장은 복잡한 맥락의 극히 일부일 뿐이다. 우리는 타인의 '가장 빛나는 순간'만을 실시간으로 접하며 자신과 비교하고 좌절한다. 이는 '타인의 지연된 노력'이 편집된 결과물인데도 불구하고, 마치 타인은 '지금, 이 순간' 완벽한 삶을 사는 것처럼 착각하게 만든다.

또한, 빠르게 확산되는 정보 속에서 우리는 '지금' 당장 유행하는 의견이나 감정에 휩쓸리기 쉽다. 충분한 정보를 탐색하고, 비판적으로 사고하며, 다양한 관점을 고려하는 '지연된 판단'의 과정이 생략된 채, '지금'의 여론에 휩쓸려 성급한 결정을 내리게 된다. 이는 가짜 뉴스에 쉽게 속거나, 특정 인물이나 사건에 대해 섣부른 낙인을 찍는 결과를 초래하기도 한다. 진실이 '연착'하여 드러나기도 전에, SNS의 즉시성 속에서 우리의 판단은 이미 왜곡되어 버린다.

'지연'이 필요한 소통과 판단

결국, SNS는 우리가 '지금' 모든 것을 알 수 있고, '지금' 모든 것을 표현해야 한다는 강박을 심어주지만, 이는 사실 '말과 판단의 지연'이 사라진 공허한 착시일 수 있다. 진정한 소통은 상대방의 말을 듣고, 생각하고, 반응하는 '간극'을 통해 깊어진다. 현명한 판단은 다양한 정보를 수집하고, 숙고하며, 때로는 기다리는 '지연된 시간'을 통해 완성된다.

SNS가 제공하는 즉시성이 편리함을 주지만, 우리는 그 이면에 숨겨진 '말과 판단의 지연'의 중요성을 기억해야 한다. '지금 당장'의 반응보다는 '조금 늦게' 다듬어진 말이, '순간의 감정'보다는 '숙고된 시간'을 거친 판단이 우리 삶을 더욱 풍요롭고 지혜롭게 만들 것이다. 모든 존재가 '연착'하듯이, 우리의 말과 판단 또한 자신만의 '익는 시간'을 필요로 한다.

8장. SNS는 누가 먼저 말하느냐의 전쟁이다

현대 사회의 정보 유통은 마치 총성 없는 전쟁터와 같다. 특히 SNS는 이 전쟁의 최전선이다. 어떤 사건이 터지면, 관련 정보는 눈 깜짝할 사이에 전 세계로 퍼져나간다. 이때 중요한 것은 '누가 먼저 말하느냐'이다. 최초로 정보를 올린 사람, 가장 먼저 이슈를 제기한 계정, 가장 빠르게 반응한 미디어는 순식간에 주목받고 여론을 선점하는 힘을 얻는다. SNS는 '지연'을 허용하지 않는, '속도'가 곧 권력이 되는 전쟁터가 되었다.

선점 효과와 진실의 왜곡

정보의 선점 효과는 생각보다 강력하다. 어떤 사건에 대해 가장 먼저 올라온 정보는 사람들의 뇌리에 가장 먼저 각인되고, 이후에 들어오는 정보들을 해석하는 일종의 '프레임(frame)' 역할을 한다.

설령 그 첫 정보가 불완전하거나 심지어 오보일지라도, 이미 형성된 프레임을 깨고 진실을 바로잡는 것은 매우 어려운 일이다.

예를 들어, 어떤 유명인에 대한 루머가 SNS에 '속보'처럼 퍼졌다고 해보자. 사람들은 즉시 그 루머를 사실로 받아들이고 비난을 쏟아낸다. 나중에 해당 유명인이 해명하거나 진실이 밝혀져도, 이미 형성된 부정적인 이미지는 쉽게 사라지지 않는다. 최초의 루머가 퍼지는 데 걸린 시간은 단 몇 분, 몇 시간이었지만, 그 루머로 인해 훼손된 명예가 회복되는 데는 훨씬 긴 '지연된 시간'과 노력이 필요하다. 심지어 완전히 회복되지 못하는 경우도 많다.

이처럼 SNS는 '진실이 연착(延着)하기 전에' 루머나 왜곡된 정보가 먼저 도착하여 여론을 장악하는 현상을 심화시킨다. '누가 먼저 말했는가'가 '무엇이 진실인가'보다 중요해지면서, 정보의 깊이나 신뢰성보다는 속도와 자극성이 우선시되는 경향이 나타난다.

'반응의 지연'이 허용되지 않는 압박

SNS는 또한 개인과 조직에게 '즉각적인 반응'을 강요한다. 어떤 논란이 발생했을 때, 관련 당사자가 즉시 해명하거나 입장을 밝히지 않으면 '침묵은 긍정'이라거나 '회피한다'는 비난에 직면하기 쉽다. 충분히 사실 관계를 파악하고, 신중하게 입장을 정리하며, 법률적 검토를 거치는 '지연된 숙고'의 시간은 용납되지 않는다.

이러한 압박 속에서 개인이나 기업은 성급하게 대응하여 오히려 상황을 악화시키거나, 불완전한 정보로 인해 또 다른 오해를 낳기도 한다. '지금 당장' 말해야 한다는 강박은 때로 진정성 있는 소통을 방해하고, 깊이 있는 논의를 가로막는다. '누가 먼저 말하느냐'의 경쟁은 결국 '말의 질'보다는 '말의 속도'를 중시하는 문화를 만들고, 이는 사회 전반의 피로도를 높이는 원인이 된다.

지연을 통한 역설적 승리

하지만 이 '속도 전쟁' 속에서도 역설적으로 '지연의 지혜'를 통해 승리하는 경우가 있다. 섣부르게 반응하지 않고, 충분한 시간을 들여 진실을 파악하고, 명확하고 진정성 있는 메시지를 준비한 뒤에야 비로소 입장을 밝히는 전략이다. 물론 그 사이 비난의 화살을 맞을 수도 있지만, 결국 진실은 시간이 지나면 드러나기 마련이고, 그때 '지연된 반응'은 오히려 신뢰와 진정성을 확보하는 강력한 무기가 될 수 있다.

SNS가 '누가 먼저 말하느냐'의 전쟁터가 된 것은 분명하다. 하지만 이 전쟁에서 진정으로 승리하는 것은 찰나의 속도에 집착하는 것이 아니라, '지연'의 가치를 이해하고, 진실이 '연착'하여 도달할 때까지 인내하며, 숙고된 메시지를 준비할 줄 아는 지혜를 가진 자일 것이다.

9장. 법은 사건 이후에만 반응한다
– 제도와 책임의 시간차

우리는 사회 질서가 유지되고 개인의 권리가 보호받는 데 '법'이 핵심적인 역할을 한다고 믿는다. 법은 불의를 심판하고, 책임을 묻고, 피해를 구제하는 최종적인 보루처럼 여겨진다. 하지만 자세히 들여다보면, 법은 결코 '지금 이 순간'에 즉각적으로 개입하는 존재가 아니다. 법은 항상 '사건 이후'에만 반응하는, 본질적으로 '지연된(delayed) 시스템'이다. 범죄가 발생하고, 분쟁이 터지고, 피해가 현실화된 뒤에야 비로소 법의 바퀴는 움직이기 시작한다. 왜 법은 이토록 '사건 이후'에만 작동하며, 책임은 항상 '시간차'를 두고 우리에게 '연착(延着)'하는 것일까?

사건 발생과 법의 '사후' 작동 원리

법의 '사후 작동' 원리는 그 역할에서 기인한다. 법의 주요 기능

중 하나는 이미 발생한 사회적 갈등이나 위반 행위를 해결하고, 그에 대한 책임을 묻는 것이다. 미래에 일어날 일을 미리 예측하여 모든 상황에 대응하는 것은 불가능하며, 현실적으로도 적절하지 않다. 따라서 법은 명백한 사건이 발생하고 그 피해가 구체적으로 드러나야만 비로소 수사, 기소, 재판이라는 절차를 개시한다.

예를 들어, 음주운전 사고가 발생했다고 가정해 보자. 사고가 난 '지금'이 아니라, 사고가 발생한 '이후'에야 경찰이 출동하고, 조사가 시작되며, 가해자에 대한 법적 절차가 진행된다. 피해자가 고통받고, 사회적 분노가 치솟는 '지금'에도 법은 사건을 파악하고 증거를 수집하며, 여러 이해관계자의 진술을 듣는 '지연된 과정'을 거친다. 아무리 중대한 범죄라도, 법은 시간을 거슬러 사건 발생 직전으로 돌아가 미리 막을 수는 없으며, 오직 '사건 이후'의 결과에 대해 반응할 뿐이다.

책임 규명과 지연된 정의

이러한 '사후 작동' 원리는 책임이 규명되는 과정에도 필연적인 지연을 가져온다. 어떤 사건에 대한 책임 소재를 명확히 가리는 것은 복잡한 작업이다. 가해자가 누구인지, 그에게 어떤 과실이 있는지, 피해 범위는 어디까지인지 등은 면밀한 조사를 통해서만 드러난다. 증거 불충분, 증인 확보의 어려움, 법률 해석의 차이 등 수많은 변수가 책임 규명을 지연시킨다.

특히 기업 비리나 대형 참사처럼 복잡하게 얽힌 사건의 경우, 진정한 책임자가 누구인지, 그 책임의 범위는 어디까지인지 밝혀내는 데 수년이 걸리기도 한다. 피해자들의 고통과 사회적 요구는 '지금 당장' 책임자를 처벌하라고 외치지만, 법은 서두르지 않는다. 이는 오판의 위험을 줄이고, 모든 당사자의 방어권을 보장하기 위한 최소한의 안전장치이지만, 동시에 정의와 책임이 우리에게 '지연된 형태로 연착'할 수밖에 없는 이유가 된다.

법의 한계와 지연의 의미

물론 법은 예방적 기능도 가진다. 특정 행위를 불법으로 규정하여 범죄를 억제하거나, 안전 기준을 마련하여 사고를 미연에 방지하려 노력한다. 하지만 이러한 예방적 기능조차도 과거에 발생했던 사건이나 잠재적 위험에 대한 '지연된 학습'의 결과물인 경우가 많다. 즉, 이미 한번 피해를 경험했거나 위험성을 인지한 '이후'에야 비로소 새로운 법이나 제도를 만들어 미래를 대비하는 것이다.

결국, 법은 인간 사회의 불완전성을 인정하고, 그 속에서 정의와 질서를 추구하는 '지연된 지혜'를 상징한다. 법은 찰나의 감정이나 즉각적인 복수심에 따라 움직이지 않는다. 대신 사건이 충분히 '익고', 진실이 충분히 '드러나며', 책임이 충분히 '규명될' 시간을 기다린다. 이러한 '지연'은 때로는 답답하고 분노를 유발하기도 하지만, 동시에 성급한 판단을 막고 더 견고하고 보편적인 정의를 구현하기 위한 필수적인 시간이기도 하다. 법은 우리에게 '지금 당장' 모든 것을 해결할 수 없음을, 그리고 진정한 책임과 정의는 항상 '시간차'를 두고 '연착'한다는 사실을 일깨워준다.

10장. 문명은 항상 늦게 돌아본다
– 위기와 반성의 지연

인류의 역사는 끊임없는 발전과 함께 수많은 위기의 연속이었다. 전염병, 환경 파괴, 경제 위기, 전쟁 등 문명을 위협하는 거대한 문제들은 늘 존재해왔다. 그런데 흥미로운 점은, 이러한 위기가 닥쳤을 때 인류는 '지금, 바로' 그 심각성을 온전히 인지하고 즉각적으로 효과적인 해결책을 마련하기보다는, 상당한 '지연'을 거친 후에야 비로소 그 본질을 깨닫고 반성하며 대응한다는 점이다. 마치 문명은 항상 뒤를 돌아보며 과거의 실수를 통해 배우는, 본질적으로 '지연된 성찰'의 시스템처럼 보인다.

위기의 '지금'과 반성의 '나중'

위기가 닥쳤을 때, 인류는 종종 눈앞의 현상에만 급급하거나, 단기적인 해결책에 매달린다. 예를 들어, 산업 혁명 이후 대기 오염과 환경 파괴의 징후는 일찍이 나타났지만, 당시에는 '산업 발전'이라는 거대한 목표 아래 그 심각성이 간과되었다. 수십 년, 혹은 한 세기가 지난 후에야 기후 변화가 인류 생존을 위협하는 심각한 문제임을 '이제야' 깨닫고 전 지구적인 반성과 대응이 시작되었다. 이처럼 위기의 '지금'은 종종 혼돈과 부인으로 가득 차 있고, 진정한 반성과 성찰은 '나중'에야, 즉 '지연된 시간'을 통해 '연착(延着)'하는 경향이 있다.

이는 인간의 인지적 한계와도 관련이 깊다. 당장의 이익이나 편안함에 익숙해진 문명은, 눈앞에 닥친 위기가 가져올 장기적인 파멸을 쉽게 상상하지 못한다. 또한, 위기의 원인이 복잡하게 얽혀 있을수록, 그 본질을 파악하고 집단적인 합의를 이루는 데는 더 많은 시간이 필요하다. '지금'의 위기 속에서 성급하게 내린 결정은 또 다른 문제를 야기하기도 한다.

재앙이 가르쳐주는 '지연된 학습'

문명은 종종 거대한 재앙을 겪고 나서야 비로소 중요한 교훈을 얻는다. 팬데믹이 발생했을 때, 초기에는 바이러스의 특성을 이해하지 못하고 우왕좌왕했지만, 수많은 희생과 고통을 겪은 후에야 방역 시스템을 정비하고 백신을 개발하는 등 '지연된 학습'을 통해 대응 능력을 키웠다. 경제 위기 역시 마찬가지다. 금융 시스템의 취약점이 드러나 대공황이나 외환 위기를 겪고 나서야 비로소 금융 규제를 강화하고 재발 방지책을 마련하는 '지연된 반성'이 이루어진다.

이러한 '지연된 학습'은 문명의 발전 과정에서 필연적으로 나타나는 현상이다. 우리는 모든 것을 미리 예측하고 완벽하게 대비할 수 없기 때문에, 시행착오를 통해 배우고, 과거의 실수를 돌아보며 미래를 준비한다. 즉, 위기가 '지금' 닥쳐와도, 그 위기로부터 얻는 진정한 교훈과 반성은 항상 '시간차'를 두고 우리에게 '도착'하는 것이다.

지연된 반성이 주는 희망

문명이 항상 늦게 돌아본다는 사실은 때로 절망적으로 들릴 수 있다. 하지만 동시에 이는 희망의 메시지이기도 하다. 아무리 큰 위기라도, 인류는 결국 '지연된 반성'을 통해 성장하고 진화해왔기 때문이다. 과거의 실수를 '이제야' 깨닫고, 그로부터 교훈을 얻어 더 나은 미래를 만들어가는 것이 바로 문명의 지속 가능성을 담보하는 힘이다.

중요한 것은 이 '지연'의 시간을 최소화하려는 노력이다. 위기의 징후가 보일 때 '지금'부터 경각심을 갖고, 과거의 역사를 통해 '지연된 학습'의 속도를 높이며, 미래를 향한 '지연된 성찰'을 멈추지 않는다면, 문명은 더욱 현명하게 위기에 대응하고 지속적으로 '연착'하여 발전할 수 있을 것이다. '문명은 항상 늦게 돌아본다'는 것은 단순한 비판이 아니라, 인류의 성숙을 위한 필연적인 '지연'의 과정을 의미한다.

9부
자본주의와 기술의 딜레이
– 속도의 함정

　우리는 자본주의와 기술이 '속도'를 숭배하는 시대에 살고 있다. 금융 시장은 1초에도 수천 번씩 거래를 체결하고, 신기술은 어제의 혁신을 오늘의 낡은 것으로 만든다. '지금, 바로' 결과를 내지 못하면 도태된다는 강박이 사회 전체를 지배한다. 이처럼 자본주의와 기술은 모든 '지연(Delay)'을 제거하고 무한한 속도를 추구하는 것처럼 보인다. 하지만 그 화려한 속도의 이면을 깊이 들여다보면, 이 시스템들이 오히려 '딜레이'를 교묘하게 활용하고, 때로는 '딜레이'를 상품화하며, 필연적인 '시간차' 속에서 작동하고 있음을 발견하게 된다.

　9부 '자본주의와 기술의 딜레이 – 속도의 함정'은 바로 이 역설을 파헤친다. 우리는 금리가 어떻게 과거의 '지연된 정보'를 통해 미래를 예측하려 하는지, 주식 시장이 어떻게 '과거의 실적'과 '미래의 기대'라는 거대한 시간차 속에서 움직이는지를 살펴볼 것이다. 또한, '지금' 소비하고 '나중에' 결제하는 신용 시스템의 본질과, 경제 위기가 어떻게 오랜 시간 '지연되어' 축적된 문제들이 갑자기 터져 나오는 현상인지를 분석한다.

 더 나아가, 이 부는 기술이 아무리 빨라도 그것을 받아들이는 인간의 인지는 '느리다'는 근본적인 딜레이를 조명하고, '실시간'이라는 디지털 시대의 가장 큰 착각을 해부한다. 궁극적으로 자본주의와 기술이 약속하는 '속도'가 어떻게 우리를 더 깊은 '지연의 함정'에 빠뜨리는지, 그리고 그 속에서 우리가 잃지 말아야 할 시간적 통찰은 무엇인지 탐구할 것이다.

1장. 금리는 과거를 보고 정한다
– 경제는 예측으로 움직인다

현대 경제는 예측의 전쟁터다. 기업은 미래 수요를 예측해 생산량을 정하고, 투자자는 미래 가치를 예측해 주식을 산다. 그리고 국가 경제의 방향을 결정하는 중앙은행은 '금리'라는 가장 강력한 도구를 통해 미래 물가와 경기를 조절하려 한다. 금리가 오르면 대출이 어려워져 투자가 위축되고 물가가 진정되며, 금리가 내리면 투자가 활성화되고 경기가 부양된다고 알려져 있다. 금리는 마치 미래를 내다보고 경제를 조종하는 키처럼 보인다.

하지만 아이러니하게도, 이러한 금리 결정은 철저히 '과거'의 데이터를 기반으로 이루어진다. 중앙은행이 금리를 결정할 때 가장 중요하게 보는 지표는 무엇일까? 바로 지난달의 물가 상승률, 지난 분기의 국내총생산(GDP) 성장률, 현재의 실업률 등 이미 발생한 '과거'의 경제 지표들이다. 중앙은행은 '지금'의 경제 상황이 아니라, 이미 지나간 '과거에 대한 평가'를 바탕으로 '미래'를 위한 정책을 결정하는 것이다.

과거 데이터의 '지연된 반영'

경제 지표는 현실의 경제 활동을 정확히 실시간으로 반영하지 않는다. 예를 들어, 물가 상승률 데이터는 한 달 동안의 상품 및 서비스 가격 변동을 취합하고 분석하는 데 시간이 걸린다. 기업의 실적 발표나 고용률 통계 또한 특정 시점까지의 데이터를 모아 공시하는 것이기에, 발표되는 '지금'은 이미 '조금 전'의 과거를 나타낸다. 즉, 우리가 보는 모든 경제 지표는 현실 경제보다 '지연된 정보'인 셈이다.

중앙은행은 이 '지연된 정보'를 가지고 앞으로 6개월, 1년 뒤의 물가와 경기를 예측한다. 과거의 데이터로 현재의 추세를 파악하고, 그 추세가 미래에 어떻게 이어질지를 전망하는 것이다. 따라서 금리 결정은 본질적으로 '과거가 미래를 향해 지연되어 반영되는' 메커니즘을 가진다. '지금' 금리가 결정되어도, 그 결정의 근거는 이미 지나간 데이터에 기반하며, 그 효과는 다시 미래에 '지연되어' 나타나는 복합적인 시간차를 보인다.

예측의 한계와 '딜레이'의 변수

이러한 지연된 의사결정은 필연적으로 예측의 한계를 드러낸다. 경제는 수많은 변수가 복잡하게 얽혀 예측하기 어렵다. 예상치 못한 외부 충격(예: 전쟁, 팬데믹, 자연재해)은 과거 데이터 기반의 예측을 무력화시킨다. 중앙은행이 과거 데이터를 보고 금리를 올렸는데, 예측과 달리 갑자기 경기가 침체될 수도 있고, 반대로 금리를 내렸는데 물가가 폭등할 수도 있다. 이는 '지금'의 결정이 '미래'에 '지연되어 도착'하는 과정에서 발생하는 예측 불가능한 변수들 때문이다.

결과적으로, 중앙은행의 금리 정책은 '지금' 시장에 즉각적인 영향을 미치는 것처럼 보이지만, 그 정책의 진정한 효과와 평가, 그리고 그것이 초래하는 의도치 않은 결과는 항상 '시간차'를 두고 '연착(延着)'하여 나타난다. 금리 인상이나 인하의 효과가 실제로 물가와 고용 지표에 반영되는 데는 최소 몇 개월에서 1년 이상이 걸리기도 한다.

경제는 '예측'으로 움직이지만, 그 예측은 '과거'라는 지연된 정보를 토대로 이루어진다. 그리고 그 예측이 현실에 미치는 영향 또한 '미래'에 '지연'되어 나타난다. 금리라는 거대한 경제 시스템의 키는 '지금'을 조종하는 것처럼 보이지만, 실은 '과거의 그림자로 미래를 더듬는 지연된 메커니즘'이라는 사실을 이해할 때, 우리는 경제 현상을 더욱 깊이 있게 통찰할 수 있을 것이다.

2장. 주식은 기대고, 실적은 과거다

주식 시장은 미래를 향한 인간의 욕망이 가장 노골적으로 드러나는 곳이다. 사람들은 '앞으로 오를 주식'을 찾기 위해 밤낮으로 정보를 분석하고, 전문가의 예측에 귀 기울인다.. 주식 투자자들에게 '지금 이 순간'의 가격은 '미래 가치'에 대한 끊임없는 예측의 결과처럼 보인다. 하지만 이처럼 미래를 향해 질주하는 듯한 주식 시장의 본질을 깊이 들여다보면, 그 안에는 '과거'와 '미래'라는 두 가지 거대한 '지연'의 시간이 교차하고 있음을 알 수 있다.

주가는 '미래'를 향한 기대의 지연된 표상

주식 가격이 오르내리는 가장 큰 원동력은 투자자들의 '기대(expectation)'다. 특정 기업의 주식을 산다는 것은 '지금 이 기업이 좋다'는 의미보다는 '앞으로 이 기업의 가치가 더 오를 것이다'라는 미래에 대한 기대가 반영된 결과다. 신기술 개발 소식, 신제품 출시 예정, 유망한 시장 진출 계획 등 아직 현실화되지 않은 미래의 청사진들이 투자자들의 기대를 자극하고, 이는 주가 상승으로 이어진다.

그러나 이 '기대'는 언제나 '지연된' 형태로 현실화된다. 지금 아무리 높은 기대를 받아 주가가 치솟는 기업이라도, 그 기대가 실제 실적으로 연결되기까지는 시간이 걸린다. 몇 분기, 몇 년이 지나야 비로소 그 기술이 상용화되고, 신제품이 시장에서 성공하며, 계획이 현실이 되어 기업의 매출과 이익으로 연결된다. 즉, 현재의 주가는 미래에 대한 '희망 사항'이 '미리 당겨져' 반영된 지연된 결과물이자, 그 기대가 실제 실현될 때까지의 '기다림'이 응축된 표상인 셈이다.

실적은 '과거'의 지연된 기록

반면, 주가를 평가하는 가장 중요한 객관적 지표인 '실적'은 철저히 '과거'의 이야기다. 기업이 분기별, 혹은 연간으로 발표하는 매출액, 영업이익, 순이익 등의 실적 보고서는 이미 지나간 특정 기간 동안 기업이 벌어들인 돈과 지출한 비용을 기록한 것이다. 회계 마감일로부터 몇 주, 몇 달이 지난 후에야 발표되기 때문에, 투자자가 실적을 확인하는 '지금'은 이미 기업 활동의 '지연된 결과'를 보고 있는 것이다.

흥미로운 점은 주식 시장은 이 '과거의 실적'을 보고 '미래의 기대'를 수정한다는 것이다. 아무리 높은 기대로 주가가 올랐던 기업이라도, 막상 발표된 실적이 기대에 미치지 못하면 주가는 폭락한다. 반대로, 기대감이 낮았던 기업이 '서프라이즈 실적'을 발표하면 주가는 급등한다. 이는 투자자들이 '과거의 실적'이라는 '지연된 정보'를 통해 '미래에 대한 기대'를 재평가하고, 다시 주가에 반영하는 복잡한 '시간차의 순환'이 주식 시장에서 끊임없이 일어나고 있음을 보여준다.

'지연'의 간극에서 벌어지는 기회와 위기

결국, 주식 시장은 '미래에 대한 기대'와 '과거의 실적'이라는 두 가지 '지연된 시간'의 간극에서 역동적으로 움직인다. 투자자들은 이 간극을 읽고 예측하며 이익을 얻으려 하지만, 동시에 이 간극 때문에 예측이 빗나가 손실을 보기도 한다. '지금' 주식 가격이 결정되는 순간은, 미래에 대한 낙관적인 환상이 '과거의 현실'이라는 냉정한 지표에 의해 끊임없이 검증되고 수정되는 '시간적 연착'의 장인 셈이다.

'주식은 기대고, 실적은 과거다'라는 명제는 단지 주식 투자에 대한 조언을 넘어선다. 이는 우리가 세상을 바라보는 방식에 대한 중요한 통찰을 제공한다. 우리는 미래를 예측하고 계획하지만, 그 계획의 성공 여부는 결국 '지연된 시간'을 통해 드러나는 '과거의 노력'에 의해 결정된다. 자본주의는 이러한 '지연'의 간극을 통해 기회와 위기를 동시에 만들어내며, 우리에게 끊임없이 시간의 본질을 되묻고 있다.

3장. 소비는 지금, 결제는 다음 달
– 신용과 유예의 심리

"일단 지르고 보자!" 현대 사회를 살아가는 많은 이들에게 익숙한 말이다. 우리는 사고 싶은 물건이 생기면 '지금 당장' 내 주머니에 돈이 없어도 걱정하지 않는다. 신용카드 한 장이면 원하는 것을 '즉시' 손에 넣을 수 있기 때문이다. 그리고 그 결제는 한 달 뒤, 혹은 그보다 더 먼 미래에 이루어진다. 이처럼 '소비는 지금, 결제는 다음 달'이라는 익숙한 패턴 속에는 자본주의의 핵심 동력 중 하나인 '신용(credit)' 시스템과 '유예'의 심리가 깊이 박혀 있다. 그리고 이 모든 것의 본질에는 '시간차'가 자리 잡고 있다.

신용 – '미래를 당겨쓰는' 지연된 경험

신용은 본질적으로 '미래의 소득을 현재로 당겨 쓰는' 행위다. 은행이나 카드사는 우리의 미래 상환 능력을 믿고 '지금' 돈을 빌려

주며 소비를 가능하게 한다. 이는 우리가 어떤 물건을 '즉시' 소비하면서도 그 대가를 '나중에' 치르도록 허용하는 '경험의 지연'을 만들어낸다. 우리는 만족감을 '지금' 느끼지만, 그 만족감에 대한 책임감이나 부담은 '미래'로 유예되는 것이다.

이러한 유예는 소비자에게 엄청난 심리적 해방감을 준다. 당장 돈이 없어도 원하는 것을 소유할 수 있다는 생각은 소비를 촉진하고, 이는 곧 자본주의 사회의 생산과 유통을 활성화시킨다. 신용카드가 '마법의 카드'처럼 느껴지는 이유도 여기에 있다. 결제의 고통을 '지금' 느끼지 않고, '지연된 미래'로 미룰 수 있다는 점이 소비의 유혹을 더욱 강력하게 만든다. 마치 현재의 쾌락을 위해 미래의 고통을 잊게 만드는 마취제와도 같다.

유예의 심리 – '지연' 속의 착각과 현실

하지만 이 유예의 심리 속에는 위험한 '착각'이 도사리고 있다. '결제는 다음 달'이라는 생각은 돈을 쓰지 않는 것처럼 느끼게 만들지만, 실제로는 빚을 지고 있는 것이다. '지금'의 소비는 즉각적이지만, 그로 인해 발생한 부채는 '미래'에 '연착(延着)'하여 우리에게 도착한다. 만약 미래 소득에 문제가 생기거나, 감당할 수 없을 만큼 빚이 쌓이면 '유예'되었던 고통은 한꺼번에 현실로 닥쳐온다.

개인의 소비를 넘어, 거시 경제 차원에서도 이 '지연된 결제'는 중요한 의미를 갖는다. 신용 확대는 일시적으로 경기를 부양하고 성장을 촉진하는 것처럼 보이지만, 과도한 부채는 언젠가 터질 수 있는 시한폭탄이 된다. '지금' 누리는 번영이 사실은 '미래의 빚'을 당겨쓴 결과일 수 있기 때문이다. 경제 위기는 종종 이런 '지연된 부채'가 한꺼번에 터져 나오는 시점에 발생한다. '지금'의 호황이 '미래'의 불황을 품고 있는 지연된 그림자일 수 있음을 경고하는 것이다.

지연을 이해하는 현명한 소비

'소비는 지금, 결제는 다음 달'이라는 패턴은 현대 자본주의 사회에서 피할 수 없는 현실이다. 그러나 이 시스템이 가진 '지연'의 본질을 이해하는 것은 우리가 더욱 현명하게 소비하고 경제 생활을 영위하는 데 필수적이다. '지금'의 만족감이 '미래'의 책임감으로 연착한다는 사실을 명확히 인지해야 한다.

성급한 소비와 충동적인 지출은 '미래의 나'에게 갚아야 할 빚을 지우는 행위다. 진정한 경제적 지혜는 '유예'가 제공하는 단기적인 편리함에 매몰되지 않고, 소비와 결제 사이의 '시간차'를 통찰하여 미래의 결과를 예측하고 대비하는 데 있다. '지연'은 때로 유혹적이지만, 그 본질을 이해하고 관리할 줄 알 때 우리는 자본주의의 속도 함정에 빠지지 않고 더욱 견고한 경제적 삶을 구축할 수 있을 것이다.

4장. 경제 위기는 느리게 오고, 갑자기 터진다

"아무도 예상하지 못했다." 경제 위기가 터질 때마다 흔히 듣는 말이다. 2008년 글로벌 금융 위기나 1997년 아시아 외환 위기 등 거대한 경제 재앙은 마치 마른하늘에 날벼락처럼 닥친 것처럼 느껴진다. 하지만 정말 그럴까? 깊이 들여다보면, 대부분의 경제 위기는 '지금' 갑자기 발생한 것이 아니다. 수많은 경고 신호와 취약점들이 오랜 시간 동안 느리게, 그리고 보이지 않게 축적되다가 어느 순간 임계점을 넘어 '갑작스럽게 폭발'하는 양상을 보인다. 즉, 경제 위기는 느리게 오고, 갑자기 터지는 '지연된 재앙'이다.

축적되는 불안과 보이지 않는 균열

경제 시스템은 거대한 유기체와 같다. 특정 부문에서 과열이나 거품이 발생하고, 부채가 쌓이며, 불균형이 심화되는 현상은 단숨에 이루어지지 않는다. 가계 대출이 급증하고, 부동산 가격이 비정상적으로 오르며, 기업의 부실이 누적되는 등의 현상은 수개월, 혹은 수년에 걸쳐 서서히 진행된다. 경제 지표상으로는 '안정적'으로 보일지라도, 그 안에서는 작은 균열들이 조금씩 커지고 있는 것이다.

문제는 이러한 '보이지 않는 균열'의 심각성을 '지금 당장' 온전히 인지하기 어렵다는 점이다. 사람들은 단기적인 경제 성과나 시장의 활황에만 주목하고, 잠재적인 위험 신호들을 간과하기 쉽다. 언론은 긍정적인 지표에 더 집중하고, 정책 결정자들은 당장의 정치적 이해관계 때문에 근본적인 문제를 외면하기도 한다. 마치 댐의 균열이 조금씩 커지지만, 댐이 당장 무너지지 않으니 '괜찮다'고 생각하는 것과 같다. 위기는 그 존재감을 서서히 '지연된 형태'로 축적하며 드러내지 않는다.

임계점을 넘어서는 '폭발의 순간'

하지만 모든 '지연'에는 끝이 있다. 보이지 않게 축적되던 균열과 불안이 더 이상 버틸 수 없는 '임계점(Tipping Point)'에 도달하는 순간, 작은 충격 하나가 거대한 폭발을 일으킨다. 이때는 뉴스에서 '속보'가 터져 나오고, 주식 시장이 급락하며, 모든 경제 주체들이 동시다발적으로 공황 상태에 빠진다. 겉으로는 '갑작스럽게' 발생한 것처럼 보이지만, 사실 이 폭발은 오랫동안 '지연되어 왔던' 문제들이 한꺼번에 '연착(延着)'하여 나타난 결과이다.

예를 들어, 2008년 글로벌 금융 위기의 촉발 요인은 서브프라임

모기지 사태였다. 하지만 그 이면에는 수년간 누적된 주택 시장 거품, 복잡한 파생 상품의 확산, 금융 기관의 부실 대출 등 수많은 문제가 있었다. 이 문제들이 한꺼번에 폭발하면서 전 세계 경제를 뒤흔들었다. 위기는 '어느 날 갑자기' 온 것이 아니라, 오랜 시간 '느리게' 쌓여온 불균형이 '지연된 형태로' 한꺼번에 현실화된 것이다.

지연된 통찰과 대비의 필요성

'경제 위기는 느리게 오고, 갑자기 터진다'는 명제는 우리에게 중요한 교훈을 준다. 우리는 '지금' 눈앞에 보이는 경제 지표나 단기적인 상황에만 매몰될 것이 아니라, 그 아래에서 '지연되어' 진행되는 구조적인 문제점과 위험 신호들을 읽어낼 줄 아는 통찰력이 필요하다. 위기는 단숨에 찾아오는 것이 아니라, 우리의 경고를 무시하고 '지연된 형태로' 쌓여가는 과정을 거쳐 결국 '도착'한다는 것을 기억해야 한다.

따라서 '지금' 당장 눈에 보이는 평화에 안주하지 않고, 보이지 않는 곳에서 지연되고 있는 불안 요소를 미리 감지하고 대비하는 것이 중요하다. 거대한 경제 위기는 '선제적인 지연 해소'를 통해 막을 수 있음을 보여준다. 조급하게 단기적인 성과만을 쫓기보다, 긴 호흡으로 경제의 흐름을 이해하고 '지연'의 본질을 통찰하는 지혜가 필요할 때다.

5장. 기술은 빠르지만 인간은 느리다
– 딜레이를 견디지 못하는 문명

우리는 기술 발전의 속도에 감탄하며 살아간다. 몇 년 전에는 상상조차 할 수 없었던 인공지능, 자율주행, 가상현실 기술이 이제는 현실이 되어 우리의 삶을 송두리째 바꾸고 있다. 기술은 매초, 매분, 매일 진보하며 '지금, 바로' 새로운 세상을 만들어내는 듯 보인다. 하지만 이처럼 눈부신 기술의 속도 속에서, 우리는 한 가지 불편한 진실을 마주하게 된다. 바로 '기술은 빠르지만 인간은 느리다'는 것이다. 그리고 이 근본적인 '딜레이(delay)'가 현대 문명에 깊은 긴장과 혼란을 야기하고 있다.

인간 인지 속도의 고유한 지연

인간의 뇌는 정보를 처리하고, 새로운 상황에 적응하며, 의미를 부여하는 데 필연적인 '지연'의 시간을 필요로 한다. 우리는 새로운 도구나 개념을 배울 때 반복적인 학습과 연습을 통해 서서히 익숙해진다. 익숙해지는 것은 곧 뇌의 신경망이 재구성되고, 무의식적으로 반응하는 경로가 만들어지는 과정이다. 이 과정은 '지금 당장' 이루어지는 것이 아니라, 물리적이고 생물학적인 '시간의 축적'을 통해 이루어진다.

하지만 기술은 이런 인간의 '익숙해지는 시간'을 기다려주지 않는다. 스마트폰이 빠르게 진화하면서 새로운 기능이 매년 쏟아져 나오지만, 우리는 그 모든 기능을 제대로 활용하기도 전에 또 다른 신기술에 직면한다. AI가 순식간에 방대한 정보를 학습하고 새로운 콘텐츠를 생성해내는 동안, 인간은 그 기술의 의미와 윤리적 함의를 이해하고 사회적 합의를 형성하는 데 훨씬 더 긴 시간을 필요로 한다. 기술이 '지금' 만들어내는 결과물과, 그것을 이해하고 소화하는 인간의 '지연된 인지' 사이에 거대한 간극이 벌어지는 것이다.

'딜레이를 견디지 못하는' 문명

이러한 인간과 기술의 속도 차이는 문명 전반에 걸쳐 다양한 문제를 야기한다.

- 사회 시스템의 적응 지연: 법, 제도, 교육 시스템은 기술의 변화 속도를 따라가지 못한다. 새로운 기술로 인한 사회적 문제가 발생해도, 이를 규제하거나 새로운 질서를 세우는 데는 오랜 논의와 합의, 그리고 입법 과정이 필요하다. 기술은 '지금' 변화를 만들지만, 사회 시스템은 '지연된' 형태로 그 변화에

반응한다.
- 정신적 피로와 소외감: 끊임없이 쏟아지는 새로운 기술과 정보는 인간에게 정신적인 피로감을 안겨준다. '뒤처진다'는 강박감, '모든 것을 알아야 한다'는 압박감은 디지털 격차와 함께 소외감을 심화시킨다. 인간은 본질적으로 새로운 것에 적응하는 데 '지연'이 필요한데, 문명은 그 '지연'을 허용하지 않고 끊임없이 더 빠른 속도를 요구하는 것처럼 느껴진다.
- 성급한 판단과 윤리적 문제: 기술이 만들어내는 파급력은 윤리적 성찰이나 사회적 합의를 위한 충분한 '지연'의 시간을 주지 않는다. 생명 윤리, 개인 정보 보호, 인공지능의 책임 문제 등은 기술이 이미 현실에 적용된 후에야 비로소 뒤늦게 논의되는 경우가 많다. 문명은 '지금'의 기술적 가능성에 도취되어, '미래'에 '지연되어 도착'할 부작용을 제대로 예측하지 못한다.

결국, 기술은 빠르게 '도착'하지만, 인간과 문명은 그 기술을 온전히 이해하고 소화하며 적응하는 데 '지연된 시간'을 필요로 한다. '딜레이를 견디지 못하는' 문명의 특성은 우리를 끊임없는 조급함과 혼란 속에 빠뜨릴 수 있다. 기술의 발전 속도를 늦출 수는 없기에, 우리는 역설적으로 인간 본연의 '느린 속도'와 '지연'의 가치를 재인식해야 한다. 즉각적인 결과만을 쫓기보다, 기술이 가져온 변화를 충분히 성찰하고, 적응하며, 인간 중심의 가치를 재정립하는 '지연된 지혜'가 필요한 시대다. 문명은 '속도'로 발전하지만, '지연'을 통해 성숙한다.

6장. 실시간은 착각이다
– 인터넷, 데이터, 알고리즘의 지연

'실시간 스트리밍', '실시간 검색', '실시간 채팅', 우리는 '실시간(real-time)'이라는 단어가 주는 즉각성과 연결성에 매료되어 살아간다. 스마트폰 하나로 전 세계의 뉴스를 바로 확인하고, 수천 킬로미터 떨어진 사람과 지연 없이 영상 통화를 하며, 주식 시장의 변동을 찰나의 순간에 파악한다. 마치 모든 물리적, 시간적 제약이 사라진 듯 보인다. 하지만 이것은 거대한 착각이다. 우리의 디지털 세계는 '실시간'처럼 보이지만, 그 안에는 수많은 '지연(delay)'이 겹겹이 쌓여 있으며, 진정한 의미의 '실시간'은 불가능하다.

데이터 전송의 물리적 지연

아무리 빠른 인터넷이라도, 데이터는 빛의 속도로 움직인다. 그리고 빛의 속도에도 한계가 있다. 서울에서 뉴욕까지 데이터를 보내는 데는 물리적인 거리에 따른 미세한 시간이 걸린다. 위성 통신은 더 큰 지연을 발생시키고, 해저 케이블의 길이도 데이터가 목적지에 도달하는 시간을 좌우한다. '핑(ping) 테스트'를 통해 확인하는 왕복 시간은 바로 이 물리적 거리를 통한 '데이터 전송의 지연'을 보여주는 지표다. 우리가 느끼지 못할 정도로 짧은 딜레이일지라도, 그것은 분명히 존재한다.

더 나아가, 웹사이트에 접속하거나 앱을 사용할 때 데이터는 복잡한 경로를 거친다. 내 기기에서 서버로, 서버에서 데이터베이스로, 다시 처리되어 기기로 돌아오는 과정에서 수많은 라우터와 네트워크 장비를 통과해야 한다. 각 단계를 거칠 때마다 미세한 '처리 지연'이 발생하고, 이 모든 딜레이가 합쳐져 우리가 웹페이지를 불러오는 데 걸리는 시간이 된다. '로딩 중'이라는 화면은 바로 이 지연의 과정을 시각적으로 보여주는 신호다.

알고리즘 처리와 업데이트의 지연

인터넷 세상에서 우리가 접하는 정보는 대부분 알고리즘에 의해 선별되고 가공된 결과다. 검색 엔진은 수많은 웹페이지를 크롤링하고 인덱싱하는 과정을 거쳐 검색 결과를 제공하며, 소셜 미디어 피드는 사용자의 관심사와 행동 패턴을 분석하여 맞춤형 콘텐츠를 추천한다. 이러한 알고리즘의 작동 역시 '지연'을 포함한다. 새로운 정보가 생성되더라도, 알고리즘이 이를 인식하고 분석하며 업데이트하는 데는 시간이 걸린다.

예를 들어, 어떤 뉴스가 발생했을 때, 해당 뉴스가 검색 엔진의 상단에 노출되기까지는 몇 분에서 몇 시간이 걸릴 수 있다. 소셜 미디어에서 친구가 올린 글을 '지금' 봤다고 생각해도, 그 글은 몇 분 전, 혹은 몇 시간 전에 작성된 것일 수 있으며, 내가 보게 된 시점은 알고리즘이 그 글을 나에게 '추천'한 시점일 뿐이다. '실시간 트렌드'나 '인기 급상승 검색어'조차도 실시간으로 집계되는 것이 아니라, 특정 시간 동안의 데이터 변화를 '지연된' 형태로 보여주는 것이다.

'실시간'이라는 착시가 만든 세상

우리가 '실시간'이라고 믿는 디지털 세상은 사실 이처럼 수많은 미세한 '지연'들이 정교하게 가려진 결과물이다. 기술은 이 지연들을 최소화하고 눈에 띄지 않게 숨김으로써 '즉각적인 경험'이라는 환상을 제공한다. 하지만 이 환상은 때때로 우리의 인식을 왜곡하고, 성급한 판단을 유도하며, 진정한 의미의 숙고를 방해한다.

'지금' 정보가 들어왔다고 해서 그것이 '지금'의 진실이 아닐 수 있으며, '지금'의 반응이 '지금'의 결과를 의미하지 않을 수 있다. 인터넷, 데이터, 알고리즘은 우리에게 '실시간'이라는 매력적인 착시를 선물했지만, 그 본질은 '지연'의 기술이다. 이 착시를 이해하고 그 안에 숨겨진 시간차를 인지할 때, 우리는 디지털 세계를 더욱 비판적으로 바라보고, 즉각적인 반응에 휩쓸리지 않는 현명한 태도를 가질 수 있을 것이다. 모든 디지털 경험은 결국 '지연된 정보가 연착(延着)하여 도착하는 과정'임을 기억해야 한다.

7장. AI는 과거로 미래를 흉내 낸다
– 예측은 실재를 대체하는가

　인공지능(AI)은 현대 기술 발전의 정점에 서 있다. 우리는 AI가 주식 시장의 흐름을 예측하고, 질병의 발병 가능성을 진단하며, 심지어 미래의 사건을 예견하는 능력에 경탄한다. AI는 마치 시간을 초월하여 미래를 꿰뚫어 보는 신비로운 존재처럼 여겨지기도 한다. 하지만 AI의 '예측' 능력은 본질적으로 '과거 데이터'를 학습하고 '지연된 패턴'을 모방하는 것에 불과하다. AI는 미래를 창조하는 것이 아니라, 과거를 통해 미래를 '흉내 내는' 것이다. 그리고 이 흉내내기는 결코 '실재'를 대체할 수 없다.

AI 예측의 근간 – 과거 데이터와 지연된 패턴 인식

　AI, 특히 머신러닝 모델의 핵심은 방대한 과거 데이터를 학습하는 것이다. 주식 시장 예측 AI는 지난 수십 년간의 주가 변동, 거래량, 경제 지표 등을 학습한다. 의료 진단 AI는 수많은 환자의 진료 기록, 질병 발생 패턴, 치료 결과 등을 학습한다. 이들은 과거 데이터 속에서 특정 조건과 결과 사이의 '패턴'을 찾아내고, 그 패턴을 통해 미래를 '예측'한다.

여기서 중요한 것은 이 모든 예측이 '과거 데이터의 지연된 반영'이라는 점이다. AI는 '지금' 혹은 '미래'의 실시간 데이터를 직접적으로 '경험'하는 것이 아니라, 이미 발생하고 기록된 '과거의 정보'를 가지고 추론한다. 과거의 패턴이 미래에도 유사하게 반복될 것이라는 전제하에 작동하는 것이다. 따라서 AI의 예측은 본질적으로 '과거의 지연된 지식을 통해 미래를 추론하는' 메커니즘을 가진다. 아무리 정교한 AI라도, 한 번도 발생하지 않았던 '예측 불가능한' 사건에 대해서는 속수무책일 수밖에 없다.

예측은 실재를 대체할 수 없는 이유

AI의 예측 능력이 경이롭지만, 그것이 '실재'를 대체할 수는 없는 근본적인 한계가 있다.

- 예측은 확률이지 확정이 아니다: AI의 예측은 '이러이러한 확률로 이렇게 될 것이다'라는 가능성일 뿐, '반드시 이렇게 될 것이다'라는 확정이 아니다. 아무리 높은 확률의 예측이라도, 그것이 100%가 아니라면 언제든 빗나갈 수 있다. 실재하는 미래는 수많은 우연과 변수에 의해 끊임없이 변화하며, AI가 학습한 과거 패턴 밖의 영역에서 새로운 사건이 발생할 수 있다.

- 실재는 '지금'의 경험과 '지연된' 결과의 총합: 실재하는 미래는 AI가 학습한 '과거'의 데이터만을 반영하지 않는다. '지금'이 순간의 새로운 선택, 예상치 못한 사건, 인간의 의지와 감정 등 AI 모델에 포함되지 않은 수많은 요인들이 '미래의 실재'를 만들어간다. 그리고 그 실재는 '지연된 시간'을 통해 우리에게 '연착(延着)'한다. 예측은 이 '연착'의 과정을 미리 그려보는 시도일 뿐, 그 자체로 실재가 될 수는 없다.
- AI의 예측은 '선택'의 자유를 침해하지 않는다: AI가 어떤 예측을 내놓았다고 해서 인간이 그 예측에 묶여 자유로운 선택을 할 수 없게 되는 것은 아니다. 오히려 AI의 예측은 인간이 더 나은 결정을 내릴 수 있도록 돕는 하나의 참고 자료일 뿐이다. 인간은 AI의 예측을 바탕으로 새로운 행동을 취하거나, 기존의 패턴을 의도적으로 깨뜨림으로써 예측을 벗어난 '새로운 실재'를 만들어낼 수 있다.

'지연'된 미래를 예측하는 지혜

AI가 과거를 통해 미래를 흉내 내는 것은 분명 강력한 도구다. 그러나 우리는 AI의 예측이 지닌 본질적인 '지연된 모방'의 한계를 인식해야 한다. AI의 예측은 과거의 그림자를 통해 미래의 윤곽을 희미하게 보여줄 뿐, 그 그림자 자체가 미래의 실재가 될 수는 없다.

진정한 지혜는 '지금 당장'의 AI 예측에 맹목적으로 의존하기보다, 그 예측이 과거 데이터의 '지연된 반영'임을 이해하고, 예측이 미처 담아내지 못한 '실재의 불확실성'을 인정하는 데 있다. 우리는

AI의 예측을 활용하되, 예측이 가려버린 '미래의 지연된 가능성'을 열어두고, 인간의 자유로운 선택과 행동을 통해 새로운 '실재'를 만들어갈 책임이 있다. 미래는 AI의 예측처럼 '지금' 확정된 것이 아니라, 우리의 '지금' 행동이 '지연되어' 연착할 결과물인 것이다.

8장. 속도는 권력이다
- 즉시성의 시대와 지연의 정치학

현대 사회는 '속도'가 모든 것을 좌우하는 듯하다. 정보는 빛의 속도로 퍼지고, 시장은 찰나의 순간에 반응하며, 여론은 클릭 한 번에 형성된다. 이러한 '즉시성의 시대'에서, '속도'는 곧 강력한 '권력(power)'이 된다. 누가 더 빠르게 정보를 선점하고, 더 빠르게 반응하며, 더 빠르게 변화에 적응하는가에 따라 사회적 영향력과 우위가 결정되는 것이다. 하지만 이처럼 속도를 숭배하는 사회의 이면에는, 우리가 간과하기 쉬운 '지연의 정치학'이 숨어 있다.

정보의 속도와 권력의 재편

과거에는 정보의 생산과 유통을 독점하는 소수가 권력을 가졌다. 언론사, 정부 기관 등은 정보를 '지연'시켜 통제할 수 있었고, 이는 곧 권력으로 이어졌다. 그러나 인터넷과 SNS의 등장으로 정보는 더 이상 특정 집단의 전유물이 아니게 되었다. 누구나 '지금, 바로' 정보를 생산하고 확산시킬 수 있게 되면서, '정보의 속도'는 권력의 지형을 근본적으로 재편했다.

이제는 누가 더 빠르고 효율적으로 정보를 인지하고, 가공하며, 유통하는지가 중요하다. 특정 이슈에 대해 가장 먼저 목소리를 내고 여론을 선점하는 자가 유리한 고지를 점한다. 정치인의 실언이 실시간으로 공유되어 순식간에 확산되고, 기업의 문제가 즉시 고발되어 주가에 영향을 미친다. 이 과정에서 '지연'은 곧 '취약성'이 된다. 한 박자 늦은 해명은 변명으로 들리고, 뒤늦은 대응은 무능력으로 비춰지기 쉽다. '지금' 말하고 '지금' 반응해야 한다는 압박 속에서, 속도가 권력이 되는 시대의 냉혹한 현실이 드러난다.

'지연'을 통한 권력의 유지와 전복

하지만 아이러니하게도, 이 속도 경쟁 속에서 '지연'은 때로 권력을 유지하거나 전복하는 중요한 도구로 사용되기도 한다.

- 권력의 지연 활용: 권력을 가진 자들은 때때로 정보의 공개를 '지연'시키거나, 중요한 결정을 '유보'함으로써 자신들에게 유리한 국면을 조성한다. 법적 절차를 복잡하게 만들거나, 진상 규명 과정을 길게 늘어뜨려 대중의 관심이 식기를 기다리는 것이 그 예다. 의도적인 '지연'은 정보가 가진 즉각적인 폭발력을 약화시키고, 권력을 방어하는 전략이 될 수 있다. 여론의 분노가 '지금' 뜨겁지만, 권력은 그 분노가 '지연된' 형태로

희석되기를 기다리는 것이다.
- **저항의 지연 활용**: 반대로, 속도에 밀리는 약자나 저항 세력은 '지연'을 통해 역설적인 권력을 행사하기도 한다. 당장 즉각적인 대응은 어렵지만, 끊임없이 문제 제기를 반복하고, 시간이 흐름에 따라 새로운 증거를 찾아내며, 여론을 서서히 축적하는 방식이다. 이는 '지연된 연착(延着)'의 정치학이다. 단숨에 변화를 이끌어낼 수는 없지만, 긴 호흡으로 끈질기게 버티고 '시간의 누적'을 통해 결국 진실이 드러나도록 만드는 것이다. 사회 운동이나 시민 불복종 운동 등은 종종 이러한 '지연된 투쟁'의 과정을 통해 결국 권력의 변화를 이끌어낸다.

'속도'와 '지연' 사이의 정치학

결국, '속도는 권력이다'라는 명제는 현대 사회의 한 단면만을 보여줄 뿐이다. 그 이면에는 '즉시성'의 추구와 '지연'의 활용이라는 복합적인 정치학이 존재한다. 정보의 빠른 확산이 권력을 재편하는 동시에, 그 정보의 파장을 통제하고 관리하기 위한 '지연'의 기술 또한 권력의 중요한 도구가 된다.

우리는 이 '속도의 함정'에 빠지지 않고, '지연'이 가진 다양한 의미를 이해해야 한다. '지금' 당장의 속도에 휩쓸려 성급한 판단을 내리기보다, 때로는 '지연'의 미학을 이해하고 기다릴 줄 아는 지혜가 필요하다. 진정한 권력은 무조건적인 속도에만 있는 것이 아니라, 어떤 순간에 '빠르게' 움직이고 어떤 순간에 '지연'을 활용할지 아는 시간적 통찰에서 비롯될 것이다.

9장. 자본주의는 딜레이를 상품화한다
– 시간의 구조적 착취

우리가 살아가는 자본주의 사회는 겉으로는 '속도'와 '효율'을 맹목적으로 추구하는 것처럼 보인다. 모든 것이 '지금 당장' 이루어지고, 시간은 돈이라고 외치며 단 1초의 딜레이도 허용하지 않는 듯하다. 하지만 역설적이게도, 자본주의 시스템은 '지연(delay)'을 교묘하게 활용하고 심지어 '상품화'하여 이윤을 창출하는 구조적 착취의 메커니즘을 내포하고 있다. '시간은 돈이다'라는 격언은 단순한 생산성 강조를 넘어, '시간의 지연'을 통해 부를 축적하는 자본주의의 숨겨진 얼굴을 드러낸다.

'빠른 접근'을 위한 비용, '느린 접근'의 불이익

자본주의는 본질적으로 '속도의 불균등'을 만들어낸다. 돈을 더 많이 지불하면 더 빠르게 서비스를 이용하고, 더 빨리 정보를 얻으며, 더 빨리 결과물을 손에 넣을 수 있다. 반대로, 비용을 지불하지 않거나 적게 지불하는 사람들은 의도적으로 '지연된 경험'을 강요받는다.

예를 들어보자. 항공권 구매 시, 비싼 프리미엄 티켓은 수하물 처리나 탑승에서 '지연 없이' 우선권을 제공한다. 영화나 게임을 빨리 보거나 플레이하고 싶으면 '미리 보기'나 '선행 구매'에 더 많은 돈을 낸다. 은행의 VIP 고객은 대기 시간 없이 즉시 서비스를 받지만, 일반 고객은 긴 줄을 서며 '지연'을 감내해야 한다.

이러한 현상은 '시간 그 자체'가 상품이 된다는 것을 의미한다. '지금, 바로' 얻을 수 있는 즉시성은 값비싼 상품이 되고, '조금 늦게' 얻게 되는 지연은 무의식적인 비용으로 전가된다. 자본주의는 즉시성에 대한 인간의 욕망을 간파하고, 그 욕망을 충족시키기 위해 '지연을 제거하는 대가'를 부과한다. 그리고 이 대가를 지불할 여력이 없는 이들에게는 '지연'이라는 형태로 불이익을 감수하게 만든다.

금융 시스템 속 '지연된' 이윤 창출

금융 시스템은 '지연의 상품화'가 가장 명확하게 드러나는 영역이다. 신용카드와 대출은 '미래의 돈을 현재로 당겨 쓰는' 지연된 소비를 가능하게 한다. 소비자는 '지금' 물건을 사지만, 결제는 '다음 달'로 미뤄진다. 이 '결제의 지연'에 대한 대가로 이자가 발생하고, 이것이 은행과 카드사의 주요 수입원이 된다. 이자는 소비자가 미래에 겪게 될 재정적 부담을 '미리 당겨' 금융 기관의 이윤으로 전환하는 구조다.

　기업 간의 거래에서도 '외상 거래'나 '어음'은 결제를 '지연'시키는 방식으로 운영된다. 물건이나 서비스를 먼저 받고, 대금은 나중에 지불하는 방식이다. 이 과정에서 발생하는 '돈의 지연된 흐름'은 신용을 기반으로 하여 이자나 할인 등의 형태로 금융 수익을 발생시킨다. 자본주의는 이처럼 돈이 순환하고 가치가 창출되는 과정 속에서 필연적으로 발생하는 '시간차', 즉 '지연'을 포착하여 이를 이윤화하는 데 탁월한 능력을 보인다.

시스템 속 '지연'의 구조적 착취

　결국, 자본주의는 단순히 '물건'이나 '서비스'를 사고파는 것을 넘어, '시간의 지연' 자체를 상품화하고, 이를 통해 구조적으로 이윤을 착취하는 시스템이다. '지금'을 갈망하는 인간의 본성을 이용해 '빠른 것'에 프리미엄을 붙이고, '느린 것'을 기회비용으로 만든다. '지연'은 더 이상 단순한 물리적 시간의 간극이 아니라, 부의 불평등과 계층 간 격차를 심화시키는 사회적 기제가 된다.

　우리는 이 자본주의의 '딜레이 상품화' 전략을 인지해야 한다. 즉시성을 맹목적으로 추구하기보다, '지금 당장' 얻지 못하는 것에 대한 '지연된 만족'의 가치를 재인식해야 한다. 그리고 시스템이 강요하는 '지연된 경험'이 단순한 불편함을 넘어, 특정 계층에 대한 구조적인 '시간 착취'일 수 있음을 성찰해야 한다. 진정한 자유는 '즉시성'을 좇는 것만이 아니라, '지연'의 본질을 이해하고 그 속에서 자신의 시간을 주체적으로 관리하는 지혜에서 비롯될 것이다. 우리의 시간은 '연착'하는 동안 비로소 자신만의 방향을 획득하고, 타인의 속도가 아닌 자신의 리듬으로 존재할 수 있는 길을 연다.

10장. 돈의 흐름은 감정보다 느리다
– 투자 심리와 인지 지연

투자 시장은 냉철한 이성과 합리적인 분석으로 움직이는 듯 보인다. 기업의 실적, 경제 지표, 거시적인 흐름을 바탕으로 투자 결정을 내린다고 생각한다. 하지만 실제 시장은 탐욕과 공포, 희망과 절망 같은 인간의 원초적인 감정에 크게 휘둘린다. 어떤 호재나 악재 소식에 투자자들은 즉각적으로 환호하거나 패닉에 빠진다. 감정은 번개처럼 빠르게 타오르고 식는다. 그러나 이처럼 찰나의 순간에 폭발하는 투자자들의 감정과는 달리, '돈의 흐름'은 훨씬 느리다. 그리고 이 '느린 돈의 흐름'과 '빠른 감정' 사이의 딜레이가 투자 시장의 역설적인 본질을 드러낸다.

감정의 즉시성과 돈의 물리적 지연

주식 시장에서 '돈의 흐름'은 단순히 컴퓨터 화면에 나타나는 숫자의 변화만을 의미하지 않는다. 그것은 실제 자금이 매수 주문으로 전환되어 주식을 사고, 매도 주문으로 주식을 팔아 현금으로 바뀌는 물리적인 이동을 포함한다. 내가 주식 매수 버튼을 누르면, 그 주문은 증권사 시스템을 거쳐 거래소로 전달되고, 반대편의 매도자와 연결되어 체결되기까지 짧게나마 물리적인 시간(딜레이)이 소요된다. 아무리 '초고속 매매 시스템'이라 할지라도, 이 지연을 0으로 만들 수는 없다.

반면, 투자자들의 감정은 훨씬 빠르다. 긍정적인 뉴스를 접하는 순간 '희망'과 '탐욕'이 순식간에 차오르고, 부정적인 소식에는 '공포'와 '절망'이 즉각적으로 엄습한다. 이 감정은 정보의 전달 속도만큼이나 빠르게 확산되고, 이성적인 판단을 압도한다. 즉, 인간의 감정은 '지금' 폭발하지만, 실제 돈이 움직여 시장에 반영되는 것은 '조금 늦게', 즉 '지연된' 형태로 나타나는 것이다.

인지 지연과 시장의 비합리성

더 나아가, 투자자들의 '인지 지연' 또한 돈의 흐름에 영향을 미친다. 새로운 정보가 시장에 발표되어도, 모든 투자자가 그 정보를 즉시 인지하고 합리적으로 분석하여 자신의 포트폴리오에 반영하는 것은 불가능하다. 정보의 복잡성, 개인의 이해력 차이, 심지어 감정적인 편향 때문에 정보의 완전한 인지에는 시간이 걸린다.

예를 들어, 기업의 중요한 실적 발표가 있었다고 하자. 이 소식은 즉시 시장에 공개되지만, 모든 투자자가 그 실적의 의미를 정확히 파악하고 적절한 투자 결정을 내리는 데는 시차가 발생한다. 일부는 빠르게 반응하지만, 또 다른 일부는 뒤늦게 정보를 해석하고 움직인다. 이러한 '집단적 인지 지연'이 모여 시장은 단기적으로 비합리적인 움직임을 보이기도 한다. '지금'의 정보가 '즉시' 모든 투자자에게 '완전히' 반영되지 못하고, '지연된 인지'를 통해 순차적으로 '연착(延着)'하기 때문이다.

'느린 돈'의 흐름을 읽는 안목

결국, 투자 시장은 '빠른 감정'과 '느린 돈의 흐름', 그리고 '지연된 인지'가 복잡하게 얽혀 돌아가는 곳이다. '지금' 당장의 감정에 휩쓸려 성급하게 돈을 움직이는 것은 때로 실패를 초래한다. 감정은 즉각적이지만, 그 감정이 야기한 돈의 움직임은 '시간차'를 두고 시장에 영향을 미치며, 그 결과 또한 '지연되어' 우리에게 도착한다.

성공적인 투자는 이러한 '지연'의 본질을 이해하는 데서 시작한다. 찰나의 감정적 동요에 휩쓸리지 않고, 한 발짝 물러서서 돈의 흐름과 정보의 인지 지연을 냉철하게 분석하는 인내심이 필요하다. '지금 당장'의 가격 변동에 일희일비하기보다, '느리게 움직이는 돈의 큰 흐름'과 '지연된 인지'가 만들어내는 시장의 패턴을 읽어낼 때, 비로소 우리는 자본주의 속도 함정에서 벗어나 현명한 투자 결정을 내릴 수 있을 것이다.

10부

기술의 연착
– 디지털 시대의 역설

인류 문명은 '지연(Delay)'을 극복하려는 끝없는 투쟁의 역사였다. 그 정점에 서 있는 21세기의 디지털 기술은 인터넷, 인공지능, 자동화를 통해 모든 물리적, 시간적 제약을 허물고 완벽한 '즉시성'을 구현한 것처럼 보인다. 우리는 클릭 한 번으로 세상을 연결하고, 실시간으로 정보를 소비하며, 기술이 모든 딜레이를 제거했다고 믿는다. 하지만 그 눈부신 속도의 이면에는 우리가 미처 인지하지 못했던 새로운 형태의 '지연'과 '연착(延着)'이 그림자처럼 드리워져 있다.

10부 '기술의 연착 – 디지털 시대의 역설'은 바로 이 기술 발전의 가장 깊은 모순을 파고든다. 우리는 인터넷이 빛의 속도라는 물리적 한계와 네트워크의 복잡성으로 인해 필연적인 딜레이를 내포하고 있음을 확인하고, AI와 빅데이터가 약속하는 예측이 사실은 '과거 데이터의 지연된 재구성'에 불과함을 살펴볼 것이다.

또한, 디지털 소통이 어떻게 '감정의 연착'과 '관계의 피상성'이라는 역설을 낳는지, 미디어의 속보 경쟁이 오히려 '의미의 딜레이'를 초래하는 현상을 분석한다. 마지막으로, 모든 것을 자동화하려는 시도가 어떻게 예측 불가능한 시스템 오류와 '원인 모를 기다림'이라는 새로운 딜레이를 만들어내는지 고찰한다. 결국 이 부는 기술이 딜레이를 없애는 것이 아니라 단지 그 형태를 변형시킬 뿐이라는 진실을 드러낸다. 이를 통해 독자들은 '속도 숭배'의 환상에서 벗어나, 기술의 본질적인 시간차를 이해하고 디지털 시대에 필요한 새로운 '연착 감수성'을 모색하는 통찰을 얻게 될 것이다.

1장. 기술은 딜레이를 없애는가
– 인터넷 속도와 실제

인류는 문명 발전의 역사 내내 '지연'을 극복하기 위해 노력해왔다. 정보 전달의 속도를 높이고, 물리적 거리를 단축시키며, 모든 과정을 '즉시' 처리하려는 욕망은 기술 발전의 가장 강력한 동력이었다. 그리고 21세기, 인터넷은 이러한 '즉시성'의 정점에 서 있는 듯 보인다. 전 세계 어디든 클릭 한 번으로 연결되고, 정보는 빛의 속도로 오가며, 실시간 소통은 일상이 되었다. 우리는 인터넷이 '딜레이'를 완전히 제거했다고 믿는 경향이 있다. 하지만 과연 기술은 딜레이를 완벽하게 없앴을까? 우리는 인터넷이라는 최첨단 기술 속에서도 여전히, 그리고 역설적으로 '지연'의 그림자를 발견하게 된다.

물리적인 딜레이 – 빛의 속도 한계와 네트워크 지연

아무리 인터넷 속도가 빨라져도, 정보가 전달되는 데에는 필연적으로 물리적인 딜레이가 존재한다. 가장 근본적인 한계는 빛의 속도이다. 광섬유를 통해 데이터가 전송될 때, 정보는 빛의 속도에 근접하게 움직이지만, 우주나 지구 반대편으로 메시지가 전달되는 데는 아무리 빨라도 물리적인 시간이 걸린다. 예를 들어, 한국에서 미국에 있는 서버로 데이터를 보냈다가 다시 받는 왕복 지연 시간(Round Trip Time, RTT)은 아무리 짧아도 수십 밀리초(ms)에서 수백 밀리초에 이른다. 이 미세한 시간차는 우리가 인지하지 못할 수도 있지만, 기술적으로는 분명한 '지연'이다.

더 나아가, 네트워크의 복잡성으로 인한 딜레이도 존재한다. 데이터는 출발지에서 목적지까지 수많은 라우터와 서버, 케이블을 거쳐 이동한다. 각 구간마다 데이터가 처리되고 다음 경로로 전달되는 데에는 미세한 시간차가 발생한다. 서버의 과부하, 네트워크 혼잡, 장비의 성능 문제 등 다양한 요인이 이러한 지연을 증가시킨다. 아무리 빠른 통신망이라도 이러한 '네트워크 홉(hop) 수'가 늘어날수록 딜레이는 누적될 수밖에 없다. 우리가 유튜브 영상을 볼 때 버퍼링이 발생하거나, 온라인 게임에서 렉(lag)이 걸리는 현상이 바로 이러한 물리적, 네트워크적 딜레이의 직접적인 경험이다.

시스템적 딜레이 - 처리 시간과 동기화의 문제

물리적인 한계 외에도 시스템 자체의 처리 시간과 동기화 문제로 인한 딜레이도 발생한다. 우리가 모바일 앱에서 버튼을 누르면 즉시 반응하는 것처럼 보이지만, 그 내부에서는 수많은 데이터가 처리되고, 서버와 통신하며, 데이터를 불러오고 정렬하는 복잡한 과정이 순식간에 이루어진다. 이 모든 과정에는 미세한 시간이 소요되며, 이는 기술적인 '지연'으로 작용한다.

특히 여러 시스템이나 장치 간의 동기화(Synchronization)가 필요한 경우, 딜레이는 더욱 두드러진다. 예를 들어, 클라우드 서비스를 통해 여러 기기에서 파일을 동기화할 때, 한 기기에서 변경된 내용이 다른 기기에 즉시 반영되지 않고 약간의 시간차를 두고 업데이트되는 것을 볼 수 있다. 이는 각 시스템이 데이터를 처리하고 전송하며 서로의 상태를 맞추는 데 필요한 '지연'이다. 인공지능이 복잡한 연산을 수행하고 결과를 도출하는 데 걸리는 시간, 빅데이터를 분석하여 인사이트를 도출하는 데 걸리는 시간 또한 이러한 시스템적 딜레이의 범주에 속한다.

결론적으로, 기술은 '딜레이'를 줄이기 위해 끊임없이 발전해왔지만, 그것을 완전히 없애는 것은 불가능하다. 인터넷이 아무리 빨라도 빛의 속도라는 물리적 한계와 네트워크의 복잡성, 그리고 시스템 자체의 처리 능력이라는 제약 속에서 필연적인 '지연'을 내포한다. 디지털 시대의 '즉시성'은 일종의 착시이며, 그 이면에는 수많은 '지연'들이 복합적으로 얽혀 있다. '기술의 연착'은 우리가 맹목적인 '속도 숭배'에서 벗어나, 기술이 약속하는 즉각적인 만족 이면에 존재하는 본질적인 시간성을 이해하는 데 중요한 통찰을 제공한다. 이는 기술을 현명하게 사용하고, 그 속에서도 '연착 감수성'을 잃지 않는 지혜로운 태도로 이어진다.

2장. AI와 빅데이터의 딜레이
– 예측과 실제 사이의 간극

　인공지능(AI)과 빅데이터는 21세기의 핵심 기술로 부상하며, 우리 삶의 거의 모든 영역에 걸쳐 혁명적인 변화를 가져오고 있다. 이 기술들은 방대한 데이터를 즉각적으로 분석하고, 미래를 예측하며, 실시간으로 최적의 결정을 내리는 '초고속 지능'을 약속하는 듯 보인다. 하지만 아이러니하게도, AI와 빅데이터의 작동 방식과 그 결과물 속에는 본질적인 '지연(Delay)'과 '예측과 실제 사이의 간극'이 필연적으로 존재한다.

데이터 수집과 처리의 딜레이 – '과거'의 재구성
　AI와 빅데이터는 과거의 데이터를 기반으로 미래를 예측하고 현재를 분석한다. 아무리 '실시간 데이터'를 강조하더라도, 데이터는 생성되는 순간부터 수집되고, 전송되며, 저장되고, 전처리되는 과정을 거쳐야 한다. 이 모든 과정에는 미세한 시간이 소요되며, 이는 본질적으로 '과거의 정보'를 활용하는 것이다.

예를 들어, 주식 시장의 실시간 데이터는 초 단위로 업데이트되는 것처럼 보이지만, 우리가 보는 그 데이터는 이미 몇 밀리초(ms) 전의 '과거' 정보이다. 자율주행차가 주변 상황을 인식할 때도 센서가 정보를 포착하고, 이를 AI가 분석하여 판단을 내리는 데까지 미세하지만 분명한 딜레이가 발생한다. 이 딜레이는 특히 고속 상황에서 치명적인 결과를 초래할 수도 있다. 즉, AI와 빅데이터가 활용하는 정보는 언제나 '가장 최근의 과거'이며, 완벽한 '지금'의 정보는 불가능하다는 한계를 지닌다. 이는 마치 별빛이 과거의 빛을 우리에게 지연되어 전달하듯이, 데이터 또한 생성된 순간부터 우리에게 '연착'되어 도착하는 셈이다.

예측의 딜레이 - '미래'는 항상 열려 있다

AI의 핵심 기능 중 하나는 '예측'이다. 소비자의 구매 패턴 예측, 질병 발생률 예측, 금융 시장 변동 예측 등 AI는 미래의 특정 사건이 발생할 확률을 계산한다. 그러나 이 예측은 결코 '지금' 일어나는 사건이 아니다. 예측은 항상 '미래'를 향해 열려 있는 '가능성'에 대한 계산이며, 그 결과가 실제로 나타나기까지는 필연적인 시간적 지연이 따른다.

또한, AI의 예측 모델은 과거의 데이터 패턴을 학습하여 미래를 유추하는 방식이기 때문에, 학습 데이터에 포함되지 않은 새로운 변수나 예측 불가능한 사건(Black Swan Event)에는 취약할 수밖에 없다. 팬데믹과 같은 전례 없는 사건은 AI의 수많은 예측 모델을 무력화시켰다. 이는 AI의 '예측'이 특정 시점의 '지연된' 정보와 한정된 데이터에 기반하며, 현실의 복잡한 변화를 완전히 포착하기는 어렵다는 것을 보여준다. 즉, AI는 미래를 '즉시' 보여주는 것이 아니라, 과거의 학습을 바탕으로 '지연된' 추론을 통해 미래의 '가능성'을 제시하는 역할을 할 뿐이다. '미래'는 AI의 예측이 '연착'되어 도달할 때까지 항상 열려 있는 영역인 셈이다.

알고리즘이 만드는 '인지적 딜레이'와 '피드백 루프'

AI와 빅데이터 기반의 알고리즘은 우리가 미처 인식하지 못하는 방식으로 '인지적 딜레이'를 만들기도 한다. 예를 들어, 소셜 미디어 알고리즘은 우리가 좋아할 만한 콘텐츠를 선별하여 보여줌으로써, 우리의 정보 습득을 '지연'시키거나 '왜곡'시킬 수 있다. 즉각적으로 다양한 정보를 접하기보다, 알고리즘이 필터링한 '선별된 정보'를 나중에 받게 되는 것이다. 이는 마치 필터를 통해 빛이 지연되어 들어오는 것과 같다.

또한, 알고리즘 기반의 추천 시스템이나 자동화된 피드백 루프는 우리의 행동에 영향을 미치고, 그 영향이 다시 데이터로 수집되어 알고리즘을 강화하는 '지연된 상호작용'을 일으킨다. 우리의 행동은 즉각적으로 반영되는 것처럼 보이지만, 실제로는 알고리즘의 복잡한 처리 과정을 거쳐 '지연된' 피드백을 통해 다음 행동에 영향을 미치고, 이는 다시 딜레이를 일으키는 연속적인 과정이 된다.

결론적으로, AI와 빅데이터는 '즉시성'과 '실시간'이라는 환상을 강화하는 듯 보이지만, 그 작동 방식의 본질은 데이터 수집과 처리의 물리적, 시스템적 '지연', 그리고 예측과 현실 사이의 필연적인 '간극'을 내포한다. 기술은 딜레이를 완전히 제거하는 것이 아니라, 오히려 우리에게 '기술의 연착'이라는 새로운 형태의 지연을 경험하게 한다. 이러한 통찰은 우리가 기술을 맹목적으로 신뢰하기보다는, 그 한계와 본질을 이해하고, 기술이 제공하는 '지연' 속에서 더욱 비판적이고 성찰적인 지혜를 길러야 함을 시사한다.

3장. 디지털 관계의 시차 - 온라인 소통의 역설

　스마트폰과 소셜 미디어의 등장은 인류의 소통 방식을 근본적으로 변화시켰다. 우리는 이제 지구 반대편에 있는 사람과도 실시간으로 영상 통화를 하고, 수많은 사람들과 동시에 메시지를 주고받으며, '좋아요'와 댓글로 즉각적인 피드백을 주고받는다. 디지털 기술은 물리적 거리와 시간의 제약을 허물고, 소통의 '즉시성'을 극대화한 것처럼 보인다.

　하지만 이러한 표면적인 즉시성 뒤에는 디지털 관계와 소통이 지닌 본질적인 '시차'와 '딜레이'가 숨어 있다. 우리는 온라인에서 '실시간'으로 연결되어 있다고 느끼지만, 실제로는 다양한 형태의 지연과 간극 속에서 소통하고 관계를 맺고 있다. 이는 디지털 시대의 소통이 지닌 역설적인 측면을 드러낸다.

메시지 전송의 딜레이와 '읽씹'의 심리

가장 기본적인 형태의 딜레이는 메시지 전송 자체에서 발생한다. 앞서 논의했듯이 아무리 빠른 네트워크라도 물리적인 전송 시간은 존재한다. 하지만 더 중요한 것은 '심리적 딜레이'이다. 메시지를 보낸 후 상대방이 읽었는지 안 읽었는지, 읽었다면 왜 답장이 없는지, 즉각적인 반응이 오지 않을 때 우리는 불안감이나 초조함을 느낀다. 이른바 '읽씹(읽고 씹음)'이라는 현상이 대표적이다.

메시지를 보낸 사람은 즉각적인 답장을 기대하지만, 받는 사람은 여러 이유로 답장을 '지연'시킬 수 있다. 바쁘거나, 생각할 시간이 필요하거나, 혹은 단순히 답장할 의사가 없을 수도 있다. 이러한 '심리적 딜레이'는 온라인 소통에서 오해와 갈등을 유발하는 주요 원인이 된다. 즉각적인 반응을 기대하는 '즉시성'의 문화 속에서, 상대방의 '지연된 반응'은 무시나 거절로 해석되기 쉽다. 이는 소통의 도구가 빨라졌음에도 불구하고, 인간 관계의 본질적인 '시차'는 여전히 존재하며, 오히려 더 민감하게 인식되는 역설을 보여준다.

비언어적 소통의 부재와 '감정의 연착'

대면 소통에서는 말뿐만 아니라 표정, 몸짓, 어조 등 수많은 비언어적인 신호들이 동시에 전달된다. 이러한 비언어적 요소들은 소통의 의미를 풍부하게 하고, 감정을 즉각적으로 공유하며, 오해를 줄이는 데 결정적인 역할을 한다. 하지만 온라인 소통, 특히 텍스트 기반의 메시지에서는 이러한 비언어적 신호가 대부분 부재한다.

이모티콘이나 밈(meme) 등으로 감정을 표현하려 하지만, 이는 실제 비언어적 소통의 미묘함과 즉각성을 대체하기 어렵다. 상대방의 감정을 파악하는 데 '지연'이 발생하고, 나의 감정을 온전히 전달하는 데도 '시차'가 생긴다. 농담이 오해를 낳거나, 진심이 왜곡되어 전달되는 경우가 빈번한 이유이다. 감정은 즉각적으로 발생하지만, 온라인에서는 그 감정이 상대방에게 '연착'되어 도착하거나, 아예 도착하지 못하고 유실되는 경우가 발생한다. 이는 소통의 속도는 빨라졌지만, 감정적 깊이와 공감의 형성에는 오히려 '딜레이'가 발생할 수 있음을 보여주는 역설이다.

'실시간 연결'의 환상과 '관계의 피상성'

소셜 미디어는 우리가 수많은 사람들과 '실시간으로 연결'되어 있다는 환상을 심어준다. 우리는 친구들의 일상을 즉각적으로 확인하고, 댓글과 '좋아요'로 관계를 유지하는 듯 보인다. 하지만 이러한 '실시간 연결'은 종종 관계의 피상성으로 이어진다. 수많은 사람들과 얕게 연결되어 있을 뿐, 깊이 있는 관계를 맺는 데는 '지연'이 발생하거나 아예 불가능해지는 것이다.

진정한 관계는 시간과 노력을 들여 형성된다. 서로의 삶을 공유하고, 어려움을 함께 나누며, 깊은 대화를 통해 이해의 폭을 넓혀 가는 과정이 필요하다. 이는 '즉시' 이루어지지 않고, 필연적인 '시간의 축적'과 '기다림'을 요구한다. 소셜 미디어의 '즉각적인 반응'은 이러한 깊이 있는 관계 형성의 과정을 '지연'시키거나 대체해 버릴 위험이 있다. 우리는 '실시간 연결'이라는 환상 속에서 진정한 관계의 '연착'을 기다리는 법을 잊어버리고, 피상적인 소통에 만족하게 되는 역설에 직면한다.

결론적으로, 디지털 기술은 소통의 속도를 혁명적으로 가속화했지만, 그 이면에는 메시지 전송의 심리적 딜레이, 비언어적 소통의 부재로 인한 감정의 연착, 그리고 실시간 연결의 환상 속 관계의 피상성이라는 다양한 형태의 '시차'와 '딜레이'를 낳았다. '디지털 관계의 시차'는 우리가 기술이 약속하는 '즉시성'의 허상을 깨닫고, 인간 소통의 본질적인 '지연'과 '연착'을 이해하며, 디지털 환경 속에서도 진정한 관계의 깊이를 추구하는 '연착 감수성'을 길러야 함을 시사한다.

4장. 미디어의 딜레이 – 뉴스 소비와 정보의 연착

현대 사회는 '정보의 시대'이자 '실시간 뉴스'의 시대이다. 스마트폰과 인터넷은 전 세계에서 벌어지는 모든 사건을 거의 즉시 우리의 손안으로 전달한다. 속보는 끊임없이 업데이트되고, 라이브 중계는 현장의 생생함을 그대로 전하는 듯 보인다. 우리는 미디어가 '딜레이' 없이 정보를 제공하며, 이를 통해 세상의 모든 일을 '지금, 바로' 알 수 있다고 믿는다.

하지만 이러한 미디어의 '즉시성'이라는 환상 속에서도, 정보의 본질적인 '지연'과 '연착'은 여전히 존재한다. 오히려 정보의 속도가 빨라질수록, 그 이면에 숨겨진 다양한 형태의 딜레이가 우리의 뉴스 소비 방식과 세상에 대한 이해에 역설적인 영향을 미치기도 한다.

'속보' 이면의 딜레이 – 정보의 생성, 검증, 편집의 시간

뉴스 속보는 마치 사건이 발생함과 동시에 우리에게 도착하는 것처럼 느껴진다. 그러나 아무리 빠른 속보라도, 그 이면에는 정보의 '생성-수집-검증-편집-배포'라는 필연적인 과정이 존재하며, 각 단계마다 미세한 딜레이가 발생한다.

- 생성 및 수집의 딜레이: 사건이 발생하면 현장에서 정보가 생성되고, 이를 기자나 제보자가 수집해야 한다. 아무리 발 빠르게 움직여도 이 과정에는 물리적인 시간이 소요된다. 현장이 멀리 떨어져 있거나 접근이 어려운 경우, 이 딜레이는 더욱 길어진다.
- 검증의 딜레이: 수집된 정보는 사실인지 아닌지, 진위 여부를 확인하는 '검증' 과정을 거쳐야 한다. 잘못된 정보가 확산되는 것을 막기 위한 필수적인 단계이지만, 이 과정은 때때로 상당한 시간을 요구한다. 정보의 '연착'이 진실성이라는 가치와 직결되는 부분이다.
- 편집 및 배포의 딜레이: 검증된 정보는 기사의 형태로 편집되고, 최종적으로 독자에게 배포된다. 기사를 쓰고, 사진이나 영상을 편집하며, 플랫폼에 업로드하는 모든 단계는 미세하지만 분명한 시간을 소요한다.

결론적으로, 우리가 접하는 '속보'는 이미 사건이 발생한 이후의 '지연된' 정보이며, 기자와 언론사의 수많은 노력과 과정을 거쳐 우리에게 '연착'된 결과물이다. 겉으로 보이는 '즉시성'은 이러한 복잡한 딜레이 과정들을 압축하고 숨긴 채 제공되는 것이다.

'정보의 홍수' 속 '의미의 딜레이' - 피로와 왜곡

미디어가 '딜레이'를 줄이기 위해 경쟁하면서, 우리는 엄청난 양의 정보에 노출된다. '정보의 홍수' 속에서 사람들은 모든 뉴스를 즉시 소비하려 하지만, 아이러니하게도 이는 '의미의 딜레이'를 초래한다. 너무 많은 정보가 너무 빠르게 쏟아지면서, 우리는 정작 중요한 뉴스의 의미를 깊이 있게 파악하거나 성찰할 시간을 갖지 못하게 된다.

뉴스 피드를 빠르게 스크롤하며 수많은 헤드라인을 훑어보는 행위는 표면적으로는 '즉각적인 정보 습득'처럼 보이지만, 실제로는 깊은 이해와 통찰을 '지연'시킨다. 정보의 양은 방대해졌지만, 그 의미를 내면화하고 삶에 적용하는 데는 오히려 더 많은 시간이 필요하게 된 것이다. 이는 정보의 '소화 불량'과도 같다. 또한, 미디어 콘텐츠는 종종 자극적이고 단편적인 형태로 제공되어 사건의 복잡한 맥락이나 배경을 이해하는 것을 방해한다. 정보는 '즉시' 도착하는 듯 보이지만, 그 정보의 진정한 의미는 우리에게 '연착'되거나 아예 도착하지 못하는 경우가 발생한다.

'필터 버블'과 '확증 편향'이 만드는 '인식의 딜레이'

디지털 미디어 환경의 또 다른 딜레이는 알고리즘에 의해 발생하는 '인식의 딜레이'이다. 개인화된 추천 시스템은 우리가 이미 관심 있어 하거나 동의할 만한 정보만을 선별적으로 보여주는 '필터 버블(Filter Bubble)'을 형성한다. 이 필터 버블은 우리를 유사한 생각과 관점 속에 가두어, 다른 관점이나 반대되는 정보에 노출될 기회를 '지연'시키거나 차단한다.

이러한 환경 속에서 우리는 자신의 기존 신념을 강화하는 정보만을 '즉각적으로' 받아들이고, 다른 관점의 정보는 '늦게' 접하거나 아예 접하지 못하게 된다. 이는 '확증 편향(Confirmation Bias)'을 심화시켜 세상에 대한 우리의 인식을 왜곡하고, 균형 잡힌 시각을 형성하는 것을 '지연'시킨다. '실시간'으로 정보를 접한다고 믿지만, 실제로는 알고리즘이라는 필터를 통해 '지연된' 혹은 '편향된' 정보만을 수신하는 역설적인 상황에 놓이게 되는 것이다.

결론적으로, 미디어는 '딜레이'를 없앤 듯 보이지만, 실제로는 정보의 생성-처리 딜레이, 의미의 딜레이, 그리고 인식의 딜레이라는 다양한 형태로 '지연'을 내포하고 있다. '미디어의 연착'은 우리가 맹목적인 '속보'와 '실시간'에 대한 숭배에서 벗어나, 정보의 본질적인 시간성과 그 한계를 이해해야 함을 시사한다. 이는 정보를 더욱 비판적으로 수용하고, '연착 감수성'을 통해 깊이 있는 이해와 균형 잡힌 시각을 길러내는 데 필수적인 통찰이 될 것이다.

5장. 자동화된 삶의 그림자 – 예측 불가능한 딜레이

 현대 사회는 '효율성'과 '자동화'를 최상의 가치로 삼는다. 공장에서 로봇이 생산을 담당하고, 사무실에서는 소프트웨어가 업무를 자동화하며, 금융 거래는 알고리즘이 처리한다. 이 모든 것은 인간의 개입을 최소화하고, 오류를 줄이며, 모든 과정을 '즉시' 혹은 '매우 빠르게' 처리하여 '딜레이'를 없애는 것을 목표로 한다. 우리는 자동화된 시스템이 마치 물 흐르듯 끊김 없이 완벽하게 작동할 것이라고 기대한다.

 그러나 아이러니하게도, 이러한 고도로 자동화된 시스템은 종종 예측 불가능한 '지연(Delay)'을 만들어내고, 그로 인해 우리는 오히려 더 큰 혼란과 답답함을 경험하게 된다. '딜레이'가 사라질 것이라는 기대는 역설적으로 새로운 형태의 '연착'을 불러오는 그림자가 된다.

시스템 오류와 복합적 딜레이 - 통제 불능의 순간

자동화 시스템은 인간의 개입을 줄임으로써 효율성을 높이지만, 동시에 복잡성이 증가한다. 수많은 알고리즘과 소프트웨어, 하드웨어가 얽혀 작동하는 거대한 시스템에서 작은 오류 하나가 발생하면, 그 여파는 예측 불가능한 파장을 일으키며 거대한 '딜레이'를 초래할 수 있다.

예를 들어, 항공 교통 관제 시스템이나 은행의 전산망에 오류가 발생하면, 수많은 항공편이 지연되거나 금융 거래가 마비되는 대규모 딜레이가 발생한다. 스마트 공장의 생산 라인 중 한 부분이 멈추면 전체 생산이 지연되고, 병원의 자동화된 예약 시스템이 오류를 일으키면 수많은 환자들이 기다려야 하는 상황이 벌어진다. 이러한 딜레이는 단순히 '느려지는' 것을 넘어, 시스템의 연쇄적인 오류로 인해 통제 불능 상태에 빠지는 예측 불가능성을 내포한다. 우리는 시스템이 완벽할 것이라는 믿음 속에서, 오히려 더 큰 '연착'의 위험에 노출되는 것이다.

'블랙박스' 속 딜레이 - 원인을 알 수 없는 기다림

자동화된 시스템은 대부분 우리에게 '블랙박스'처럼 작동한다. 우리는 시스템이 어떻게 작동하는지, 왜 특정한 딜레이가 발생하는지 그 내부 원리를 투명하게 알기 어렵다. 고객 서비스 센터에 문의했을 때 "시스템 오류로 지연되고 있습니다"라는 답변을 듣지만, 정확히 무엇이 문제인지, 언제 해결될지 알 수 없는 답답함을 느끼는 경우가 많다.

이처럼 원인을 알 수 없는 딜레이는 사용자에게 큰 불안감과 무력감을 안겨준다. 과거에는 문제가 발생하면 직접적인 원인을 찾아 해결하려 노력할 수 있었지만, 고도로 자동화된 시스템에서는 그 복잡성 때문에 문제의 원인을 파악하고 해결하는 데 더 많은 시간과 전문성이 필요하다. 우리는 투명하지 않은 시스템의 '지연'을 그저 받아들여야 하는 수동적인 존재가 되고, 이는 예측 불가능한 '연착'이 야기하는 또 다른 그림자가 된다.

인간성 상실과 '관계적 딜레이' - 시스템 속에서 표류하는 존재

자동화는 인간의 노동과 개입을 줄임으로써 효율성을 높이지만, 동시에 인간적인 접촉과 관계를 최소화시킨다. 키오스크로 주문하고, 챗봇과 대화하며, 알고리즘이 개인의 성향을 분석하는 사회에서, 우리는 기계와 소통하는 시간이 늘어나고 인간 대 인간의 직접적인 관계가 '지연'되거나 상실될 위험에 처한다.

은행 업무나 민원 처리 등 과거에는 인간적인 대면을 통해 이루어지던 일들이 자동화되면서, 우리는 시스템의 응답을 기다리거나, 복잡한 절차 속에서 헤매며 불필요한 '딜레이'를 경험하기도 한다. 이 과정에서 발생하는 짜증과 무력감은 단순히 시간 지연의 문제가 아니라, 인간적인 소통과 공감의 결여로 인한 '관계적 딜레이'로 이어질 수 있다. 시스템이 즉각적인 서비스를 제공하는 듯 보이지만, 그 속에서 우리는 인간적인 연결과 따뜻한 관계의 '연착'을 기다리는 역설적인 상황에 놓이는 것이다.

결론적으로, 자동화된 삶은 '효율성'과 '즉시성'을 약속하지만,

그 이면에는 예측 불가능한 시스템 오류와 복합적 딜레이, 블랙박스 속 원인 불명의 기다림, 그리고 인간성 상실로 인한 관계적 딜레이라는 그림자를 드리운다. '기술의 연착'은 우리가 맹목적인 자동화와 효율성 추구에서 벗어나, 인간의 통제 범위를 넘어서는 기술의 한계와 그로 인한 '지연'의 역설을 이해해야 함을 시사한다. 이는 기술 발전이 가져오는 편리함 속에서도 '연착 감수성'을 잃지 않고, 인간적인 가치와 관계를 지켜나가는 지혜로운 태도가 필요함을 강조한다.

11부

자연과 우주의 시간
– 거대한 기다림의 지혜

　인간의 감각과 사회 시스템을 넘어, 이제 우리는 시간의 가장 거대하고 근원적인 차원, 즉 자연과 우주의 시간과 마주한다. 우리가 '즉시성'과 '속도'에 집착하는 동안, 자연과 우주는 인간의 조급함을 비웃듯, 상상할 수 없는 '지연(Delay)'과 '기다림'의 리듬으로 움직인다.

　11부 '자연과 우주의 시간 – 거대한 기다림의 지혜'는 바로 이 압도적인 시간의 스케일 속에서 '연착'의 궁극적인 의미를 탐색한다. 우리는 달력의 날짜를 비껴가는 계절의 '지연된 도착'을 보고, 자라지 않는 것처럼 자라는 식물의 '보이지 않는 성장'을 배운다. 수억 년을 여행해 온 별빛이라는 '과거의 메시지'를 받고, 수천 년간 쌓인 침묵 끝에 터져 나오는 지진의 '지연된 폭발'을 목격한다.

　이 부는 나이테, 지층, 화석 등 자연이 켜켜이 쌓아온 '지연된 기록'들을 통해, 모든 위대한 생성과 소멸이 얼마나 거대한 기다림을 필요로 하는지 증언한다. 궁극적으로 우리는 우주의 느린 호흡 속에서 인간의 조급함을 내려놓고, '연착'을 불편함이 아닌 존재의 가장 자연스러운 섭리로 받아들이는 겸손과 지혜를 얻게 될 것이다.

1장. 계절은 정시에 오지 않는다
– 자연의 주기는 흐트러진 시계다

우리는 달력을 보며 '오늘은 입춘이니 봄이 시작되었고, 이제 곧 꽃이 피겠구나'라고 생각한다. 머릿속에는 정확하게 3개월마다 바뀌는 봄, 여름, 가을, 겨울이라는 뚜렷한 계절의 경계가 그려져 있다. 인간은 시간을 숫자로 나누고, 절기를 정하며, 자연의 흐름을 마치 정밀한 시계처럼 예측하고 통제하려 한다. 하지만 자연은 우리의 달력처럼 그렇게 칼같이 움직이지 않는다. 계절은 우리가 정해놓은 '정시'에 오지 않으며, 자연의 주기는 우리가 생각하는 것보다 훨씬 더 '흐트러진 시계'처럼 작동한다. 이 미세한 '지연(delay)'과 '불규칙성' 속에 자연의 진정한 시간 개념이 숨어 있다.

달력과 현실의 '계절 지연'

우리가 사용하는 달력의 절기는 태양의 움직임에 따라 정해진 것이지만, 이는 어디까지나 평균적인 천문학적 기준일 뿐이다. 실제 기후와 현상으로서의 계절은 달력의 날짜와 정확히 일치하지 않는 경우가 훨씬 많다. 입춘이 지났는데도 맹추위가 계속되거나, 한여름처럼 뜨거워야 할 7월에 장마가 길게 이어지기도 한다. 가을 단풍은 매년 색이 드는 시기가 다르고, 첫눈이 내리는 날도 예측하기 어렵다. 이러한 현상은 '계절의 지연'을 보여준다. 달력은 '지금'을 가리키지만, 자연은 '지금' 그대로 반응하지 않고, 환경적 요인(기온, 강수량, 일조량 등)에 따라 '조금 늦게' 혹은 '조금 빠르게' 자신의 리듬을 드러낸다. 인간은 자연을 예측하고 통제하려 하지만, 자연은 자신의 고유한 속도와 방식으로 '연착(延着)'하여 우리에게 다가온다.

예컨대, 하지(夏至)는 태양의 고도가 가장 높고 낮의 길이가 가장 긴 날이지만, 실질적인 무더위는 그로부터 한두 달 뒤에야 찾아온다. 반대로, 동지(冬至)는 태양 고도가 가장 낮은 날이지만, 뼛속까지 스며드는 한파는 그 이후에야 본격화된다. 이는 대지가 태양의 복사열을 곧바로 반사하지 않고 오랜 시간 머금은 뒤에야 서서히 방출하기 때문이다.

열의 절정은 언제나 빛의 절정보다 늦게 도착한다. 자연은 언제나 '즉각적인 반응'이 아니라, 지연된 응답으로 우리에게 다가온다. 이것이 바로 자연이 작동하는 시간 방식이다. 자연은 우리의 숫자와 예측을 기준으로 움직이지 않는다. 그 흐름은 언제나 미세하게 어긋나 있으며, 바로 그 어긋남 속에 자연 고유의 생명성과 리듬이 숨 쉬고 있다.

기후 변화가 보여주는 '흐트러진 시계'

최근의 기후 변화는 자연의 주기가 얼마나 '흐트러진 시계'인지를 극명하게 보여준다. 아열대 기후가 북상하고, 겨울이 짧아지며, 예측 불가능한 폭염과 폭우가 잦아진다. 이는 단순히 '지연'을 넘어 계절의 '패턴 자체'가 변화하고 있음을 의미한다. 인간의 활동으로 인한 지구 온난화는 자연의 거대한 시간 주기를 인위적으로 교란시켰고, 그 결과 우리가 알던 익숙한 계절의 모습이 점점 더 '지연'되고 '변형'되어 나타나는 것이다.

자연은 우리가 생각하는 것처럼 정교하게 설계된 기계가 아니다. 오히려 끊임없이 상호작용하며 미세하게 변화하고 조정되는 유기적인 시스템이다. '지금'의 기온, 바람, 해류의 움직임이 '미래의 계절'에 영향을 미치고, 그 영향이 '지연'되어 우리에게 '도착'하는 것이다.

지연 속에서 배우는 자연의 지혜

'계절은 정시에 오지 않는다'는 사실은 우리에게 자연의 겸손함을 가르쳐준다. 우리가 만든 달력과 시계는 인간의 편의를 위한 도구일 뿐, 자연의 본질적인 흐름을 온전히 담아낼 수 없다. 자연은 우리의 조급함을 비웃듯이, 자신만의 '느린 시간'과 '지연의 리듬'을 고수한다.

이러한 자연의 '흐트러진 시계' 속에서 우리는 '기다림의 지혜'를 배워야 한다. 꽃이 제때 피지 않는다고 조바심 내거나, 눈이 오지 않는다고 불평하기보다, 자연이 가진 고유한 '지연의 시간'을 존중하고 이해하는 태도가 필요하다. 모든 생명체가 자신만의 성장과 변화의 리듬을 가지고 있듯이, 자연의 거대한 주기 또한 인간의 조작적인 '정시'를 넘어선 '연착'의 아름다움을 지니고 있음을 인정해야 한다. 자연은 우리에게 '지금' 모든 것을 주지 않으며, '지연된 기다림' 속에서 더 깊은 의미와 경이로움을 선물한다는 것을 일깨워준다.

2장. 식물은 자라지 않는 것처럼 자란다
– 자연이 가르쳐주는 기다림

우리는 아침마다 거울 앞에서 키를 재거나, 화분에 심은 씨앗이 언제 싹을 틔울지 조급하게 들여다본다. 변화는 '지금, 바로' 눈에 보여야 직성이 풀리는 듯하다. 하지만 자연은 우리처럼 조급하지 않다. 특히 식물의 성장은 우리 눈에는 거의 보이지 않을 정도로 '느리게' 진행된다. 오늘 아침에 본 나무가 어제보다 얼마나 자랐는지 맨눈으로는 알아차릴 수 없다. 그럼에도 불구하고, 그 보이지 않는 시간 속에서 식물은 서서히, 그리고 꾸준히 자라나 결국 거대한 숲을 이루고 아름다운 꽃을 피운다. 식물은 자라지 않는 것처럼 자라며, 자연이 우리에게 가르쳐주는 '거대한 기다림'의 지혜를 보여준다.

보이지 않는 성장과 '지연된 결과'

식물의 성장은 미시적인 세포 분열과 확장으로 이루어진다. 이 과정은 너무나 미세하고 느려서 인간의 짧은 관찰 주기 안에서는 거의 인지하기 어렵다. 오늘 씨앗을 심고 내일 아침에 땅을 파봐도 싹이 보이지 않으면 쉽게 실망한다. 하지만 씨앗 속에서는 이미 생명의 에너지가 움트고 있고, 땅속에서는 뿌리가 서서히 뻗어나가고 있다. 싹이 땅 위로 돋아나고, 줄기가 길어지며, 꽃봉오리가 맺히는 것은 모두 오랜 '지연된' 노력의 결과물이다.

우리가 보는 거대한 나무나 울창한 숲은 하룻밤 사이에 만들어진 것이 아니다. 수십 년, 수백 년에 걸쳐 매일매일 조금씩, 눈에 보이지 않는 '지연된 성장'이 축적되어 마침내 탄생한 것이다. 씨앗 하나가 거대한 나무로 성장하는 과정은, 우리가 즉각적인 결과를 갈망하는 현대 사회에서 '지연된 인내'가 얼마나 위대한 결과를 가져올 수 있는지를 묵묵히 보여준다.

자연의 리듬과 기다림의 필수성

식물은 계절의 변화에 따라 성장의 속도를 조절한다. 추운 겨울에는 성장을 멈추고 에너지를 비축하며 '기다림'의 시간을 보낸다. 따뜻한 봄이 오면 다시 활동을 시작하고, 여름에 왕성하게 자라난다. 이처럼 자연은 자신의 리듬에 따라 성장과 휴식, '속도'와 '지연'을 번갈아 경험한다. 이 기다림의 시간 없이는 다음 단계의 성장이 불가능하다.

인간은 종종 이 자연의 리듬을 무시하고, 식물에게 '지금 당장'

열매를 맺으라고 강요하듯이 모든 일에 즉각적인 성과를 요구한다. 하지만 씨앗이 땅에 묻혀 싹을 틔우기까지의 '지연' 없이는 열매를 맺을 수 없듯이, 인간의 삶과 문명의 발전 또한 '지연된 기다림'의 시간을 필요로 한다. 숙련된 기술을 익히는 데는 오랜 시간이 걸리고, 심오한 지혜를 얻는 데는 수많은 경험의 축적이 필요하다. 이 모든 것은 '자라지 않는 것처럼 자라는' 식물처럼 '지연된 노력'의 결과다.

'연착'하는 생명의 지혜

식물은 우리에게 '연착(延着)하는 생명'의 지혜를 가르쳐준다. 눈에 보이지 않는 곳에서 끊임없이 노력하고, 조급해하지 않으며, 자연의 순리를 따르는 인내심은 결국 꽃을 피우고 열매를 맺는 풍요로운 결과로 이어진다. '지금' 당장 변화가 보이지 않는다고 해서 포기할 것이 아니라, '지연된 시간' 속에서 축적되는 노력이 언젠가 '연착'하여 아름다운 결실을 맺을 것이라는 믿음을 가져야 한다.

빠르게 변화하는 세상 속에서 우리는 종종 찰나의 결과에 일희일비하며 좌절한다. 하지만 식물이 가르쳐주는 '기다림'은 우리에게 진정한 성장은 눈에 보이는 속도에 있는 것이 아니라, '느리고 지연된 축적'에 있음을 일깨워준다. 자연처럼 '연착'하는 지혜를 배울 때, 우리는 삶의 본질적인 아름다움과 깊이를 발견할 수 있을 것이다.

3장. 우주는 느리고, 인간은 참지 못한다

 밤하늘을 올려다보면 수많은 별들이 반짝인다. 우리는 그 별들이 '지금' 빛나고 있다고 생각하지만, 사실은 그렇지 않다. 수광년 떨어진 별에서 오는 빛은 수년, 수천 년, 심지어 수억 년 전에 출발한 과거의 모습이다. 우리가 보는 가장 가까운 별인 태양의 빛조차도 약 8분 전의 모습이다. 즉, 우주는 본질적으로 '느리고 지연된' 시간의 공간이다. 반면, 인간은 단 몇 초의 로딩 시간도 견디지 못하고, '지금, 바로' 결과를 원하며, 찰나의 순간에 모든 것을 판단하려 한다. 우주의 거대한 느림과 인간의 조급함 사이에는 감히 가늠할 수 없는 '딜레이'가 존재한다.

우주의 거대한 지연 – 빛의 여행
 우주의 모든 현상은 빛의 속도라는 물리적 한계 안에서 우리에게 전달된다. 수억 광년 떨어진 은하의 모습은 수억 년 전에 그곳을 떠난 빛이 이제야 우리에게 '연착(延着)'한 결과다. 지금 우리가 보는 은하가 현재 어떤 모습으로 존재하는지는 알 수 없다. 이미 사라졌을 수도 있고, 전혀 다른 형태로 진화했을 수도 있다. 우리는 우주를 '실시간'으로 관측하는 것이 아니라, '과거의 거대한 지연된 흔적'을 통해 우주를 이해할 뿐이다.

별의 탄생과 죽음, 은하의 충돌, 행성의 형성 등 우주에서 벌어지는 모든 사건은 인간의 생애 주기를 아득히 초월하는 시간 단위로 진행된다. 별 하나가 태어나고 죽기까지 수백만 년, 수십억 년이 걸린다. 지구상에서 한 계절이 바뀌는 것조차 느리다고 느끼는 우리에게, 우주의 이 '지연된 시간'은 경외심을 넘어선 무한한 인내를 요구한다. 우주는 조급해하지 않으며, 자신만의 템포로 거대한 변화를 묵묵히 이어간다.

인간의 조급함 – 찰나의 시간 속 욕망

이에 비해 인간의 시간 감각은 놀랍도록 짧고 조급하다. 우리는 미래를 예측하고 계획하지만, 그 계획이 당장 실현되지 않으면 쉽게 좌절한다. 농작물이 자라는 몇 달, 자녀가 성장하는 몇 년, 사회 변화가 이루어지는 몇십 년도 길다고 느낀다. '지금, 바로' 결과가 나오지 않으면 무의미하다고 치부하기도 한다. 디지털 시대의 즉시성은 이러한 인간의 조급함을 더욱 부추겨, 단 몇 초의 로딩 시간도 참지 못하는 경향을 만들어냈다.

우주의 '거대한 지연'과 인간의 '극단적인 조급함' 사이의 간극은, 우리가 존재론적으로 얼마나 작은 시간 속에 살고 있는지를 깨닫게 한다. 인간의 지식과 기술이 아무리 발전해도, 우주가 가진 본질적인 시간의 딜레이를 극복할 수는 없다. 우리는 우주의 광대한 기다림 앞에서 한없이 겸손해질 수밖에 없다.

우주의 느림이 가르쳐주는 기다림의 지혜

'우주는 느리고, 인간은 참지 못한다'는 명제는 우리에게 중요한 성찰을 던진다. 우리는 우주처럼 거대한 스케일의 '지연'을 이해하고 받아들임으로써, 우리 삶 속의 작은 '기다림'의 의미를 재발견할 수 있다.

- 인내의 가치: 우주의 느린 움직임은 인내심의 중요성을 가르쳐준다. 위대한 결과는 단숨에 이루어지지 않으며, 오랜 시간의 축적과 기다림 속에서 비로소 '연착'하여 도착한다.
- 현재의 소중함: 과거의 빛이 지연되어 도착하는 우주의 현상처럼, 우리가 살아가는 '지금 이 순간' 또한 미래의 누군가에게는 과거의 '지연된 빛'이 될 것이다. 현재의 모든 경험은 미래를 위한 소중한 기억이 된다.
- 궁극적인 겸손: 우주의 무한한 시간 속에서 인간의 삶은 찰나에 불과하다. 이러한 겸손한 인식을 통해 우리는 맹목적인 속도 경쟁에서 벗어나, 자연과 우주의 느린 리듬에 맞춰 삶의 진정한 의미를 찾아갈 수 있다.

우주는 끊임없이 우리에게 '기다림'과 '지연'의 메시지를 보낸다. 그 메시지를 이해하고 받아들일 때, 우리는 찰나의 순간에 갇힌 조급함에서 벗어나, 거대한 시간의 흐름 속에서 충만하고 지혜로운 삶을 살아갈 수 있을 것이다. 우주는 항상 우리를 기다려주는 거대한 스승이다.

4장. 나무는 속을 드러내지 않는다
– 나이테는 지나간 시간의 증언이다

　우리는 나무를 볼 때, 푸른 잎과 굳건한 줄기, 하늘을 향해 뻗은 가지에 주목한다. 겉으로 드러난 모습만으로는 그 나무가 얼마나 오래 살았는지, 어떤 역사를 거쳐왔는지 알기 어렵다. 나무는 묵묵히 서 있을 뿐, 자신의 속마음을 쉽게 드러내지 않는다. 그러나 나무를 베어 그 단면을 들여다보면, 그 안에는 나무가 살아온 모든 시간이 동심원의 무늬, 즉 '나이테'로 새겨져 있다. 이 나이테는 나무의 '지연된 역사'를 묵묵히 증언하는 자연의 언어이자, 눈에 보이지 않게 축적된 시간의 기록이다.

느린 성장의 기록 – 나이테의 지연된 시간
　나이테는 나무가 한 해 동안 자란 폭을 나타낸다. 봄과 여름에는 세포 분열이 활발하여 넓고 밝은 부분이 생기고, 가을과 겨울에는 성장이 둔화되어 좁고 어두운 부분이 생긴다. 이처럼 매년 한 쌍의 나이테가 형성되는 과정은 우리 눈에는 거의 보이지 않을 정도로 '느리게, 지연된 형태'로 진행된다. 어제 자란 나이테와 오늘 자란 나이테의 차이를 맨눈으로 알아차릴 수 있는 사람은 아무도 없다.

하지만 이 보이지 않는 느린 성장이 수십 년, 수백 년 동안 축적되면, 나무의 몸통은 거대한 원을 이루고 그 안에 헤아릴 수 없는 나이테들이 촘촘히 새겨진다. 이 나이테들은 단순히 시간의 흔적을 넘어, 나무가 겪어온 모든 환경 변화를 기록한다. 넓은 나이테는 비옥하고 온화했던 해를, 좁은 나이테는 가뭄이나 추위처럼 혹독했던 해를 증언한다. 나무는 자신의 삶을 '지금, 바로' 보여주지 않고, '지연된 기록'으로서 나이테를 통해 과거를 드러내는 것이다.

겉과 속의 시간차 – 드러나지 않는 역사

나무가 자신의 속을 드러내지 않는다는 것은, 우리가 겉모습만 보고는 그 나무의 진정한 깊이와 역사를 알 수 없다는 것을 의미한다. 인간 또한 마찬가지다. 어떤 사람이 겉으로 성공하고 활기차게 보인다 해도, 그가 지나온 고난과 노력, 그리고 그 과정에서 겪은 수많은 '지연된 좌절'이나 '기다림의 시간'은 겉으로 드러나지 않는다. 우리는 종종 찰나의 결과에만 집중하며 타인의 삶을 쉽게 판단하지만, 모든 존재의 속에는 나무의 나이테처럼 '보이지 않는 지연된 시간의 증언'이 켜켜이 쌓여 있다.

나무의 나이테는 나무가 외부 환경에 어떻게 반응하며 성장했는지를 보여주는 '지연된 응답'의 기록이기도 하다. 가뭄이 들면 나이테가 좁아지고, 산불을 겪으면 그 흔적이 남는다. 나무는 '지금' 그 고통을 말하지 않지만, 시간이 지나 그 '지연된 응답'은 나이테로써 우리에게 '연착(延着)'하여 메시지를 전달한다.

나이테가 가르쳐주는 '지연의 지혜'

나무의 나이테는 우리에게 여러 가지 '지연의 지혜'를 가르쳐준다.

- 인내와 축적의 가치: 위대한 결과는 눈에 보이지 않는 느린 성장과 꾸준한 축적의 산물이다. 조급하게 결과를 기대하기보다, 묵묵히 자신의 자리를 지키며 시간을 쌓아가는 인내가 중요하다.
- 겉과 속의 차이 이해: 겉으로 드러나는 모습만으로 어떤 존재의 전체를 판단해서는 안 된다. 그 안에는 보이지 않는 수많은 '지연된 노력'과 '시간의 흔적'이 담겨 있음을 이해해야 한다.
- 과거의 증언을 경청: 나이테가 지나간 시간을 증언하듯이, 우리 주변의 모든 현상과 존재 속에는 '지연된 과거'의 메시지가 숨겨져 있다. 이를 주의 깊게 돌아보고 경청할 줄 아는 통찰력이 필요하다.

나무는 자신을 베어내기 전까지는 자신의 역사를 말하지 않는다. 하지만 그 침묵 속에서 나이테는 영원히 지속될 '지연된 증언'을 새겨나간다. 우리는 이 나이테를 통해 '지연된 시간'이 얼마나 많은 의미와 깊이를 담고 있는지를 배울 수 있을 것이다.

5장. 단층의 침묵과 지연된 움직임
– 지진은 갑자기 오지 않는다

우리가 딛고 서 있는 땅은 단단하고 견고해 보인다. 건물은 꼿꼿이 서 있고, 산과 강은 수천 년 동안 자리를 지키며 움직이지 않는 듯 보인다. 그래서 우리는 지구의 표면, 즉 지각이 마치 멈춰 있는 것처럼 착각한다. 하지만 그것은 인간의 감각이 너무 짧기 때문이다. 지구의 지각은 지금 이 순간에도 느리게, 그리고 지연된 형태로 계속 움직이고 있다.

그 움직임은 거대한 지각판들이 서로를 밀고 당기며, 마찰을 일으키고, 그 경계인 단층에 서서히 압력을 축적하는 방식으로 일어난다. 단층은 겉으로는 멈춰 있는 듯 침묵하고 있지만, 그 침묵은 아무 일도 일어나지 않는 시간이 아니라, 엄청난 에너지가 조용히 응축되고 있는 시간이다. 그렇게 쌓인 지연된 에너지는 어느 순간 임계점을 넘어 폭발적으로 분출되고, 우리는 그제서야 비로소 '지진'이라는 이름으로 그 움직임을 감지하게 된다.

지진은 갑자기 오지 않는다. 그것은 오랫동안 들리지 않았던 지각의 속삭임이 마침내 외침이 된 순간이며, 단층의 긴 침묵이 '지연되어 도착한 현실'로서 우리 앞에 모습을 드러낸 것이다. 이 장에서는 그 보이지 않는 지각의 움직임과 지연된 에너지의 축적, 그리고 임계점에 도달했을 때 나타나는 파열의 의미를 탐구하고자 한다. 지진은 단순한 자연재해가 아니다. 그것은 눈에 보이지 않는 시간의 응축이며, 인간의 인식이 포착하지 못하는 지연의 진실을 가장 극단적인 형태로 증명하는 사건이다.

보이지 않는 움직임 – 지각의 느린 지연

지구의 지각은 여러 개의 거대한 판으로 나뉘어 있는데, 이 지각판들은 맨틀 대류에 의해 연간 수 센티미터, 즉 손톱이 자라는 속도와 비슷하게 움직인다. 이 움직임은 너무나 느려서 인간의 짧은 생애 주기 안에서는 거의 인지할 수 없다. 어제와 오늘, 혹은 지난주와 이번 주 사이의 지각판 이동을 맨눈으로 알아차릴 수 있는 사람은 아무도 없다. 마치 식물이 자라지 않는 것처럼 자라듯이, 지각은 움직이지 않는 것처럼 '느리게, 지연된 형태'로 이동하고 있는 것이다.

이러한 느린 움직임은 수백만 년, 수천만 년이라는 '거대한 지연의 시간' 속에서 비로소 의미 있는 변화를 만들어낸다. 대륙이 이동하고, 거대한 산맥이 융기하며, 바다가 확장되는 모든 지질학적 현상은 '보이지 않는 느린 움직임'이 오랜 시간 동안 축적된 결과다. 우리가 보는 산과 대륙은 '지금'의 모습이 아니라, 수억 년에 걸쳐 '지연되어 형성된' 지구의 얼굴인 셈이다.

단층의 침묵과 '지연된' 에너지 축적

지각판의 경계인 단층(fault)은 특히 흥미로운 '지연'의 공간이다. 두 판이 만나 압력을 받으면 단층을 따라 서서히 변형이 일어난다. 이때 단층면은 겉으로는 멈춘 것처럼 보이지만, 그 아래에서는 엄청난 양의 에너지가 '느리게, 지연된 형태'로 축적되고 있다. 판들이 마찰 때문에 갑자기 움직이지 못하고 삐걱거리는 것이다.

이 축적된 에너지는 단층이 가진 임계점을 넘어서는 순간, 한꺼번에 폭발적으로 방출된다. 이것이 바로 지진이다. 즉, 지진은 '지금, 갑자기' 발생한 것이 아니다. 수십 년, 수백 년 동안 단층에 '지연되어 쌓인' 스트레스가 한순간에 터져 나온 결과인 것이다. 단층의 침묵은 겉으로 보기에 안정적인 듯하지만, 실제로는 거대한 에너지의 '지연된 축적'을 의미하며, 그 침묵이 길어질수록 폭발의 위험은 커진다.

지진은 갑자기 오지 않는다

우리는 지진을 '갑작스럽게' 발생한 재난으로 인식하지만, 실상 그것은 오랜 시간 동안 보이지 않게 축적된 에너지가 한계를 넘어서면서 발생하는 '연착의 폭발'이다. 단층 아래에서 수십 년, 수백 년에 걸쳐 차곡차곡 쌓여온 긴장과 압력은 인간의 눈에는 아무 변화도 없는 침묵처럼 보이지만, 그 안에서는 이미 결정적인 전환이 서서히 준비되고 있었다. 지진은 바로 그 지연된 준비의 결과이며, 침묵 속에서 길게 이어져 온 힘의 시간들이 마침내 현실로 모습을 드러내는 순간이다.

우리는 이 거대한 자연의 작용 앞에서 단지 두려움을 느낄 것이 아니라, 그 속에 깃든 시간의 구조와 존재의 리듬을 성찰해야 한다. 세상에는 우리가 눈으로 직접 보지 못하는 변화가 훨씬 더 많고, 오랜 침묵과 축적이야말로 진정한 변화를 잉태하는 조건임을 지진은 묵묵히 가르쳐준다. 눈앞의 평온은 언제나 과거의 긴장 위에 놓여 있으며, 당장의 정적이 반드시 안정은 아니다. 침묵은 무풍이 아니라, 힘이 모이는 시간일 수 있다. 이 사실을 이해할 때 우리는 변화라는 것을 사건이 아니라 과정으로, 갑작스러움이 아니라 지연으로 바라볼 수 있다. 그때부터 우리는 겉으로 고요한 삶조차도 더는 가볍게 여기지 않고, 모든 고요함 속에 잠재된 시간의 두께와 응축된 의미를 발견하게 된다.

지진은 결국 우리에게 이렇게 말한다. 지금 보이지 않는다고 해서, 아무 일도 일어나고 있지 않은 것은 아니라고. 변화는 늘 가장 조용한 자리에서 가장 길게 준비되고 있다고. 그리고 그 기다림이 끝나는 순간, 모든 것은 연착하여 도착한다고. 이 깊고 느린 진실을 이해할 때, 우리는 자연 앞에서 겸손해지고, 삶 앞에서 인내를 배우며, 지연의 시간 속에서 더욱 단단한 감수성과 통찰을 얻게 될 것이다.

6장. 지층은 시간을 덮는다
– 땅은 켜켜이 쌓인 기억이다

우리가 걷는 땅은 단순한 흙덩이가 아니다. 땅속 깊이 파고들어 가면, 서로 다른 색깔과 질감을 가진 '지층(strata)'들이 층층이 쌓여 있는 것을 볼 수 있다. 마치 수만 권의 책이 빼곡히 꽂힌 거대한 도서관처럼, 각 지층은 지구의 '지연된 역사'를 묵묵히 기록하는 하나의 장(章)과 같다. 이 지층들은 과거의 사건과 시간을 '덮고' 있지만, 동시에 그 모든 기억들을 '켜켜이 쌓아' 우리에게 전달하고 있다. 땅은 바로 시간의 거대한 기억 저장소이자, '지연'이 만들어낸 살아있는 증거다.

퇴적의 느림 – 시간의 지연된 축적

지층은 주로 퇴적암으로 이루어져 있다. 이는 강물이나 바람에 의해 운반된 모래, 진흙, 자갈 등이 바닥에 쌓이고, 오랜 시간 동안 압력을 받아 굳어진 결과다. 이 퇴적 과정은 극도로 '느리게' 진행된다. 1cm의 퇴적층이 쌓이는 데 수백 년, 심지어 수천 년이 걸리기도 한다. 우리 눈에는 전혀 보이지 않을 정도로 '지연된 형태'로 물질이 쌓이는 것이다.

하지만 이러한 보이지 않는 느린 축적이 수억 년 동안 계속되면, 수십 미터에서 수백 미터에 달하는 거대한 지층이 형성된다. 각 지층은 형성된 시기의 기후, 환경, 생명체 등 지구의 다양한 정보를 담고 있다. 마치 나무의 나이테처럼, 지층의 두께나 구성 성분은 당시의 환경이 어떠했는지에 대한 '지연된 증언'을 제공한다. 지층은 '지금'의 모습이 아니라, 수억 년 전의 과거가 '지연되어 현재에 연착(延着)한 결과물'인 셈이다.

'기억'을 덮고 있는 지층의 시간차

지층은 문자 그대로 '시간을 덮는다'. 새로운 퇴적물이 계속 쌓이면서 그 아래의 오래된 지층은 땅속 깊이 묻히고, 그 위에 쌓인 새로운 지층은 이전의 기억들을 감춘다. 하지만 '덮는 것'은 '사라지게 하는 것'이 아니다. 땅은 기억을 지우는 것이 아니라, 켜켜이 쌓아 보존하는 방식으로 시간을 품는다.

이러한 지층의 특징은 과거의 사건들이 '지연된 형태로' 우리에게 드러난다는 것을 의미한다. 예를 들어, 공룡의 흔적이나 고대 생명체의 화석은 지층 속에 수천만 년 동안 갇혀 있다가, 지각 변동이나 인간의 발굴을 통해 비로소 '뒤늦게' 발견된다. 우리가 보는 것은 공룡이 살아 숨 쉬던 '그때'가 아니라, 수억 년의 시간을 거쳐

'지연되어 도착한' 과거의 메시지인 것이다. 땅은 이처럼 '보이지 않게 덮여 있는' 시간차를 통해 과거의 이야기를 들려준다.

지층이 가르쳐주는 '지연의 지혜'

'지층은 시간을 덮는다 – 땅은 켜켜이 쌓인 기억이다'라는 통찰은 우리에게 자연의 거대한 기다림과 지혜를 가르쳐준다.

- 축적의 힘: 위대한 변화와 기억은 한순간에 이루어지는 것이 아니라, 눈에 보이지 않는 느린 과정과 꾸준한 축적을 통해 형성된다. 현재의 우리는 수많은 과거의 '지연된 축적' 위에 서 있다.
- 겸손한 과거 인식: 우리는 땅속 깊이 묻힌 지층처럼, 우리 주변에 숨겨진 '지연된 과거'의 흔적들을 겸손하게 탐색해야 한다. 겉으로 드러나지 않는 곳에 진정한 역사와 지혜가 숨어 있을 수 있다.
- 기억의 영속성: 시간은 모든 것을 지우는 듯 보이지만, 자연은 '지연된 기록'을 통해 기억을 영원히 보존한다. 우리의 삶과 행동 또한 언젠가 미래에 '연착'하여 도달할 어떤 형태로든 기억될 것이다.

땅은 묵묵히 시간을 덮어가지만, 그 안에는 수억 년에 걸친 '지연된 기억'들이 켜켜이 쌓여 있다. 우리는 이 지층을 통해 자연의 무한한 인내심과, 모든 존재가 결국 '지연된 시간' 속에서 의미를 찾아간다는 깊은 진리를 배울 수 있을 것이다.

7장. 화석은 늦게 도착한 생명의 메시지다

 우리는 박물관에서 거대한 공룡 뼈대나 고대 식물의 흔적인 화석을 마주한다. 눈앞의 화석은 마치 '지금' 눈으로 보고 만질 수 있는 실체처럼 느껴진다. 하지만 이 화석이 우리에게 도달하기까지는 상상할 수 없는 길고 긴 '지연(delay)'의 시간이 필요했다. 화석은 단순히 돌이 된 생명체의 흔적이 아니라, 수천만 년, 수억 년 전의 과거 생명체가 '늦게 도착한 메시지'이자, 거대한 지구의 시간이 품고 있던 '지연된 증언'이다.

화석화 과정의 '느린 지연'

 생명체가 죽어 화석이 되는 과정은 매우 특별하고 극도로 '느리게' 진행된다. 동식물의 사체가 흙이나 모래, 진흙 등으로 덮여 빠르게 부패를 막아야 한다. 그리고 그 위에 퇴적물이 계속 쌓이면서 엄청난 압력과 오랜 시간이 가해져 유기물이 광물질로 서서히 교체된다. 이 모든 과정은 단숨에 일어나는 것이 아니라, 수만 년에서 수백만 년에 걸쳐 '느리게, 지연된 형태'로 축적된다.

우리가 화석을 발견하는 '지금'은, 사실 수천만 년 전 또는 수억 년 전의 생명체가 존재했던 '과거의 흔적이 지연되어 현재에 연착(延着)한 시점'이다. 화석은 과거 생명체의 살아있는 모습을 직접 보여주는 것이 아니라, 시간과 지층의 압력을 견뎌내고 살아남은 '지연된 잔해'인 것이다. 그들은 '지금' 우리에게 말을 걸고 있지만, 그 목소리는 수억 년의 시간 지연을 거쳐 온 것이다.

발견의 시간차와 '지연된 지식'

화석은 일단 형성되면 대부분 땅속 깊은 지층 속에 갇혀 수천만 년을 기다린다. 그리고 지구의 지각 변동이나 침식 작용, 혹은 인간의 탐사와 발굴을 통해서야 비로소 세상 밖으로 드러난다. 이는 화석이 우리에게 전달하려는 메시지가 '발견이라는 또 다른 지연'을 거친 후에야 비로소 인지된다는 의미다.

발견된 화석을 통해 과학자들은 당시의 기후, 생태계, 생명체의 진화 과정을 유추한다. 공룡 화석은 그들이 살았던 중생대의 환경을, 삼엽충 화석은 고생대 바다의 모습을 생생하게 증언한다. 이처럼 화석은 '지금' 우리에게 '과거의 지연된 지식'을 전달함으로써 지구 생명 역사에 대한 우리의 이해를 넓혀준다. 화석 연구는 단순한 발견을 넘어, 수억 년의 시간을 거쳐 '지연되어 도착한 지혜'를 해석하는 과정이라 할 수 있다.

화석이 가르쳐주는 '지연의 지혜'

'화석은 늦게 도착한 생명의 메시지다'라는 명제는 우리에게 자연과 시간의 깊은 의미를 가르쳐준다.

- 인내와 보존의 힘: 생명체의 흔적이 화석으로 보존되기까지는 엄청난 인내의 시간이 필요하다. 자연은 중요한 메시지를 즉시 보여주지 않고, '지연'을 통해 가장 견고한 형태로 보존하여 먼 미래에 전달한다.
- 과거와의 연결: 화석은 우리가 현재를 살아가는 동안에도 '지연된 과거'가 끊임없이 현재에 영향을 미치고 있음을 보여준다. 현재의 생명체는 과거 수억 년의 진화가 '지연되어' 연착한 결과이다.
- 궁극적인 겸손: 화석을 통해 우리는 인간의 짧은 삶과 비교할 수 없는 지구와 생명의 거대한 시간 스케일 앞에서 겸손함을 배운다. '지금' 우리의 존재는 '아주 오래전부터' 시작된 생명의 긴 여정이 지연되어 도달한 한 지점일 뿐이다.

화석은 묵묵히 땅속에 묻혀 있다가 비로소 우리에게 말을 건다. 그들이 전하는 메시지는 '지금'의 조급함과 단편적인 시각을 넘어, '지연된 시간'이 품고 있는 깊이와 영원성에 대한 통찰을 선사한다.

8장. 산은 무너지지 않는다
– 시간의 언어로 깎이고 쓸리다

우뚝 솟은 산은 우리에게 영원불변의 상징처럼 느껴진다. 수천 년 동안 같은 자리에 굳건히 서서 비바람을 견디고, 세대를 이어 사람들의 곁을 지킨다. '산이 움직이는 것을 봤다'는 사람은 아무도 없을 것이다. 산은 마치 '지금 이 순간'에도 꼼짝 않고 정지해 있는 것처럼 보인다. 하지만 이는 인간의 짧은 시간 감각이 만들어낸 착각이다. 산은 '무너지지 않는' 것이 아니라, 다만 우리 눈에는 보이지 않을 정도로 '아주 느리게, 지연된 형태'로 변화하고 사라지고 있다. 이 변화는 바로 풍화(Weathering)라는, 시간의 언어가 묵묵히 써내려가는 거대한 서사시를 통해 이루어진다.

산의 탄생과 느린 소멸 – 지연된 변화의 축적

우리는 흔히 산이 마치 거대한 힘에 의해 단숨에 솟아오른다고 생각하지만, 산의 탄생(융기) 역시 인간의 시간 감각으로는 상상하기 어려운 '지연된 과정'의 연속이다. 수백만 년에서 수천만 년에 걸쳐 지각판이 밀어붙이고 마그마가 솟아오르며 아주 느리게 형성된다. 그리고 일단 형성된 산은 이제 다른 종류의 '지연된 변화'를 겪는다. 바로 침식(erosion)과 풍화다. 바람, 비, 눈, 얼음, 온도 변화, 식물의 뿌리 등 수많은 자연 현상이 끊임없이 산의 표면을 깎고, 부수고, 운반한다. 이 과정은 극도로 '느리게' 진행된다. 하루아침에 산이 깎여나가거나 사라지는 일은 없다. 1년에 몇 밀리미터, 혹은 몇 마이크로미터씩, 우리 눈에는 거의 인지할 수 없을 정도로 '지연된 형태'로 산의 모습이 변해가는 것이다. 하지만 이러한 보이지 않는 느린 변화가 수만 년, 수백만 년 동안 지속되면, 거대했던 산맥은 낮고 완만한 구릉으로 변하고, 뾰족했던 봉우리는 둥글게 깎여나간다. 우리가 보는 '지금'의 산은 수백만 년에 걸친 침식과 풍화라는 '지연된 과정'이 만들어낸 결과물이다. 산은 '즉시' 변화하지 않지만, '지연된 시간'을 통해 끊임없이 자신을 변화시키고 있는 것이다.

풍화 – 시간의 언어가 새겨지는 보이지 않는 작업

풍화는 드라마틱한 사건처럼 보이지 않는다. 거대한 바위가 갑자기 부서져 내리는 것이 아니라, 미세한 온도 변화로 인한 아주 작은 균열, 빗방울과 바람이 만들어내는 미세한 마모, 식물 뿌리의 침투 등 '보이지 않게, 지연된 형태'로 축적된다. 이처럼 풍화는 단순히 암석을 부수는 것을 넘어, 시간의 이야기를 기록하는 '언어'

가 된다. 풍화된 암석의 색깔, 질감, 그리고 침식된 정도는 그 지역의 과거 기후와 환경에 대한 '지연된 정보'를 담고 있다. 협곡의 웅장함이나 기암괴석의 독특한 형태는 수천만 년에 걸친 풍화와 침식이라는 '지연된 작업'의 결과물이다. 자연은 이처럼 '보이지 않는 느린 손길'을 통해 자신만의 예술 작품을 만들어가며, 우리에게 '지연된 아름다움'을 선사한다. 우리는 그 지형을 통해 과거의 시간과 자연의 끊임없는 노력을 '느리게' 읽어낼 수 있다.

산이 가르쳐주는 '지연의 지혜' – 영원함의 착시를 넘어

산이 영원할 것이라는 착시는 인간의 조급한 시간 개념에서 비롯된다. 우리는 즉각적인 결과를 선호하고, 눈에 보이는 빠른 변화에만 주목한다. 하지만 자연은 우리의 이런 기대에 부응하지 않는다. 자연의 변화는 때로는 우리가 감히 상상조차 할 수 없는 '거대한 지연'의 스케일로 진행된다. 결국 산은 언젠가 바다로 돌아가거나, 새로운 지각 운동으로 다시 솟아오를 것이다. 이 모든 것은 '지금'이라는 찰나의 순간에 이루어지는 것이 아니라, 무한한 '지연된 시간'을 통해 '연착(延着)'하여 도달할 결과이다. 산의 느린 사라짐 속에서 우리는 다음과 같은 '지연의 지혜'를 배울 수 있다.

- 영속성 속의 변화: 겉으로 변치 않는 듯 보이는 것들 속에서도 끊임없이 '느린 지연된 변화'가 진행되고 있음을 인식해야 한다. 모든 존재는 '지금'의 상태에 머무르지 않고, 시간에 따라 서서히 변화한다.

- 미세한 것의 위대한 힘: 매일의 작은 노력이나 보이지 않는 꾸준함이 결국 거대한 결과를 만들어낸다. 찰나의 성과에만 매달리기보다, '지연된 축적'의 힘을 믿고 인내해야 한다.
- 과거의 흔적 읽기: 풍화된 지형처럼, 우리 주변의 모든 현상과 존재 속에는 '지연된 과거'의 이야기와 흔적이 담겨 있다. 이를 주의 깊게 관찰하고 해석할 줄 아는 안목이 필요하다.
- 현재의 중요성: 산이 오랜 시간을 거쳐 지금의 모습에 도달했듯이, 우리의 '지금'은 수많은 과거의 '지연된 축적'의 결과다. 그리고 우리의 '지금' 행동 또한 미래에 '지연되어' 연착할 어떤 결과를 만들어낼 것이다.

산은 묵묵히 그 자리에 서서 우리에게 '지연된 시간'의 위대함과 모든 것의 유한함을 가르쳐준다. 그 느린 사라짐 속에서 우리는 조급함을 내려놓고, 삶의 진정한 의미를 찾아가는 지혜를 얻을 수 있을 것이다.

9장. 바람은 지나간 후에야 보인다
– 자연의 흔적은 지연되어 나타난다

우리는 바람을 눈으로 볼 수 없다. 다만 피부에 닿는 감촉, 나뭇가지가 흔들리는 소리, 혹은 흩날리는 나뭇잎을 통해 바람의 존재를 간접적으로 인지할 뿐이다. 바람은 '지금, 이 순간' 불고 있지만, 그 존재는 마치 유령처럼 보이지 않는다. 그러나 바람이 멈추고 난 후, 우리는 비로소 바람이 지나간 '흔적'을 통해 그 힘을 실감하게 된다. 헝클어진 머리카락, 넘어진 간판, 구불구불하게 파인 모래 언덕 등, 바람의 모든 강력한 흔적은 그 움직임이 '지나간 후에야' 비로소 '지연된 형태'로 나타난다.

순간의 힘, 지연된 증거 – 바람의 시간차

바람은 매우 역동적이고 순간적인 힘이다. 태풍이나 회오리바람은 순식간에 모든 것을 쓸어버릴 수 있다. 하지만 그 파괴적인 힘조차도 직접적으로 '보이는' 것이 아니라, 그 힘이 물체에 가해지고 물체가 변형되는 '지연된 과정'을 통해 비로소 우리 눈에 드러난다. 건물 잔해, 뽑혀 나간 나무, 뒤집힌 차량 등은 바람이 지나간 '과거의 힘'이 남긴 '지연된 증거'다.

이러한 현상은 자연의 많은 움직임이 '즉각적으로는 인지되지 않지만, 시간이 지나면서 그 결과가 '지연되어' 나타난다'는 것을 보여준다. 강물이 흐르는 모습은 보이지만, 그 강물이 오랜 시간 동안 바위를 깎아 협곡을 만드는 과정은 보이지 않는다. 파도가 해안을 때리는 순간은 보이지만, 그 파도가 해안선을 침식시키는 수백 년간의 과정은 우리의 시야에 잡히지 않는다. 자연의 진정한 작업은 종종 '보이지 않는 지연의 시간' 속에서 이루어진다.

장기적인 흔적 – 지연된 '자연의 메시지'

바람은 짧은 시간 동안만 흔적을 남기는 것이 아니다. 사막의 거대한 사구(모래 언덕)는 바람이 수천 년, 수만 년 동안 모래를 운반하고 쌓아 올린 결과물이다. 해안가의 기이하게 깎인 풍식 지형 또한 바람이 암석을 '보이지 않게, 아주 느리게' 마모시킨 '지연된 작품'이다. 이러한 자연의 장기적인 흔적들은 바람이라는 눈에 보이지 않는 힘이 얼마나 끈질기고 지속적인지를 묵묵히 증언한다.

이러한 지형들은 마치 과거의 바람이 '지금' 우리에게 보내는 '지연된 메시지'와 같다. 우리는 그 메시지를 통해 바람이 불었던 방향, 바람의 세기, 그리고 그 시간이 얼마나 길었는지에 대한 단서를 읽어낼 수 있다. 자연은 즉각적으로 모든 것을 드러내지 않고,

'지연'을 통해 가장 강력하고 지속적인 흔적을 남김으로써 우리에게 그 존재의 깊이를 깨닫게 한다.

바람이 가르쳐주는 '지연의 지혜'

'바람은 지나간 후에야 보인다 – 자연의 흔적은 지연되어 나타난다'는 명제는 우리에게 중요한 삶의 통찰을 제공한다.

- 본질과 현상의 시간차: 우리는 종종 눈앞에 보이는 현상에만 집착하지만, 그 현상 뒤에는 직접적으로 보이지 않는 본질적인 힘이 '지연된 형태'로 작용하고 있음을 인지해야 한다. 문제의 원인이 '지금' 보이지 않아도, 이미 '지나간' 어떤 것에 뿌리를 두고 있을 수 있다.
- 인내와 축적의 가치: 위대한 결과나 파괴적인 영향은 단숨에 나타나는 것이 아니라, 보이지 않는 곳에서 끊임없이 축적되고 '지연된' 후에야 비로소 그 흔적을 드러낸다. 우리의 노력이나 잘못 또한 언젠가 '지연된' 형태로 결과에 영향을 미칠 것이다.
- 과거의 흔적 읽기: 주변의 모든 현상과 상황 속에 '지연된 과거'의 흔적이 남아 있을 수 있다. 이를 주의 깊게 관찰하고 해석할 줄 아는 통찰력을 길러야 한다.

바람은 우리에게 '지연'의 미학을 가르쳐준다. 그 보이지 않는 움직임 속에서 우리는 '지금' 당장의 결과만을 좇지 않고, '시간이 지나야만 보이는' 더 깊은 의미와 흔적을 찾아낼 수 있을 것이다.

12부

기다림의 철학
– 현대인의 연착 감수성

우리는 감각부터 존재, 감정에 이르기까지 모든 것이 우리에게 '연착'한다는 사실을 확인했다. 하지만 이 얇은 '즉시성'을 숭배하는 현대 사회의 강력한 관성 앞에서 무력해지기 쉽다. 알림은 1초의 지연도 없이 울리고, 세상은 '지금 당장' 반응하라고 우리를 재촉한다. 이 속도의 폭정 속에서 우리는 어떻게 살아가야 하는가?

12부 '기다림의 철학 – 현대인의 연착 감수성'은 바로 이 질문에 대한 답을 찾아가는 여정이다. 이 부는 '지연'과 '연착'을 수동적으로 인내해야 할 불편한 현실이 아니라, 삶의 깊이와 의미를 되찾기 위한 능동적인 철학적 실천, 즉 '기다림'으로 전환할 것을 제안한다.

우리는 '지금'이라는 찰나의 함정에서 벗어나 시간 감각을 재구성하고, '느림'의 미학 속에서 존재의 풍요로움을 발견하며, 모든 딜레이를 깊은 성찰의 시간으로 바꾸는 법을 모색할 것이다. 궁극적으로 '미래를 기다린다'는 행위가 어떻게 절망이 아닌 희망과 가능성의 원천이 되는지 밝혀낼 것이다. 이 부에서 '기다림'은 더 이상 무력한 정체가 아니라, 속도에 저항하는 가장 적극적인 행위이자, 자신의 시간을 되찾는 주체적인 선언이 된다. '연착'이 불가피하다면, 우리는 어떻게 그 시간을 우리의 것으로 만들 수 있을까? 그 해답을 찾아가는 여정이 바로 여기에 있다.

1장. 모든 것이 늦어진다면 – 기다림의 필연성

우리는 지난 부들을 통해 우주의 별빛에서부터 우리 감각의 미세한 움직임, 그리고 존재와 감정의 심오한 발현에 이르기까지, 모든 것이 우리에게 '지연(Delay)'된 형태로 '연착(延着)'한다는 사실을 깨달았다. '지금'이라는 즉각적인 순간은 환상에 불과하며, '실시간'이라는 강박은 우리가 만들어낸 허구였다. 그렇다면 만약 정말로 이 세상의 모든 것이, 혹은 대부분의 중요한 것이 우리에게 '늦게' 도착하는 것이 본질이라면, '기다림'은 더 이상 선택의 문제가 아니라 삶의 필연적인 부분이 될 수밖에 없다.

현대 사회는 '즉시'의 가치를 숭배한다. 고속 인터넷, 즉석식품, 당일 배송, 실시간 알림 등 모든 것이 기다림을 최소화하고 즉각적인 만족을 추구하도록 설계되어 있다. 우리는 조금만 지연되어도 짜증을 내고 불안해하며, 심지어는 '기다린다'는 행위 자체를 시간 낭비나 비효율의 상징으로 여긴다. 하지만 우리가 지금까지 논의해온 '연착'의 본질을 받아들인다면, 이러한 '즉시성'에 대한 맹목적인 추구는 현실을 외면하는 것과 다름없다.

'기다림'은 수동적인 행위가 아니다. 오히려 그것은 우리 존재의 깊은 차원과 맞닿아 있는 능동적이고 필수적인 삶의 방식이다. 우리가 씨앗을 심고 수확을 기다리듯이, 어린아이가 성장하여 어른이 되기를 기다리듯이, 병이 나아 회복되기를 기다리듯이, 삶의 가장 중요한 변화와 성장은 언제나 시간이라는 지연의 과정을 통해서만 이루어진다. 이 과정에서 '기다림'은 단순한 인내가 아니라, 미래의 가능성을 믿고 현재의 과정에 충실하는 태도가 된다.

예를 들어, 나무가 자라는 과정을 생각해보자. 씨앗을 심는 순간, 우리는 나무가 즉시 솟아나기를 기대하지 않는다. 씨앗이 발아하고, 줄기가 뻗고, 잎이 무성해지기까지 수많은 계절과 지연의 시간이 필요하다. 이 기다림 속에서 우리는 자연의 리듬을 배우고, 인내심을 기르며, 나무의 성장을 '믿음'으로 지켜본다. 이처럼 '기다림'은 단순히 수동적으로 시간을 보내는 것이 아니라, 성장과 변화가 일어날 것이라는 확신을 가지고 현재에 집중하는 '능동적인 지연 감수성'의 발현이다.

우리가 아무리 '즉시성'을 쫓아도, 근원적인 존재의 속성은 변하지 않는다. 별은 여전히 과거의 빛을 보내고, 감정은 뒤늦게 찾아오며, 모든 중요한 일은 축적된 시간 속에서만 그 의미를 드러낸다. 그렇다면 현대인의 진정한 지혜는 '즉시'를 맹목적으로 추구하며 좌절하기보다는, '모든 것이 늦어진다'는 진실을 인정하고 '기다림의 필연성'을 받아들이는 것에서 시작되어야 할 것이다.

'기다림'은 단순한 불편함이 아니라, 우리에게 세상의 진정한 리듬을 가르쳐주는 스승이다. 그것은 인내심, 통찰력, 그리고 삶의 심오한 아름다움을 발견하는 문을 열어준다. '기다림'을 통해 우리는 '빨리빨리'의 속도에서 벗어나, 자신의 내면과 타인, 그리고 세상과 더욱 깊이 연결될 수 있는 여유를 찾게 될 것이다. '연착'이 우리의 본질이라면, '기다림'은 그 연착의 시간을 가장 현명하게 살아내는 철학이자 실천이 되는 셈이다.

2장. '지금'의 함정에서 벗어나기
- 시간 감각의 재구성

우리는 지난 앞 1장에서 '지금'이라는 순간이 사실은 과거의 잔상이며, 감각과 인식이 필연적인 지연을 수반한다는 점을 여러 차례 확인했다. 그러나 현대 사회는 여전히 '지금, 즉시, 실시간'이라는 개념에 깊이 매몰되어 있다. 이러한 강박은 우리가 삶의 많은 부분을 놓치고, 불필요한 조급함과 좌절감에 빠지게 만든다. '지연'과 '연착'이 존재의 본질적인 속성이라면, 우리가 진정으로 평화롭고 풍요로운 삶을 살기 위해서는 '지금'이라는 함정에서 벗어나 시간 감각을 근본적으로 재구성해야 할 것이다.

'점'이 아닌 '흐름'으로서의 시간

우리는 흔히 시간을 시계의 초침처럼 '점'들의 연속으로 생각한다. 1초, 2초, 3초… 이렇게 끊어지는 순간들이 모여 시간이 된다고 믿는 것이다. 하지만 앞서 베르그송의 '지속' 개념에서 살펴보았듯이, 시간은 이러한 정량화된 점들의 나열이 아니라, 과거와 현재, 미래가 서로 스며들며 끊임없이 '누적되고 변화하는 흐름'이다.

'지금'이라는 순간은 독립적으로 존재하는 고정된 점이 아니다. 오히려 그것은 지나간 과거의 경험들을 품고 있으며, 다가올 미래의 가능성으로 뻗어 나가는 유동적인 현재이다. 우리가 '지금'이라고 느끼는 찰나는 결코 고립된 한 점이 아니라, 마치 강물이 흘러가는 한 단면처럼, 이미 지나온 물의 흐름과 앞으로 흘러갈 물의 흐름을 동시에 내포하고 있는 것이다. 이러한 '흐름으로서의 시간'을 이해한다면, 우리는 '지금'이라는 찰나에 모든 것이 완벽하게 이루어져야 한다는 압박감에서 벗어날 수 있을 것이다.

'기다림'을 '과정'으로 이해하기

'지금'의 함정에서 벗어나기 위해서는 '기다림'에 대한 우리의 인식을 바꿔야 한다. 기다림은 단순한 '활동 없음'이 아니다. 그것은 변화와 성장을 위한 '과정'이며, 필연적인 '지연의 시간'이다. 씨앗이 나무가 되기까지, 어린아이가 어른이 되기까지, 혹은 상처가 아물고 용서에 이르기까지는 반드시 기다림의 과정이 필요하다. 이 과정 속에서 보이지 않는 내부적인 변화와 축적이 일어난다.

우리가 '기다린다'는 것은 단순히 결과를 기다리는 수동적인 행위가 아니라, 과정 속에 몰입하고, 그 안에서 의미를 찾으며, 미래의 가능성을 믿는 능동적인 태도이다. 기다림을 '과정'으로 이해할 때, 우리는 '결과'가 즉시 나타나지 않는다고 해서 조급해하거나 좌절하지 않게 된다. 대신, 현재의 노력과 쌓여가는 시간을 존중하며, 그 과정 속에서 이루어지는 미묘한 변화들을 알아챌 수 있는 감수성을 기르게 된다. 이는 곧 우리가 '연착 감수성'을 키워나가는 중요한 첫걸음이 될 것이다.

존재의 '연착'을 받아들이는 마음

궁극적으로 '지금'의 함정에서 벗어난다는 것은, 모든 존재가 우리에게 '지연된 채 나타난다'는 진실을 온전히 받아들이는 것이다. 별빛은 과거의 유령으로, 감정은 뒤늦게 찾아오며, 관계는 시차 속에서 깊어진다. 이러한 '연착'의 본질을 외면하고 '즉시 현전'만을 쫓는다면, 우리는 끊임없이 현실과 괴리된 환상 속에서 살아가게 될 것이다.

하지만 존재의 '연착'을 인정할 때, 우리는 훨씬 더 넓고 깊은 시간의 지평을 경험할 수 있게 된다. 삶의 모든 순간이 과거의 흔적을 품고 미래를 향하는 흐름 속에 있음을 깨닫고, 그 흐름 속에서 자신과 타인, 그리고 세상의 의미를 새롭게 발견하는 지혜를 얻는 것이다. 이는 '느림'의 미학을 이해하고, '기다림'을 통해 진정한 평화와 만족을 찾아가는 길을 열어줄 것이다.

3장. 연착하는 삶의 지혜 – '느림'의 미학

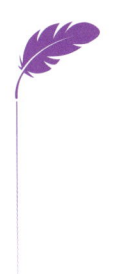

현대 사회는 '속도'를 미덕으로 삼는다. 모든 것이 빠르고 효율적으로 진행되어야 하며, 느림은 곧 뒤처짐이나 실패로 간주된다. 그러나 우리가 지금까지 논의해온 '연착'의 본질을 이해한다면, 이러한 속도 숭배는 삶의 진정한 깊이와 아름다움을 놓치게 만든다. 오히려 '연착하는 삶의 지혜'는 바로 '느림'의 미학을 재발견하고, 그 속에서 삶의 풍요로움을 찾아내는 데 있다.

'느림' 속에서 발견하는 존재의 깊이

'빠름'은 우리를 표면적인 것에 머물게 한다. 정보의 홍수 속에서 우리는 깊이 생각할 겨를 없이 다음 자극으로 넘어가고, 관계 속에서도 피상적인 교류에 그치기 쉽다. 하지만 '느림'은 우리에게 존재의 깊이를 탐색할 기회를 제공한다.

느리게 걷는 산책길에서 우리는 주변의 풍경을 더 자세히 관찰하고, 바람 소리나 새소리에 귀 기울이며, 자연의 미묘한 변화를 온전히 느낄 수 있다. 느리게 읽는 책 속에서 우리는 작가의 사상과 감정에 깊이 몰입하고, 문장 하나하나의 의미를 곱씹으며 자신만의 통찰을 얻는다. 느리게 하는 대화 속에서 우리는 상대방의 말뿐만 아니라 비언어적인 표현, 미묘한 감정의 변화까지 포착하며 진정한 공감에 이른다. 이처럼 '느림'은 우리가 세상과 자신을 더욱 풍부하고 다층적으로 경험할 수 있도록 돕는다. 그것은 '연착'하는 삶의 속도에 맞춰, 놓치기 쉬운 존재의 섬세한 결들을 발견하게 하는 지혜인 것이다.

'기다림'을 통한 '창조적 지연'의 시간

'느림'의 미학은 단순히 속도를 늦추는 것을 넘어, '기다림'을 '창조적 지연'의 시간으로 활용하는 지혜를 포함한다. 어떤 아이디어가 떠오르거나, 복잡한 문제가 생겼을 때 우리는 즉시 해결하려 들기 쉽다. 그러나 때로는 문제에 대한 즉각적인 해결책을 찾기보다, 생각을 숙성시키고, 다양한 가능성을 탐색하며, 무의식 속에서 해답이 떠오르기를 기다리는 시간이 필요하다.

예술가들이 영감을 기다리고, 과학자들이 가설을 검증하기 위해 수많은 실험과 실패를 거치듯이, 중요한 깨달음이나 창의적인 해결책은 종종 '지연'된 시간 속에서 불현듯 나타난다. 이러한 '창조적 지연'은 우리가 조급함에서 벗어나, 아이디어가 충분히 무르익고, 통찰이 깊어질 수 있는 여유를 제공한다. 이는 '연착'이 단순히 결과를 늦추는 것이 아니라, 더욱 깊고 풍요로운 결과를 위한 필수적인 과정임을 보여주는 것이다. '느림'은 곧 '깊이'와 '창조성'으로 이어지는 길인 셈이다.

'불완전함'을 포용하는 '느림'의 미학

'빠름'의 문화는 종종 완벽함을 강요한다. 모든 것이 즉시, 그리고 완벽하게 처리되어야 한다는 압박은 우리를 지치게 하고, 작은 실수에도 큰 좌절감을 느끼게 한다. 하지만 '느림'의 미학은 '불완전함'을 포용하는 지혜를 가르쳐준다.

느리게 진행되는 과정 속에서는 필연적으로 시행착오와 불완전함이 드러난다. 그러나 이러한 불완전함은 실패가 아니라, 성장과 배움의 중요한 부분이 된다. 우리는 느리게 작업하며 실수를 발견하고 수정할 시간을 얻으며, 그 과정에서 더욱 견고하고 의미 있는 결과물을 만들어낼 수 있다. 관계에서도 마찬가지이다. 상대방의 불완전함을 즉시 비판하거나 바꾸려 하기보다, 그들의 느린 변화를 기다려주고, 그 과정 속에서 서로의 불완전함을 포용할 때 관계는 더욱 단단해진다. '연착'하는 삶은 완벽함을 향한 조급함을 내려놓고, 과정 속의 불완전함까지도 삶의 일부로 받아들이는 여유를 선사한다.

결론적으로, '연착하는 삶의 지혜'는 '느림'의 미학을 통해 발현된다. '느림'은 우리가 존재의 깊이를 발견하고, 창조적인 지연을 경험하며, 불완전함을 포용하는 법을 배우게 한다. '즉시성'의 강박에서 벗어나 '느림'의 가치를 인정할 때, 우리는 '연착'이 필연적인 삶 속에서 진정한 평화와 풍요로움, 그리고 깊은 지혜를 찾아낼 수 있을 것이다.

4장. 딜레이를 통한 깨달음 – 성찰의 시간

우리는 '즉시'의 시대에 살면서 딜레이를 불편함이나 손실로 여기기 쉽다. 하지만 '연착'이 존재의 본질이라면, 딜레이는 단순히 피해야 할 것이 아니라, 오히려 우리에게 귀한 '성찰의 시간'을 선물하고, 궁극적으로 '깨달음'에 이르게 하는 중요한 통로가 될 수 있다. 조급함이 모든 것을 흐릿하게 만들 때, 딜레이는 우리에게 잠시 멈춰 서서 삶의 본질을 되돌아볼 기회를 제공한다.

'멈춤' 속에서 비로소 보이는 것들

현대인은 너무나 빠르게 움직이며 살아간다. 끊임없이 다음 목표를 향해 달려가고, 다음 자극을 찾아 헤맨다. 이러한 삶의 방식 속에서는 정작 중요한 것들을 놓치기 쉽다. 자신의 내면의 소리, 주변 사람들의 미묘한 감정, 그리고 일상의 소소한 아름다움 같은 것들이다.

딜레이는 우리에게 강제로 '멈춤'의 시간을 부여한다. 비행기가 연착되거나, 답장이 늦게 오거나, 프로젝트가 지연될 때, 우리는 계획했던 대로 움직이지 못하고 어쩔 수 없이 멈춰 서게 된다. 이 '멈춤'의 시간은 처음에는 답답하고 불편하게 느껴지지만, 역설적으로 우리에게 자신과 주변을 객관적으로 바라볼 수 있는 여유를 제공한다. 평소에는 바쁘다는 핑계로 돌아보지 못했던 것들, 스쳐 지나갔던 생각들이 이 멈춤 속에서 비로소 명료하게 떠오른다. 이는 우리가 '즉시'만을 추구할 때는 결코 얻을 수 없었던 '성찰의 기회'가 된다.

예를 들어, 간절히 바라던 결과가 즉시 나오지 않고 지연될 때, 우리는 그 과정 속에서 자신의 조급함이나 욕망을 되돌아볼 수 있다. 결과에 대한 집착을 내려놓고, 과정 자체의 의미를 곱씹어 볼 수 있는 것이다. 이러한 자기 성찰은 우리가 어떤 대상을 '간절히 바라는' 행위의 본질을 이해하고, 그것이 우리 삶에서 어떤 의미를 가지는지 재평가할 수 있게 만든다. 이처럼 딜레이는 우리에게 사건의 본질과 자신의 반응 사이의 간극을 들여다볼 수 있는 거울을 제공한다.

인내와 포기를 넘어서는 '지연 감수성'

딜레이를 통한 깨달음은 단순한 '인내'나 '포기'를 넘어선다. 인내는 불편함을 감수하고 버티는 것이고, 포기는 결과를 단념하는 것이다. 하지만 '지연 감수성'은 딜레이가 필연적인 삶의 본질임을 받아들이고, 그 속에서 새로운 가치를 찾아내는 능동적인 태도이다. 이는 딜레이를 '장애물'이 아닌 '성장을 위한 조건'으로 인식하는 데서 시작된다.

프로젝트가 지연될 때, 우리는 단순히 좌절하는 대신, 그 시간 동안 문제점을 보완하고, 더 나은 해결책을 모색하며, 팀원들과의 소통을 강화할 수 있다. 관계에서 상대방의 마음이 늦게 도착할 때, 우리는 조급해하지 않고 그들의 감정적 리듬을 존중하며, 그 과정 속에서 더욱 깊은 신뢰와 공감을 쌓을 수 있다. 이처럼 딜레이는 우리에게 '완벽함'에 대한 강박을 내려놓고 '성장'에 초점을 맞추도록 유도한다. 불완전함 속에서 진정한 배움이 일어나고, 기다림 속에서 비로소 깊은 통찰이 가능해지는 것이다.

돈오(頓悟) – 지연된 축적 속에서 발현하는 완전한 '지금'

궁극적으로, 딜레이를 통한 깨달음은 우리가 '지금-여기'라는 현전의 한계를 넘어선 존재의 심연과 만나는 경험으로 이어진다. 모든 것이 즉시 주어지지 않고 '연착'한다는 사실을 받아들일 때, 우리는 삶의 모든 순간이 과거와 미래의 지평 속에 놓여 있음을 이해하게 된다.

선불교의 돈오(頓悟)는 이러한 통찰의 정점에 선다. 돈오는 '번개처럼 단박에 깨친다'는 의미로, 어떤 점진적인 과정 없이 일순간에 깨달음에 도달하는 것처럼 보인다. 그러나 이는 결코 무(無)에서 유(有)가 창조되는 우연이 아니다. 오히려 돈오는 오랜 시간 동안의 수행과 고뇌, 그리고 무수한 경험들이 의식의 심연에 '지연되어' 축적된 결과물이, 어느 한 순간 폭발하며 '완전한 지금'으로 발현되는 현상이다.

즉, 깨달음의 순간은 '지금'이지만, 그 '지금'은 과거의 모든 '지연된' 수행과 노력을 압축하여 담아낸 '연착된 완전성'인 것이다. 딜레이는 우리에게 '지금'의 불안정함 속에서 잠시 멈춰 서서, 존재의 근원적인 움직임을 느끼고, 삶의 진정한 의미를 찾아가는 소중한 기회를 제공한다. 그리고 그 지연된 시간 속에서, 표면적인 변화 너머에 있는 근원적이고 완전한 '지금'의 깨달음이 불현듯 우리에게 도착하는 것이다. 딜레이는 단순한 멈춤이 아니라, 삶의 모든 순간이 이미 완전한 깨달음의 장(場)임을 드러내는 심오한 기회가 된다.

5장. 미래를 기다린다는 것 – 희망과 가능성

우리는 지금까지 삶의 모든 영역에서 '지연'과 '연착'이 필연적인 존재의 방식임을 이해했다. '즉시성'이라는 환상에서 벗어나 '느림'의 미학을 발견하고, 딜레이 속에서 성찰의 지혜를 얻는 길을 탐색했다. 이제 이 부의 마지막 장에서 우리는 이 모든 통찰을 바탕으로, '미래를 기다린다'는 행위의 진정한 의미를 되짚어보고, 그 기다림 속에 담긴 '희망'과 '가능성'이라는 긍정적인 가치를 조명할 것이다.

불안한 '지금'을 넘어선 '미래'로의 도약

'지금'이라는 순간은 종종 불안정하고 불완전하다. 우리는 현재의 부족함이나 만족스럽지 못한 상황 속에서 답답함을 느끼고, 때로는 고통스러워 하기도 한다. 하지만 인간 존재는 단순히 '지금 여기'에 갇혀 있지 않다. 우리는 끊임없이 '미래'를 향해 나아가고, 미래의 가능성을 상상하며, 그것을 실현하기 위해 노력하는 존재이다. 하이데거가 말했듯이, 인간 존재(다자인)는 본질적으로 미래로 '도약(跳躍)'하는 존재인 것이다.

'미래를 기다린다'는 것은 단순히 아무것도 하지 않고 미래가 오기를 수동적으로 기다리는 것이 아니다. 오히려 그것은 현재의 불확실성과 불완전함을 인지하면서도, 더 나은 내일이 올 것이라는 '희망'을 품고 능동적으로 가능성을 모색하는 행위이다. 농부가 씨앗을 뿌리고 성장을 기다리듯이, 학생이 공부하고 합격을 기다리듯이, 연인이 서로를 알아가며 사랑의 깊어짐을 기다리듯이, 이 모든 기다림 속에는 미래에 대한 긍정적인 기대와 노력이 담겨 있다. 이 기다림은 '지금'의 불안을 견디고 '미래'를 향해 한 걸음씩 나아가게 하는 원동력이 된다.

'연착' 속에서 자라나는 희망과 구체적인 가능성

'연착'의 개념은 희망과 가능성을 더욱 견고하게 만든다. 만약 모든 것이 즉시 주어지거나 즉시 끝나버린다면, 희망을 품을 여지나 새로운 가능성이 열릴 공간이 없을 것이다. 하지만 존재와 감정, 그리고 삶의 모든 중요한 과정이 '지연되어' 우리에게 도착한다는 사실은, 지금 당장 눈에 보이는 것이 전부가 아니라는 확신을 심어 준다.

예를 들어, 간절히 바라던 목표가 쉽게 이루어지지 않고 자꾸 딜레이될 때, 우리는 처음에는 좌절할 수 있다. 그러나 '연착'의 지혜를 이해한다면, 이 딜레이가 단순히 시간을 낭비하는 것이 아니라 미래를 위한 '숙성의 시간'이 될 수 있음을 깨닫게 된다. 지연된 시간 속에서 우리는 새로운 정보를 얻고, 계획을 수정하고, 더 나은 방법을 찾아내며, 숨겨진 가능성들을 발견할 수 있다. 이처럼 '연착'은 때로는 예상치 못한 길을 열어주며, 더욱 크고 구체적인 '가능성'을 현실로 만들어줄 기회를 제공하기도 한다.

희망은 막연한 낙관이 아니다. 그것은 '아직 오지 않은 미래'에 대한 믿음이며, '아직 실현되지 않은 가능성'에 대한 기대이다. '미래를 기다린다'는 것은 바로 이 희망과 가능성을 향해 우리의 의식과 노력을 집중하는 행위이다. 지연의 시간 속에서 우리는 스스로를 성장시키고, 필요한 자원을 축적하며, 미래의 '연착'을 맞이할 준비를 하는 것이다.

기다림, 궁극적인 '연착 감수성'의 완성

궁극적으로 '미래를 기다린다'는 것은 '연착 감수성'의 가장 높은 단계에 이르는 것을 의미한다. 이는 '빨리빨리'의 속도에서 벗어나, 시간의 자연스러운 흐름을 받아들이고, 딜레이 속에서 의미를 찾으며, 아직 오지 않은 것에 대한 긍정적인 태도를 유지하는 것이다. 삶은 끊임없는 기다림의 연속이다. 우리는 어린 시절부터 성인이 되기까지, 꿈을 꾸고 그것을 이루기까지, 사랑을 만나고 그 관계가 깊어지기까지 수많은 기다림을 경험한다.

이러한 기다림의 여정 속에서 우리는 인내심을 배우고, 자신을 돌아보며, 타인과의 관계를 심화시키고, 세상을 더 넓은 시야로 바라볼 수 있게 된다. '연착'은 불편함이 아니라, 우리에게 이러한 귀한 가치들을 선사하는 삶의 필수적인 조건이다. 미래를 희망하며 기다리는 것은, '지금'이라는 불안한 순간에 갇히지 않고, 시간의 전체적인 흐름 속에서 자신의 존재 의미와 삶의 목적을 찾아가는 지혜로운 여정인 셈이다.

13부

연착 감수성과 존재론적 삶
- 시공간을 초월한 지혜

　우리는 지금까지 감각의 지연, 존재의 연착, 감정의 비동시성, 기다림의 철학, 그리고 기술과 삶의 다양한 영역에서의 연착 현상을 탐구하며 '연착 감수성'이라는 개념을 구축해왔다. 이 감수성은 모든 중요한 것이 우리에게 '지연되어 도착한다'는 현실을 인정하고, 그 속에서 평화와 의미를 찾는 지혜로운 태도였다.

　이제 13부 '연착 감수성과 존재론적 삶 - 시공간을 초월한 지혜'는 이러한 '연착 감수성'을 더욱 심화하여, 그것이 우리의 존재론적 인식과 시공간에 대한 근본적인 이해를 어떻게 변화시킬 수 있는지 탐구한다. 이 부는 '지연'과 '연착'이 단순히 물리적 현상을 넘어, 존재의 본질적인 특성이자 우주의 심오한 원리임을 밝힐 것이다. 우리는 시간의 선형성을 넘어선 순환적, 동시적 관점을 모색하고, 공간의 제약 속에서도 무한한 연결성을 발견하며, 궁극적으로 죽음과 삶의 연착이라는 근원적인 질문에 대한 답을 찾아나갈 것이다.

이 부는 '연착 감수성'이 일상적인 인내를 넘어선 시공간을 초월하는 지혜로 확장될 수 있음을 제시한다. 이를 통해 독자들은 삶의 유한성 속에서 무한한 가능성을 발견하고, '지연된' 현상들 속에서 오히려 존재의 완전성과 궁극적인 평화를 경험하는 통찰을 얻게 될 것이다.

1장. 시간의 환상 – 선형성을 넘어선 존재의 연착

우리는 일상에서 시간을 과거-현재-미래로 이어지는 선형적인 흐름으로 인식한다. 시계는 초, 분, 시로 나뉘어 끊임없이 앞으로 나아가고, 우리는 어제의 일들을 기억하며 오늘의 삶을 살아가고 내일을 계획한다. 이러한 선형적 시간 관념은 우리의 인과론적 사고방식과 효율성 추구에 깊이 뿌리박혀 있다. 그러나 우리가 지금까지 탐구해온 '지연(Delay)'과 '연착(延着)'의 개념은 이러한 선형적인 시간 인식이 지닌 근본적인 '환상'을 드러낸다. 진정한 존재는 선형적 시간을 넘어선 다른 방식으로 우리에게 '연착'되어 도착한다.

'지금'의 허상 – 과거가 연착된 현재

우리는 지난 1부에서 우리의 감각과 인식이 필연적인 지연을 수반하며, 우리가 '지금'이라고 느끼는 순간은 이미 지나간 '과거의 잔상'임을 살펴보았다. 별빛이 수억 년 전의 과거를 보여주듯이, 우리의 눈이 사물을 보고 뇌가 그것을 인식하는 데에는 미세한 시간이 걸린다. 즉, 우리는 단 한 순간도 완벽한 '지금'을 경험할 수 없다. '지금'은 언제나 과거가 지연되어 우리에게 도착한 '연착된 현재'인 셈이다.

이러한 통찰은 선형적 시간의 한계를 명확히 보여준다. 시간은 단순히 점들이 나열된 직선이 아니라, 베르그송의 '지속' 개념처럼 과거가 현재 속으로 끊임없이 스며들어 누적되고 변화하는 역동적인 흐름이다. 과거는 지나가 버린 것이 아니라, '연착'된 형태로 '지금 여기'에 영향을 미치고 현존한다. 우리가 이 사실을 인지할 때, '지금'이라는 찰나에 대한 집착에서 벗어나, 시간의 본질적인 중첩성과 깊이를 이해하는 첫걸음을 떼게 된다.

미래는 '예측'이 아닌 '창조'의 연착 – 결정론적 시간관의 해체

선형적인 시간 관념은 종종 미래가 이미 결정되어 있거나, 과거의 원인이 미래의 결과를 필연적으로 이끈다는 결정론적 사고로 이어진다. 우리는 미래를 예측하고 통제하려 하며, 계획대로 '즉시' 미래가 전개되기를 기대한다. 하지만 '연착'의 관점에서 보면, 미래는 단순히 예측되는 것이 아니라, '지금 여기'에서의 우리의 의지와 행동을 통해 끊임없이 '창조'되며, 그 결과가 '지연되어' 우리에게 도착한다.

우리가 아무리 철저히 계획해도 삶은 예측 불가능한 딜레이와 변수를 품고 있으며, 그 딜레이 속에서 새로운 가능성이 열리기도

한다. 돈오돈수의 통찰처럼, 미래는 과거의 연장이 아니라, '지금' 이 순간의 완전한 선택과 실천이 응축되어 '연착'될 새로운 현재인 것이다. 미래는 우리에게 미리 정해진 형태로 '도착'하는 것이 아니라, 우리의 창조적 행위가 시간을 거쳐 '연착'되어 나타나는 미지의 영역이다. 이러한 이해는 결정론적 시간관을 해체하고, '지금'이라는 순간이 지닌 창조적 힘과 책임감을 강조한다.

순환적 시간과 동시성의 발견 – '지연' 속의 전체성

선형적 시간관이 과거-현재-미래를 분리하여 인식하는 반면, '지연'과 '연착'의 본질을 깊이 들여다보면 순환적이고 동시적인 시간의 차원을 발견하게 된다. 자연의 계절이 반복되고, 우주의 별들이 생성과 소멸을 거듭하듯이, 삶의 경험과 깨달음 또한 끊임없이 반복되고 누적되며, 다시 새로운 형태로 우리에게 '연착'되어 돌아온다.

우리가 겪는 모든 지연과 기다림은 단순한 시간 낭비가 아니라, 시간의 흐름 속에서 모든 것이 서로 연결되어 있고, 동시에 현존하는 '전체성'을 인식하게 하는 통로가 된다. 과거의 사건이 지금의 감정과 생각에 '연착'되어 영향을 미치고, 현재의 행동이 미래의 가능성으로 '지연되어' 이어지는 이러한 순환적, 동시적 흐름을 이해할 때, 우리는 '선형적 시간'이라는 환상에서 벗어나 존재의 심오하고 영원한 차원과 연결될 수 있다. 이는 '지연'과 '연착'이 개별적인 사건의 불편함을 넘어, 삶의 모든 순간이 이미 완전하게 '지금 여기'에 존재하고 있음을 깨닫는 존재론적 지혜로 이어진다.

2장. 공간의 허물어짐 – 원격 연결 속의 현전(現前)

현대 사회는 기술의 발전으로 물리적인 '공간'의 제약이 허물어지고 있는 듯 보인다. 비디오 컨퍼런스, 가상 현실(VR), 인공위성 통신 등을 통해 우리는 지구 반대편에 있는 사람과도 실시간으로 소통하고, 멀리 떨어진 장소를 마치 그곳에 있는 것처럼 경험한다. '이동'이라는 지연을 극복하고, '즉각적인 현전'을 추구하는 것이 기술 발전의 목표인 것처럼 말이다.

하지만 이러한 '공간의 허물어짐' 속에서도, 물리적인 '지연(Delay)'은 여전히 존재하며, 오히려 이 지연이 새로운 형태의 '현전'과 '연결성'을 가능하게 하는 역설적인 통찰을 제공한다. 공간을 초월한 연결 속에서 발생하는 '연착'은 단순한 불편함이 아니라, 우리에게 공간의 본질적인 의미와 존재의 현전에 대한 새로운 시각을 제시한다.

물리적 거리의 '딜레이'와 비동시적 현전

아무리 기술이 발전해도, 정보가 물리적인 공간을 이동하는 데에는 필연적으로 '딜레이'가 발생한다. 앞서 인터넷 속도에서 언급했듯이, 빛의 속도라는 근본적인 한계로 인해 데이터가 멀리 떨어진 곳으로 전송되는 데는 미세한 시간이 걸린다. 예를 들어, 국제 화상 회의에서 발생하는 미세한 음성 지연은 아무리 기술이 발전해도 완전히 없앨 수 없는 물리적 딜레이다. 화성 탐사 로봇을 원격 조종할 때 발생하는 수십 분의 통신 지연은 더욱 극명한 사례다.

이러한 물리적 딜레이는 '완벽한 동시성'이라는 환상을 깨뜨리고, 우리에게 '비동시적인 현전'의 개념을 일깨운다. 내가 보내는 메시지가 상대방에게 '지연되어' 도착하고, 상대방의 반응이 나에게 '지연되어' 돌아올 때, 우리는 완벽한 실시간 연결이 불가능하다는 것을 인지하게 된다. 그러나 이 '지연' 속에서 오히려 상대방이 나와 다른 시공간에 존재한다는 사실을 더욱 명확히 인식하며, 그들의 독립된 존재성을 존중하게 된다. 이는 물리적인 거리가 주는 '공간의 연착'이 단순한 장벽이 아니라, 서로 다른 현전들을 인식하게 하는 매개가 될 수 있음을 보여준다.

가상 공간 속 '존재의 연착' – 디지털 자아의 형성

디지털 기술은 '가상 공간'이라는 새로운 영역을 창조하며, 우리의 존재 방식에도 변화를 가져왔다. 우리는 메타버스나 온라인 커뮤니티에서 디지털 아바타로 활동하며 현실 공간을 초월한 관계를 맺는다. 하지만 이 가상 공간 속에서도 '지연'은 다른 형태로 나타나며, 우리의 '디지털 자아'가 '연착'되어 형성되는 과정을 보여준다.

우리가 온라인에 올리는 사진이나 글, 댓글 등은 즉각적으로 보여지는 듯하지만, 이는 우리가 의도하고 편집한 '선별된 자아'이며, 현실의 완전한 '나'가 아니다. 타인 또한 이 '지연된 정보'를 통해 우리를 인식하고 반응한다. 즉, 온라인에서의 '나'는 현실의 '나'가 디지털 필터와 시간의 간극을 거쳐 '연착'되어 도착한 모습이다. 이러한 '지연된 현전'은 우리가 디지털 공간에서 즉각적인 만족을 추구하기보다, 신중하게 자신을 표현하고 타인과 소통하는 데 필요한 '시간'을 부여한다. 이는 우리가 디지털 세계 속에서 '진정한 나'를 찾아가는 '존재의 연착'을 경험하는 과정이기도 하다.

'딜레이'가 만드는 깊이와 '관계적 현전'의 의미

역설적으로, 공간적 딜레이는 때때로 관계의 깊이를 더하고 '관계적 현전'의 의미를 강화한다. 멀리 떨어진 연인 간의 편지 교환이나, 시차가 큰 해외 친구와의 영상 통화는 즉각적인 소통만큼이나 '기다림'의 시간을 중요하게 만든다. 메시지가 도착하기를 기다리는 동안, 우리는 상대방에 대한 생각을 곱씹고, 답장을 신중하게 고민하며, 재회할 순간을 기대한다.

이러한 '기다림'은 단순한 인내가 아니라, 상대방의 존재를 더욱 갈망하고, 그들과의 연결을 더욱 소중히 여기게 만든다. 딜레이가 없다면 경험할 수 없는 '소중함'이 발생하는 것이다. 이처럼 '공간의 연착'은 완벽한 즉시적 현전은 불가능하다는 사실을 인정하면서도, 그 지연 속에서 오히려 관계의 진정성과 깊이, 그리고 서로의 현전을 더욱 강렬하게 느끼게 하는 역설적인 힘을 지닌다. 이는 물리적인 거리가 멀어도 마음의 거리는 더욱 가까워질 수 있다는 의미이자, 진정한 '현전'은 '즉각성'이 아닌 '지연'을 통해 완성될 수 있음을 보여주는 통찰이다.

결론적으로, '공간의 허물어짐'은 표면적으로 '딜레이'를 없앤 듯 보이지만, 그 이면에는 물리적인 딜레이 속의 비동시적 현전, 가상 공간 속 디지털 자아의 연착, 그리고 딜레이가 만드는 관계적 현전의 깊이라는 다양한 형태의 '지연'을 내포한다. '연착 감수성'은 우리가 공간의 제약 속에서도 필연적인 '지연'을 이해하고, 그 속에서 새로운 형태의 '현전'과 연결성을 발견하며, 궁극적으로 삶의 풍요로움을 찾아가는 지혜로운 태도를 길러야 함을 강조한다.

3장. 죽음과 삶의 연착 – 궁극적인 딜레이의 이해

삶의 시작과 끝, 탄생과 죽음은 모든 존재에게 필연적인 현상이다. 우리는 태어나는 순간부터 죽음을 향해 나아가며, 이 죽음은 삶의 모든 '지연(Delay)'과 '연착(延着)'을 멈추게 하는 궁극적인 종착점처럼 느껴진다. 하지만 역설적으로, 죽음은 삶이 우리에게 보내는 가장 심오하고 근원적인 '연착'의 메시지이며, 그 속에 삶의 진정한 의미와 존재의 영원성에 대한 깊은 통찰이 담겨 있다. 죽음의 '딜레이'를 이해할 때, 우리는 삶의 유한성을 넘어선 궁극적인 지혜에 도달할 수 있다.

삶의 궁극적인 '연착' – 죽음의 필연성

우리는 모두 죽음을 향해 나아가지만, 그 죽음이 언제, 어떤 방식으로 우리에게 '도착'할지는 아무도 알 수 없다. 죽음은 삶이라는 여정의 가장 확실한 '연착'이자, 동시에 예측 불가능한 '딜레이'이다. 젊은 나이에 갑작스러운 사고로 죽음을 맞이하는 사람이 있는가 하면, 오랜 병고 끝에 죽음을 기다리는 사람도 있다. 이처럼 죽음은 우리에게 언제나 '지연되어 나타나는 궁극적인 종착점'으로 다가온다.

이러한 죽음의 필연성을 인지하는 것은 삶의 유한성을 직시하게 하고, '지금 여기'의 순간을 더욱 소중하게 여기도록 만든다. 우리가 겪는 모든 지연과 기다림, 좌절과 성취는 결국 죽음이라는 최종적인 '연착' 앞에서 그 의미를 재평가받게 된다. 죽음은 삶이라는 유한한 시간 속에서 우리가 무엇을 추구하고 어떻게 살아야 하는지에 대한 가장 강력한 질문을 던진다. 궁극적으로, 죽음은 삶이 우리에게 보내는 '가장 중요한, 그러나 가장 늦게 도착하는 메시지'인 셈이다.

'죽음의 딜레이'가 주는 삶의 의미 - 한정된 시간 속의 몰입

죽음이 우리에게 즉시 찾아오지 않고 '딜레이'되어 있다는 사실은 역설적으로 삶에 큰 의미를 부여한다. 만약 죽음이 늘 '지금 여기'에서 우리를 즉각적으로 덮칠 수 있다면, 우리는 매 순간 불안과 공포 속에서 아무것도 할 수 없을 것이다. 하지만 죽음이 '지연'되어 있다는 사실은 우리에게 삶을 계획하고, 사랑하며, 창조할 수 있는 '한정된 시간'이라는 선물을 안겨준다.

이 '죽음의 딜레이'는 우리로 하여금 미래를 꿈꾸고, 목표를 설정하며, 현재의 삶에 몰입할 수 있도록 이끈다. 우리는 언젠가 죽는다는 사실을 알지만, 그 시점이 '연착'되어 있다는 것을 알기에 오늘 하루를 살아갈 수 있는 힘을 얻는다. 모든 지연과 기다림의 순간들은 이 한정된 시간 속에서 더욱 깊은 의미를 지닌다. 죽음의 '딜레이'는 우리에게 삶의 유한성 속에서 무한한 가능성을 탐색하고, 매 순간을 충만하게 살아갈 수 있는 동기를 부여한다. 이는 곧 삶이 죽음이라는 궁극적인 '연착'을 향해 나아가는 과정 속에서 진정한 의미를 찾아가는 여정임을 의미한다.

'초월적 연착'과 존재의 영원성 – 죽음 너머의 지혜

선불교적 통찰을 포함한 많은 영적 전통에서는 죽음을 단순히 삶의 끝으로 보지 않고, 새로운 형태의 존재로의 '전환' 혹은 '연속'으로 이해한다. 육체적 죽음 이후에도 의식이나 영혼, 혹은 존재의 본질은 다른 차원에서 '연착'되어 지속될 수 있다는 관점이다. 이는 죽음이 모든 것을 끝내는 '즉시적인 소멸'이 아니라, '궁극적인 딜레이'를 거쳐 새로운 존재 방식으로 '연착'되는 과정이라는 이해로 이어진다.

이러한 관점은 우리에게 삶의 유한성을 넘어선 '초월적 연착'의 지혜를 제공한다. 우리가 이 세상에서 맺는 관계, 쌓아가는 지식, 행하는 모든 선한 행위는 단순히 '지금 여기'에서 사라지는 것이 아니라, 시공간을 초월하여 다른 형태로 '연착'되어 존재하거나 영향을 미칠 수 있다는 믿음이다. 이는 우리의 삶이 단절된 점이 아니라, 과거와 미래, 그리고 영원성과 연결된 거대한 흐름 속에서 '연착'되어 이어지는 과정임을 깨닫게 한다. 죽음의 궁극적인 딜레이를 이해할 때, 우리는 삶의 한계 너머에 있는 존재의 영원성과 만나고, 이를 통해 삶의 진정한 의미와 평화를 발견하는 궁극적인 지혜에 도달할 수 있다.

4장. 연착 감수성과 비물질적 가치 – 영혼의 시간

현대 사회는 물질적인 성공과 즉각적인 만족을 지향한다. 우리는 더 많은 것을 소유하고, 더 빨리 성과를 내며, 눈에 보이는 결과에 집착한다. 이러한 경향은 삶의 모든 영역에서 '딜레이'를 제거하려는 시도로 이어진다. 그러나 인간의 삶에는 물질적인 것만으로는 채워지지 않는 비물질적인, 영적인 차원의 가치들이 존재한다. 사랑, 지혜, 평화, 용서, 의미와 같은 이러한 가치들은 결코 즉각적으로 얻어지지 않는다. 오히려 그것들은 본질적으로 '지연(Delay)'과 '기다림', 그리고 '성찰'의 시간을 통해 우리에게 '연착'되어 도착한다. '연착 감수성'은 바로 이러한 영혼의 시간을 이해하고 살아가는 지혜이다.

지혜와 깨달음의 '영적인 딜레이' – 성찰의 깊이

지식은 정보를 즉시 습득함으로써 얻을 수 있지만, 지혜와 깨달음은 오랜 성찰과 경험의 '지연'을 통해 비로소 얻어진다. 수많은 책을 읽고 정보를 쌓는다고 해서 즉시 현명해지는 것이 아니다. 얻은 지식을 삶에 적용하고, 시행착오를 겪으며, 실패를 통해 배우는 과정 속에서 지혜는 서서히 내면화된다. 돈오(頓悟)의 순간이 '번개처럼' 찾아오는 것 같아도, 그 뒤에는 수십 년간 쌓아온 사유와 수행의 '지연된 축적'이 있었듯이, 진정한 깨달음은 '영적인 딜레이'를 거쳐 우리에게 '연착'되어 나타난다.

이는 단순히 시간을 보내는 것이 아니라, 의식적인 성찰과 질문을 통해 삶의 본질을 깊이 탐구하는 과정이다. 혼란스러운 상황 속에서 즉각적인 해답을 찾기보다, 침묵하고 기다리며 내면의 소리에 귀 기울일 때, 비로소 깊은 통찰이 '연착'되어 우리에게 다가온다. '연착 감수성'은 이러한 지혜와 깨달음이 결코 '즉시' 주어지지 않으며, 영혼의 시간에 맞춰 기다리고 준비해야 함을 일깨워준다.

삶의 '의미' 발견의 '종합적 연착' – 존재의 완성

궁극적으로 삶의 '의미'를 발견하는 것 또한 일생에 걸친 '종합적인 연착'의 과정이다. 삶의 목적은 어느 한순간에 명확하게 주어지는 것이 아니다. 우리는 다양한 경험을 하고, 수많은 관계를 맺고, 좌절과 성공을 반복하며, 그 모든 과정 속에서 자신의 존재 의미를 서서히 깨달아간다. 이 과정은 '즉시' 완성되지 않으며, 때로는 오랫동안 방황하고 헤매는 '지연'의 시간을 보내기도 한다.

하지만 이 모든 '지연'된 경험들이 쌓이고 통합될 때, 우리는 비로소 삶이라는 거대한 퍼즐의 조각들이 맞춰지듯이 자신의 존재 의미를 명확히 이해하게 된다. 행복, 만족, 평화와 같은 비물질적인 가치들은 삶의 모든 경험이 조화롭게 통합되어 '연착'되어 도달하는 존재의 완성에 가깝다. '연착 감수성'은 삶의 의미가 '지금 당장' 명확하지 않더라도, 그 과정을 인내심 있게 기다리고, 모든 경험을 포용하며, 결국에는 진정한 의미가 우리에게 '연착'되어 도착할 것이라는 깊은 믿음을 주는 궁극적인 지혜이다. 이는 곧 우리가 살아가고 있는 이 '연착된' 삶 자체를 온전히 사랑하는 태도이기도 하다.

5장. 궁극적인 연착 감수성 – 존재론적 평화

우리는 이 책을 통해 감각의 딜레이부터 삶의 궁극적인 연착인 죽음에 이르기까지, 모든 중요한 것이 우리에게 '지연(Delay)되어 도착한다'는 진실을 탐구해왔다. '즉시성'이라는 현대 사회의 강박이 사실은 존재의 본질적 리듬을 거스르는 환상임을 깨달았다. 이제 우리는 이 모든 여정을 통해 얻은 가장 중요한 통찰, 즉 '연착 감수성'이 어떻게 우리에게 깊은 존재론적 평화와 삶의 궁극적인 만족을 선사하는 지혜가 될 수 있는지 논할 것이다.

'연착 감수성'은 단순히 느림을 받아들이는 태도를 넘어선다. 그것은 삶의 모든 지연과 기다림 속에서 존재의 완전성과 풍요로움을 발견하고, 시공간을 초월한 깊은 평화에 이르는 영적인 통로이다.

불완전함을 넘어선 '지금'의 완전성

우리는 '즉시성'을 추구하며 현재의 불완전함을 끊임없이 개선하려 한다. 그러나 '연착 감수성'은 우리가 경험하는 모든 '지금'이 비록 지연되어 도착한 결과물일지라도, 그 자체로 이미 완전하고 충만한 순간임을 깨닫게 한다. 빛의 속도 한계로 인해 우리가 보는 모든 것이 과거의 잔상일지라도, 그 잔상은 '지금 여기'에서 우리의 의식을 구성하는 유일한 현실이다. 이 순간은 더 이상 개선되어야 할 불완전한 상태가 아니라, 과거의 모든 축적과 미래의 모든 가능성을 품고 온전히 '현전(現前)'하는 완전한 시간이다.

삶의 모든 과정은 지연을 수반하지만, 그 지연된 결과물인 '지금'은 이미 완성된 상태로 우리에게 주어진다. 우리가 경험하는 모든 기다림, 모든 실패, 모든 정체는 단순히 '결핍'이 아니라, 다음 단계로 나아가기 위한 '숙성의 시간'이자 '창조적 지연'이다. 이처럼 '지금'의 불완전함을 넘어서 그 속에 내재된 완전성을 발견할 때, 우리는 '지금이 아니면 안 돼'라는 조급함에서 벗어나 '지금 이 순간' 자체에 대한 깊은 만족과 평화를 느끼게 된다.

통제 불능 속의 '내맡김'과 '초월적 연결'

현대인은 모든 것을 통제하고 예측하려 한다. 하지만 '연착'은 삶의 많은 부분이 우리의 통제를 벗어난다는 사실을 끊임없이 상기시킨다. 교통 체증, 예상치 못한 질병, 사회 시스템의 느린 변화 등, 우리는 원치 않는 딜레이와 불가항력적인 상황에 직면한다. 이러한 '통제 불능'은 우리에게 무력감과 좌절을 안겨주기 쉽다.

그러나 '연착 감수성'은 이러한 통제 불능의 상황 속에서 '내맡김'의 지혜를 가르친다. 모든 것을 통제하려던 노력을 내려놓고, 삶의 자연스러운 흐름과 본질적인 '연착'의 리듬에 자신을 맡길 때, 우리는 비로소 깊은 해방감과 평화를 경험한다. 이는 단순히 포기가 아니라, 더 큰 질서와 흐름 속에서 자신의 자리를 인식하는 겸손함이다. 이 '내맡김'을 통해 우리는 우주의 시간과 연결되고, 존재의 영원성과 조화되는 '초월적 연결'을 경험하게 된다. 삶의 모든 지연은 우리를 더 깊은 존재의 차원으로 이끌고, 우리가 미처 알지 못했던 더 큰 의미와 연결되게 하는 매개체가 되는 것이다.

'기다림'을 통한 '존재론적 평화'의 완성

궁극적으로 '연착 감수성'은 우리에게 '존재론적 평화'를 선물한다. 이는 특정 목표를 달성하거나 욕망을 충족시켰을 때 얻는 일시적인 만족과는 다르다. 존재론적 평화는 삶의 모든 지연과 기다림, 불확실성과 불완전함을 온전히 받아들일 때 얻는, 흔들리지 않는 내면의 고요함이다.

우리는 삶의 모든 중요한 것들이 '연착'되어 우리에게 온다는 것을 알기에, 서두르거나 조급해하지 않는다. 영감이 지연되어 도착할 때까지 기다리고, 몸의 치유가 더딘 과정을 거칠지라도 인내하며, 사회 변화가 느리게 진행되더라도 꾸준함을 잃지 않는다. 죽음이라는 궁극적인 연착 앞에서 삶의 유한성을 인정하면서도, 그 속에서 무한한 의미와 연결성을 발견한다.

이러한 '연착 감수성'은 우리에게 삶의 매 순간이 이미 완전하며,

모든 경험은 지연된 형태로 우리에게 도착하는 존재의 선물임을 깨닫게 한다. '기다림'은 더 이상 고통스러운 인내가 아니라, 존재의 심오한 리듬에 대한 이해이자, 삶의 본질과 조화롭게 춤추는 행위가 된다. 이 궁극적인 지혜 속에서 우리는 어떠한 상황 속에서도 흔들리지 않는 깊은 평화, 즉 존재론적 평화를 경험하며 살아갈 수 있을 것이다.

14부
딜레이를 감내하는 지혜
– 연착의 길

　우리는 이 긴 여정을 통해 감각과 존재에서부터 사회 시스템과 우주에 이르기까지, 모든 것이 우리에게 '지연(Delay)'되어 도착하는 '연착(延着)'의 세계를 탐험했다. '즉시성'이라는 현대의 신화가 얼마나 허약한 기반 위에 서 있는지를 확인하고, 오히려 삶의 모든 중요한 가치는 '기다림'과 '숙성'의 시간을 통해 완성됨을 깨달았다. 그렇다면 이 필연적인 연착의 세계 속에서 우리는 구체적으로 어떻게 살아가야 하는가?

　14부 '딜레이를 감내하는 지혜 - 연착의 길'은 바로 이 질문에 대한 최종적인 응답이다. 이 부는 지금까지 쌓아 올린 모든 통찰을 바탕으로, '연착'을 단순한 현상으로서 이해하는 것을 넘어, 그것을 감내하고 통과하는 실천적인 지혜와 삶의 태도를 모색한다. 우리는 기다림이 수동적인 '인내'가 아니라 주변의 미세한 흐름을 읽어내는 '감응'의 기술임을 배우고, 세상이 '속도'가 아닌 '지속'의 힘으로 변화한다는 진실과 마주할 것이다.

더 나아가, 종교와 영성의 영역으로 시야를 확장하여 신의 '지연된 응답', 구원의 '오지 않음', 그리고 윤회의 '시간차' 속에 담긴 깊은 의미를 탐구한다. 이를 통해 우리는 기다림이 어떻게 내면을 단련하는 '수행'이 되며, '응답하지 않음' 속에서조차 궁극적인 응답을 찾아내는 역설적 지혜에 도달하는지를 보게 될 것이다. 결국 이 부는 '연착'하는 세상 속에서 불안과 조급함을 넘어, 깊은 신뢰와 평정심으로 자신의 길을 걸어가는 '연착의 길'을 제시하며 이 책의 대장정을 마무리한다.

1장. 결국은 온다 – 다만 늦게 올 뿐

우리는 '빨리빨리'를 외치며 즉각적인 결과를 갈망하는 세상에 살고 있다. 주문한 물건은 당장 내일 도착해야 하고, 보낸 메시지에는 즉시 답장이 와야 한다. 목표를 세우면 단숨에 성과를 내고 싶어 한다. 그러나 현실은 우리의 이런 조급한 기대를 배신하곤 한다. 아무리 기다려도 오지 않는 소식, 뜻대로 풀리지 않는 일, 예상보다 훨씬 더디게 진행되는 과정들. 이 모든 '지연(delay)' 앞에서 우리는 쉽게 불안해하고 좌절한다. 하지만 자연과 역사의 거대한 흐름은 우리에게 한결같은 메시지를 전한다. "결국은 온다 – 다만 늦게 올 뿐."

지연된 기다림과 보편적인 실망

삶은 기다림의 연속이다. 아침에 해가 뜨기를 기다리고, 봄이 오기를 기다리며, 시험 결과나 합격 통보를 기다린다. 이 기다림은 때때로 길고 고통스럽다. 특히 우리가 간절히 원하는 것이 제때 오지 않을 때, 그 '지연된 기다림'은 실망과 초조함으로 변질된다. '혹시 안 오는 건 아닐까?', '내가 뭘 잘못했나?' 하는 불안감이 엄습한다. 현대 사회의 즉시성 추구는 이러한 지연에 대한 감내 능력을 더욱 약화시켰다. 몇 분만 늦어도 불평하고, 몇 시간만 기다려도 인내심의 한계를 느낀다.

그러나 자연의 순리나 역사의 큰 물결을 돌아보면, 대부분의 중요한 사건과 변화는 '지연'이라는 필연적인 과정을 거쳐 우리에게 '연착(延着)'한다. 씨앗이 싹을 틔우고 열매를 맺기까지, 어린아이가 어른으로 성장하기까지, 기술이 개발되어 사회에 뿌리내리기까지. 이 모든 것은 인내심을 요구하는 '지연된 과정'이다.

시간의 신뢰 – '느림' 속에서 찾는 확신

"결국은 온다 – 다만 늦게 올 뿐"이라는 명제는 시간에 대한 깊은 신뢰를 바탕으로 한다. 밤이 아무리 길어도 결국 해는 다시 뜨고, 겨울이 아무리 추워도 반드시 봄은 찾아온다. 이 보편적인 자연의 진리는 우리에게 '지연'이 단순히 '안 오는 것'이 아니라, '시간이 필요한 것'임을 깨닫게 한다.

역사적 전환점이나 사회적 변화 또한 마찬가지다. 인권 신장, 민주주의의 발전, 과학적 발견 등 인류의 진보는 단숨에 이루어지지 않았다. 수많은 시행착오와 좌절, 그리고 오랜 '지연된 노력'이 축적된 후에야 비로소 빛을 발했다. 노예제가 폐지되기까지 수백 년이 걸렸고, 여성 참정권이 보장되기까지 오랜 투쟁이 필요했다. 이 모든 것은 '결국은 왔지만, 다만 늦게 왔을 뿐'인 변화의 증거들이다. 중요한 것은 그 과정에서 '오지 않을 것'이라는 불안감을 극복하고 '결국은 올 것'이라는 신뢰를 잃지 않는 것이었다.

지연을 감내하는 태도 – '연착'을 위한 준비

결국은 온다는 것을 아는 것은 '지연'을 감내하는 데 큰 도움이 된다. 이는 맹목적인 낙천주의가 아니라, 시간의 흐름과 자연의 섭리에 대한 깊은 이해에서 오는 '확신'이다. 모든 것이 '지금 당장' 되어야 한다는 강박에서 벗어나, 때로는 '지연'의 시간을 받아들일 줄 아는 여유가 필요하다. 결과가 '늦게' 오는 동안의 과정 또한 의미 있는 시간임을 인식하는 것이 중요하다. 그 과정 속에서 우리는 배우고 성장하며, 다음 단계를 위한 준비를 할 수 있다. 세상의 많은 일들은 우리가 씨를 뿌리고 기다리듯이, 일정한 시간이 지나야만 결실을 맺는다. '지연'을 단순한 방해가 아니라, 성숙을 위한 필수적인 과정으로 이해하고 인내심을 기르는 것이 바로 '연착'하는 미래를 불안해하지 않고, 그 지연된 시간 속에서 자신을 다지고 준비하며, 결국 '도착'할 것임을 굳게 믿는 길이다.

2장. 기다림은 기술이다 – 인내가 아니라 감응

우리는 흔히 '기다린다'는 말을 수동적인 행위로 여긴다. 엘리베이터 앞에서 문이 열리기를 기다리고, 줄을 서서 내 차례가 오기를 기다리며, 그저 시간이 지나가기를 인내하는 것이다. 하지만 삶의 본질적인 '지연(delay)' 속에서 진정한 기다림은 단순히 억지로 참는 '인내(忍耐)'를 넘어선다. 그것은 주변의 미세한 변화에 민감하게 반응하고, 상황의 흐름에 자신을 맞춰가는 '감응(感應)'의 기술이다. 적극적으로 흐름을 읽고, 다가올 순간을 준비하는 능동적인 자세, 이것이 바로 우리가 딜레이를 감내하며 살아가야 할 길이다.

수동적 인내와 능동적 감응의 차이

수동적인 인내는 마지못해 시간을 버티는 것에 가깝다. 불안감에 휩싸여 초조해하거나, 무기력하게 상황이 변하기만을 바라는 태도다. 이런 인내는 에너지를 소모하고, 우리를 지치게 만든다. 반면, 감응(感應)으로서의 기다림은 다르다. 이는 마치 숙련된 항해사가 바람의 미세한 변화를 느끼고 돛을 조정하며, 파도의 흐름에 배를 맡기면서도 목적지를 향해 나아가는 것과 같다. 자연의 리듬을 이해하고, 변화의 징후를 감지하며, 그에 맞춰 스스로를 변화시키는 능동적인 자세다.

예를 들어, 농부가 씨앗을 뿌리고 작물이 자라기를 기다릴 때, 단순히 손 놓고 기다리는 것이 아니다. 날씨의 변화에 감응하여 물을 주고, 해충을 살피고, 토양의 상태를 점검한다. 그는 작물의 성장을 '인내'하는 것이 아니라, 작물이라는 자연의 흐름에 '감응'하며 자신의 할 일을 찾아 실천한다. 즉, 기다림의 시간은 무위(無爲)의 시간이 아니라, 미래를 위한 정교한 '준비와 조정'의 시간이 되는 것이다.

지연 속에서 깨어있는 감각

'지연'의 시간은 단순히 멈춰 있는 시간이 아니다. 그 안에는 수많은 미세한 변화와 흐름이 존재한다. 기차가 '연착(延着)'하는 동안에도 주변 풍경은 움직이고, 사람들은 대화하며, 새로운 정보가 오간다. 진정으로 기다릴 줄 아는 사람은 이 '지연된 시간' 속에서 숨겨진 의미와 기회를 포착한다.

이는 찰나의 기회를 놓치지 않고 포착하는 순발력과는 다른 종류의 능력이다. 감응으로서의 기다림은 장기적인 관점에서 상황을 파악하고, 눈에 보이지 않는 변화의 징후를 읽어내는 깊은 통찰력을 필요로 한다. 마치 지진학자들이 지진의 '침묵' 속에서 미세한 땅의 움직임을 감지하려 노력하듯이, 감응은 겉으로 드러나지 않는 '지연된 정보'에 촉각을 곤두세우는 섬세한 기술이다.

'감응'의 기술이 가져오는 삶의 변화

기다림을 '감응의 기술'로 승화시킬 때, 우리는 '지연'을 불평하거나 피해야 할 대상으로 여기지 않게 된다. 오히려 그것을 성장과 성숙의 기회로 삼을 수 있다.

- 주체성 회복: 상황에 끌려가는 것이 아니라, 변화의 흐름에 맞춰 스스로를 조율하며 주체성을 회복한다.
- 유연한 사고: 고정된 계획에 얽매이지 않고, 지연된 상황 속에서 새로운 가능성을 탐색하고 유연하게 대처한다.
- 깊은 통찰력: 눈에 보이는 표면적인 현상 너머의 본질적인 흐름을 읽어내는 능력을 키운다.

진정한 기다림은 정체된 시간이 아니라, 끊임없이 움직이는 흐름 속에서 자신을 조율하고 더 나은 미래를 준비하는 역동적인 과정이다. 기다림은 인내의 고통이 아니라, 삶의 변화에 능동적으로 감응하는 세련된 기술이다. 이 기술을 익힐 때, 우리는 '연착'하는 삶 속에서도 흔들림 없이 나아갈 수 있을 것이다.

3장. 딜레이를 견디는 사람이 이긴다

현대 사회는 마치 '속도'를 숭배하는 듯하다. 더 빠르게 반응하고, 더 빠르게 생산하며, 더 빠르게 결과를 내는 것이 미덕으로 여겨진다. 인터넷 연결이 몇 초만 늦어져도 답답해하고, 즉각적인 만족을 얻지 못하면 쉽게 포기한다. 그러나 진정한 성과와 깊이 있는 변화는 단숨에 이루어지지 않는다. 성공의 이면에는 눈에 보이지 않는 수많은 '지연(delay)'과 '기다림'의 시간이 존재한다. 결국, 이 복잡하고 예측 불가능한 세상에서 딜레이를 견디는 사람이 진정한 승자가 된다.

즉각 만족의 함정과 지연의 현실

우리의 뇌는 즉각적인 보상에 강하게 반응하도록 설계되어 있다. 노력에 대한 결과가 '지금, 바로' 나타나지 않으면, 우리는 쉽게 흥미를 잃고 다른 자극을 찾아 나선다. 이런 '즉각 만족(instant gratification)'의 심리는 디지털 시대에 더욱 강화되어, '지연'을 단순한 불편함이 아닌, 실패나 좌절의 신호로 여기게 만들었다.

하지만 현실의 많은 과정은 본질적으로 '지연'을 포함한다. 사업을 구상하고 실행하는 데 시간이 걸리고, 복잡한 문제를 해결하는 데 시행착오가 따르며, 의미 있는 관계를 형성하는 데는 오랜 신뢰의 축적이 필요하다. 씨앗이 열매를 맺기까지, 건물이 완성되기까지, 숙련된 장인이 탄생하기까지. 이 모든 과정에는 필수적인 '지연의 시간'이 존재한다. 딜레이는 예외가 아니라, 삶의 기본 전제이다.

딜레이를 견디는 힘 - 인내와 전략적 활용

딜레이를 '견디는' 것은 단순히 수동적으로 시간을 버티는 것을 넘어선다. 그것은 불확실성 속에서 평정심을 유지하고, 주어진 지연의 시간을 오히려 능동적으로 활용하는 능력을 의미한다.

- 인내심의 근육 강화: 즉각적인 보상이 없어도 꾸준히 노력하는 인내심은 근육처럼 단련된다. 작은 지연들을 성공적으로 견뎌낼 때마다, 우리는 더 큰 딜레이에도 흔들리지 않는 내면의 힘을 기를 수 있다.
- 전략적 사고의 심화: '지연'은 곧 '시간'을 의미한다. 이 시간을 활용하여 상황을 더 깊이 분석하고, 대안을 모색하며, 전략을 수정할 수 있다. 조급함에 휩쓸려 성급한 결정을 내리기보다, 한발 물러서서 큰 그림을 볼 기회가 생긴다.

- 성숙과 성장: 딜레이를 견뎌내는 과정은 종종 우리가 예상치 못한 어려움과 마주하게 만든다. 이 어려움 속에서 우리는 한계를 시험하고, 새로운 해결책을 찾으며, 궁극적으로 더 단단하고 성숙한 존재로 성장한다.

기업의 성공 사례에서도 이러한 원리를 찾아볼 수 있다. 수년간의 적자를 감내하며 기술 개발에 몰두한 기업, 수많은 비판에도 불구하고 자신의 비전을 묵묵히 밀고 나간 리더들이 결국 시장을 선도하거나 역사의 흐름을 바꾼 경우가 많다. 이들은 '지연된 보상'을 믿고 '지금'의 어려움을 견뎌낸 사람들이었다.

승패를 가르는 '연착' 감내 능력

결국, 성공과 실패의 중요한 갈림길은 '딜레이' 앞에서 우리가 어떤 태도를 취하느냐에 달려 있다. 딜레이 앞에서 쉽게 포기하는 사람은 아무것도 얻지 못한다. 반면, '연착(延着)'하는 상황을 불평하기보다, 그 시간을 담담히 받아들이고 자신의 내면과 역량을 다지는 데 활용하는 사람은 반드시 원하는 목적지에 도달한다.

딜레이를 견디는 능력은 단순히 '참는' 것을 넘어선 능동적인 삶의 태도다. 그것은 불확실한 미래를 향한 믿음, 과정을 존중하는 겸손함, 그리고 스스로의 잠재력을 믿는 확신에서 비롯된다. 딜레이는 우리를 멈추게 하는 장벽이 아니라, 더 큰 도약을 위한 필수적인 '준비의 시간'이다. 이 시간을 견뎌내는 자만이 최종적인 승리를 맛볼 수 있을 것이다.

4장. 세상은 속도가 아니라 지속으로 바뀐다

우리는 기술의 발전과 정보의 홍수 속에서 '세상은 엄청난 속도로 변하고 있다'고 느낀다. 유행은 빛의 속도로 바뀌고, 새로운 서비스는 매일 쏟아져 나온다. 뒤처지지 않으려면 더 빨리 움직여야 한다는 강박에 시달린다. 그러나 이는 표면적인 변화의 착시일 뿐이다. 인류 역사와 자연의 거대한 흐름을 들여다보면, 세상을 진정으로 움직이고 바꾸는 힘은 '속도'가 아니라 '지속'에 있음을 알 수 있다. 가장 깊고 의미 있는 변화는 찰나의 번개처럼 찾아오는 것이 아니라, 오랜 '지연'의 시간을 견뎌낸 '지속적인 노력'을 통해 '연착(延着)'하여 도래한다.

순간의 속도와 영속적 변화의 간극

단순히 빠른 속도는 변화의 깊이를 보장하지 않는다. 끓는점 직전의 물이 아무리 빠르게 가열되어도, 100도를 넘어서야 비로소 물이 수증기로 변하는 본질적인 변화가 일어난다. 폭풍우는 순간적으로 강력한 인상을 주지만, 오랜 시간 끊임없이 흐르는 강물이야말로 거대한 협곡을 깎아낸다. 마찬가지로, 정보의 홍수 속에서 빠르게 확산되는 가짜 뉴스는 사회에 혼란을 초래할 수 있지만, 진실과 정의를 위한 오랜 투쟁은 수많은 난관과 '지연'에도 불구하고 결국 사회를 더 나은 방향으로 이끈다.

역사적으로 위대한 발견이나 혁명적인 변화는 대부분 오랜 연구와 실패, 그리고 무수한 '지연된 시행착오'를 거쳐 탄생했다. 에디슨의 전구 발명, 퀴리 부부의 라듐 발견, 인권 운동가들의 투쟁 등은 모두 끈질긴 '지속'과 '인내'의 산물이었다. 이들은 당장의 '속도'보다는, 목표를 향해 묵묵히 나아가는 '지속력'을 믿었다.

'지속'이 만들어내는 보이지 않는 축적

'지속'은 눈에 띄지 않는 '지연된 축적'의 과정이다. 매일 조금씩 쌓이는 물방울이 결국 바위를 뚫고, 매일 조금씩 하는 공부가 큰 지식의 산을 이룬다. 이 과정은 겉으로 보기에 느리고 지루할 수 있다. 하지만 이 보이지 않는 느린 움직임이야말로 내부적으로 거대한 힘을 축적하고, 나중에 폭발적인 혹은 근본적인 변화를 일으킬 잠재력을 키운다.

속도는 우리에게 즉각적인 만족을 주지만, 종종 표면적인 현상에 머무르거나 쉽게 사라진다. 반면 지속은 깊은 뿌리를 내리고, 단단한 토대를 만들며, 영속적인 가치를 창출한다. 나무가 천천히 나이테를 쌓아 거목이 되듯이, 개인의 성장이나 조직의 발전도 '지속적인 노력'이라는 '지연된 과정'을 통해 비로소 견고해지고 의미를 갖게 된다.

딜레이를 통한 '지속'의 승리

세상을 바꾸는 힘은 단거리 경주에 있는 것이 아니라, 마라톤과 같은 '지속의 여정'에 있다. 이 여정 속에는 수많은 '딜레이'와 예상치 못한 난관이 도사리고 있다. 하지만 진정한 승자는 이 딜레이를 회피하거나 좌절하는 대신, 그것을 당연한 과정으로 받아들이고 묵묵히 '지속'하는 사람이다.

- 끈기 있는 목표 추구: 당장의 성과에 일희일비하지 않고, 장기적인 목표를 향해 꾸준히 나아가는 끈기를 기른다.
- 과정의 가치 인정: 결과만큼이나 그 결과에 도달하기까지의 '지속적인 과정'과 '지연된 노력'의 가치를 인정한다.
- 회복 탄력성 강화: 실패나 좌절의 순간에도 다시 일어서서 '지속'할 수 있는 회복 탄력성을 키운다.

세상은 '지금, 바로' 속도로 변하는 것처럼 보이지만, 그 본질은 '느리게, 그러나 끊임없이 이어지는 지속'을 통해 궁극적인 변화를 이룬다. 딜레이를 견디고 '지속'하는 자만이, 결국 '연착'하여 도달할 변화의 목적지에서 빛나는 성과를 거둘 수 있을 것이다.

5장. 기다림은 수행이다
– 딜레이를 감내하는 정신의 기술

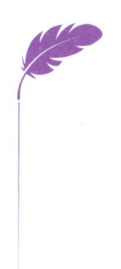

현대인의 삶은 '기다림'을 불편하고 비생산적인 시간으로 치부한다. 우리는 기다리는 동안 스마트폰을 들여다보거나, 다른 일을 찾아 끊임없이 바쁘게 움직이려 한다. 그러나 동서고금의 많은 지혜는 '기다림'이 단순한 시간의 낭비가 아니라, 오히려 깊은 내면의 성장을 위한 '수행(修行)'의 과정임을 가르친다. 특히 예측 불가능한 '지연(delay)'의 상황 속에서, 기다림은 우리의 정신을 단련하고 삶의 본질을 깨닫게 하는 '정신적 기술'이 된다.

기다림 – 고통에서 수행으로

기다림이 고통스러운 이유는 우리가 통제할 수 없는 상황에 대한 불안감과, 원하는 결과가 '지금, 바로' 오지 않는 것에 대한 조급함 때문이다. 하지만 이러한 고통을 회피하기보다 직면하고, 그 속에서 자신의 마음을 관찰하는 순간, 기다림은 수행의 장으로 변모한다.

수행으로서의 기다림은 단순히 '참는' 것을 넘어선다. 그것은 자신의 감정을 알아차리고, 조급함과 불안을 인정하되 그것에 휩쓸리지 않는 훈련이다. 마치 명상가가 호흡에 집중하며 마음의 동요를 가라앉히듯이, 기다림의 순간에 우리는 자신의 내면을 들여다보고, 외부 상황에 대한 과도한 반응을 줄이는 연습을 할 수 있다. 이 과정에서 우리는 '지연'된 시간 속에서도 흔들리지 않는 평정심을 기르게 된다.

딜레이를 감내하는 정신의 기술들

'딜레이를 감내하는 정신의 기술'은 구체적인 실천을 통해 단련될 수 있다.

- 현재에 집중하기(Mindfulness): 기다리는 동안 미래의 불확실성에 대한 걱정이나 과거의 후회에 갇히지 않고, '지금 이 순간'에 온전히 집중하는 것이다. 주변의 소리, 자신의 호흡, 눈앞의 풍경에 주의를 기울이며 현재의 감각을 깨우는 연습을 한다.
- 관조와 수용(Contemplation & Acceptance): 상황을 바꾸려 애쓰기보다, '지연'이라는 현실을 있는 그대로 받아들이고 관조하는 태도다. 통제할 수 없는 것에 대한 집착을 내려놓고, 자연의 흐름이나 삶의 섭리를 인정하는 것이다. 이는 수동적인 포기가 아니라, 더 큰 그림을 이해하려는 능동적인 수용이다.

- 의미 부여와 재구성(Meaning-making & Reframing): 딜레이의 시간을 단순히 낭비되는 시간으로 여기지 않고, 그 속에서 새로운 의미를 찾으려 노력한다. 예를 들어, '기다리는 동안 책을 읽을 수 있는 기회'나 '생각을 정리할 수 있는 시간'으로 재구성하는 것이다. 이는 부정적인 경험을 긍정적인 배움의 기회로 전환시키는 정신적 유연성이다.
- 자기 성찰과 성장: 지연된 시간은 자신을 돌아보고 내면의 성장을 위한 귀한 기회가 될 수 있다. 조급함의 원인은 무엇인지, 어떤 기대가 나를 힘들게 하는지 성찰하며, 더 나은 자신으로 나아가기 위한 계획을 세울 수 있다.

수행으로서의 기다림이 가져오는 변화

기다림을 수행으로 받아들일 때, '딜레이'는 더 이상 우리를 괴롭히는 장애물이 아니다. 오히려 우리를 더 강하고 지혜롭게 만드는 '연착(延着)'의 통로가 된다.

이러한 정신적 기술을 통해 우리는 외부 상황에 휘둘리지 않고, 내면의 평화를 유지하며, 예측 불가능한 삶의 흐름 속에서도 흔들림 없이 나아갈 수 있다. 기다림은 단순히 시간을 보내는 행위가 아니라, 자신의 정신을 단련하고 삶의 본질을 깨닫게 하는 가장 강력한 수행의 장이다. 딜레이를 감내하는 이 정신적 기술을 터득할 때, 우리는 어떤 상황에서도 충만한 삶을 살아갈 수 있는 내면의 힘을 얻게 될 것이다.

6장. 신은 왜 즉시 응답하지 않는가
— 기도와 회신의 거리

　인간은 오랜 역사 동안 알 수 없는 힘, 즉 신에게 간절히 기도하고 응답을 구했다. 병든 이를 낫게 해달라고, 전쟁을 멈춰달라고, 혹은 단지 마음의 평화를 달라고 기도한다. 우리는 기도가 즉시 응답되기를 바라지만, 현실은 그렇지 않은 경우가 많다. 때로는 아무리 간절히 기도해도 응답이 오지 않는 것처럼 느껴지거나, 응답이 온다 해도 우리가 예상했던 방식이나 시기가 아닐 때가 많다. 신은 왜 우리의 기도에 즉시 응답하지 않는가? 기도와 그 회신 사이의 '거리(distance)'는 무엇을 의미하는가? 이 지연된 응답 속에서 우리는 어떤 신앙적 통찰을 얻을 수 있을까?

즉시 응답의 환상과 신의 시간
　우리는 인간적인 시간 개념에 갇혀 모든 것이 '지금, 바로' 해결되기를 바란다. 그러나 신의 시간은 인간의 시간과 다르다. 성경에도 "주께는 하루가 천 년 같고 천 년이 하루 같다"는 구절이 있듯이, 절대자의 시간은 우리와 같은 선형적이고 즉각적인 개념을 초월한다. 신이 즉시 응답하지 않는 것은 무관심 때문이 아니라, 인간의 이해를 넘어서는 더 큰 계획과 '지연된 섭리' 속에 있기 때문일 수 있다.

만약 모든 기도가 즉시, 우리가 원하는 방식으로 응답된다면 어떨까? 우리는 아마도 더 이상 인내심을 배우지 못하고, 고통 속에서 성장할 기회를 잃을 것이다. 또한, 모든 것을 신에게만 의존하며 스스로 노력하고 책임지는 능력을 상실할 수도 있다. 신의 '지연된 응답'은 때로는 우리에게 스스로 문제를 해결할 기회를 주거나, 더 깊은 성찰의 시간을 갖도록 유도하는 방식일 수 있다.

기도와 회신 사이의 '거리'가 가진 의미

기도와 회신 사이의 '거리'는 단순히 시간적 간극만을 의미하지 않는다. 그것은 신앙이 성숙해지는 과정이자, 인간이 더 큰 의미를 깨닫는 여정을 상징한다.

- 성숙한 믿음의 시험: 즉각적인 응답이 없는 '지연'의 시간은 우리의 믿음을 시험한다. 눈에 보이는 증거가 없어도 굳건히 신뢰할 수 있는가? 이 시험을 통과할 때 믿음은 더욱 깊고 단단해진다.
- 내면의 성찰과 변화: 응답을 기다리는 동안, 우리는 자신의

기도 내용과 동기를 다시 한번 돌아보게 된다. 진정으로 무엇을 원하는지, 그리고 그 소원이 자신의 성장과 타인의 행복에 기여하는지 성찰하게 된다. 이 과정에서 기도의 내용 자체가 변화하거나, 기도를 통해 자신이 변화하는 경험을 하게 된다.
- 더 큰 그림의 이해: 신의 응답이 '지연'되는 동안, 우리는 때로는 예상치 못한 다른 방식으로 문제가 해결되거나, 더 나은 길이 열리는 것을 경험한다. 이는 신의 계획이 우리의 좁은 시야를 넘어선 더 큰 그림 속에 있음을 깨닫게 한다. '연착(延着)'하여 도착한 응답은 종종 우리가 처음 기대했던 것보다 훨씬 더 풍요롭고 의미 있는 형태로 나타나기도 한다.

7장. 구원은 예고되지만 오지 않는다
– 종교의 시간성

수많은 종교는 인류에게 '궁극적인 구원'을 약속한다. 기독교에서 메시아의 재림과 천국, 불교에서 해탈과 열반, 이슬람에서 최후의 심판과 낙원 등, 모든 고통과 번뇌가 사라지는 이상적인 상태나 미래가 예고되어 있다. 인간은 이 구원을 간절히 기다리며 삶의 의미를 찾는다. 그러나 이 '약속된 구원'은 우리의 삶 속에서 '지금, 바로' 도래하지 않는다. 수천 년 동안 인류는 구원을 기다려왔고, 그 기다림은 계속되고 있다. 구원은 예고되지만 오지 않는 것처럼 보이며, 이 거대한 '지연(delay)' 속에서 종교는 자신만의 독특한 '시간성(temporality)'을 부여받는다.

약속과 지연의 간극 – 종말론적 시간

대부분의 종교는 과거의 '시작'(창조)과 미래의 '끝'(종말)을 제시하며, 그 사이에 현재의 삶이 존재한다고 본다. 그리고 그 '끝'에는 고통 없는 새로운 시작, 즉 '구원'이 기다리고 있다고 약속한다. 하지만 이 약속된 '종말'은 좀처럼 오지 않는다. 초기 기독교 신자들은 예수님의 재림이 곧 있을 것이라 믿었지만, 2천 년이 지난 지금도 그 약속은 '지연된 채' 남아 있다. 이슬람의 마흐디, 불교의 미륵불 또한 오랜 시간 동안 예고되었지만 아직 도래하지 않았다.

이러한 '약속과 지연의 간극'은 종교적 신앙의 본질적인 부분이 된다. 만약 구원이 즉시 도래한다면, 인간에게 '기다림'과 '믿음', 그리고 그 안에서의 '노력'은 큰 의미를 잃을 것이다. 종교는 바로 이 지연의 시간을 통해 신자들이 현재의 삶을 어떻게 살아가야 하는지, 어떤 가치를 추구해야 하는지를 끊임없이 질문하고 성찰하도록 이끈다.

지연 속에서 피어나는 신앙의 의미

구원이 '지연'되는 시간은 신앙이 단순한 기복을 넘어 깊이를 더하는 중요한 과정이다.

- 현재적 의미의 강화: 종말이 '지연'될수록 신자들은 막연한 미래의 약속에만 매달리는 대신, '지금 여기'에서의 삶과 신앙 실천의 중요성을 더욱 강조하게 된다. 오늘의 선행, 오늘의 기도, 오늘의 사랑이 바로 구원을 향한 길이라는 인식이 깊어진다.
- 인내와 희망의 단련: 끝없이 이어지는 기다림은 인내심을 단

련시키고, 불확실성 속에서도 희망을 놓지 않는 강인한 정신을 길러준다. 구원이 '연착(延着)'하더라도, 그 도래를 굳게 믿는 믿음은 삶의 고통을 견디는 힘이 된다.
- 공동체의 형성: 구원의 '지연'은 같은 믿음을 가진 사람들이 서로 의지하고 격려하며 공동체를 형성하는 계기가 된다. 함께 기다리고, 함께 의심하며, 함께 희망을 나누는 과정 속에서 신앙은 더욱 단단해진다.
- 성찰과 해석의 지속: 구원이 오지 않는 이유에 대해 끊임없이 질문하고 해석하는 과정은 종교적 사유를 심화시키고, 경전과 교리에 대한 새로운 이해를 낳는다. '지연'은 정체가 아니라, 지속적인 사유와 성장의 동력이 된다.

종교의 시간성 – '지연'을 통한 영적 성장

종교는 '지연'이라는 현실을 피하지 않고, 오히려 그 안에서 의미를 찾는다. 구원의 '지연'은 신자들이 내면의 영적 여정을 시작하고, 외부적인 현상이나 즉각적인 보상에만 의존하지 않는 깊은 믿음을 형성하도록 이끈다.

결국, 구원이 예고되지만 즉시 오지 않는다는 종교의 '시간성'은, 우리가 삶의 딜레이를 어떻게 이해하고 받아들여야 하는지를 가르쳐준다. 그것은 단순히 기다리는 것이 아니라, '지연'의 시간 속에서 능동적으로 자신을 단련하고, 세상과 관계 맺으며, 더 높은 가치를 추구하는 수행인 것이다. '연착'하는 구원의 여정 속에서 인간은 진정한 의미의 영적 성숙을 이루어갈 수 있다.

8장. 종교는 기다림의 형식이다 – 메시아, 윤회, 종말

　인류의 역사와 함께해 온 수많은 종교들은 각기 다른 교리와 의례를 가지고 있지만, 그 심층에는 놀랍도록 공통된 하나의 형식이 존재한다. 바로 '기다림'이다. 종교는 인간에게 궁극적인 의미와 희망을 제시하며, 그 희망이 실현될 때까지 '지연(delay)'된 시간을 인내하고 준비하도록 요구한다. 특히 기독교의 메시아, 불교의 윤회, 그리고 여러 종교의 종말론은 '기다림'이라는 종교적 형식의 핵심을 이룬다.

메시아 – 약속된 도래의 지연

　기독교와 유대교에서 메시아(구세주)는 인류를 구원하고 새로운 시대를 열 약속된 존재다. 유대인들은 수천 년 동안 메시아의 도래를 기다려왔고, 기독교인들은 이미 오셨던 메시아의 '재림'을 기다린다. 이 기다림은 단순한 소망이 아니라, 삶의 모든 것을 걸고 준비하는 '지연된 희망'이다. 메시아가 '지금, 바로' 오지 않는다는 사실은 신자들에게 현세의 고통을 견디고, 믿음을 지키며, 선한 삶을 살아가야 할 이유를 제공한다.

메시아의 '지연된 도래'는 신자들로 하여금 외부적인 기적이나 즉각적인 구원에만 의존하지 않고, 내면의 성찰과 영적인 성숙을 통해 스스로 구원의 길을 닦도록 이끈다. 메시아를 기다리는 시간은 단순히 수동적인 대기가 아니라, 자신을 변화시키고 세상을 변화시키기 위한 능동적인 준비의 시간이 되는 것이다.

윤회 – 인과응보의 지연된 순환

불교와 힌두교 등 동양 종교의 핵심 개념인 윤회(輪廻)는 생명이 죽음으로 끝나는 것이 아니라, 업(業, 카르마)에 따라 다른 형태로 다시 태어나는 끝없는 순환을 의미한다. 선한 업은 좋은 결과를, 악한 업은 나쁜 결과를 가져온다고 보지만, 그 결과가 '지금, 바로' 나타나는 것은 아니다. 오히려 수많은 생을 거쳐 '지연된 형태'로 나타난다.

윤회는 인과응보의 법칙이 '지연된 시간' 속에서 작동함을 보여준다. 이는 인간에게 현재의 행동이 미래의 삶에 영향을 미친다는 책임감을 부여하며, 당장의 이익이나 손해에 연연하지 않고 장기적인 관점에서 선한 삶을 추구하도록 이끈다. 윤회는 우리가 '지금' 겪는 고통이 과거의 업보일 수 있음을 암시하고, '지금'의 노력이 미래의 더 나은 삶으로 '연착(延着)'할 것임을 보여줌으로써, 지연된 보상에 대한 믿음을 심어준다.

종말 – 예고된 끝의 지연된 도래

다양한 종교에서 이야기하는 종말(終末)은 세상의 끝이자 새로운 시작을 알리는 거대한 전환점이다. 기독교의 최후의 심판, 북유럽 신화의 라그나로크 등, 인류는 오랜 시간 동안 종말의 징조를 찾고 그 도래를 기다려왔다. 그러나 종말은 예고되지만, 우리가 기대하는 시기에 즉시 오지 않고 '지연된 채' 남아 있다.

이러한 종말의 '지연'은 신자들에게 '지금 여기'에서의 삶의 중요성을 강조한다. 종말이 언제 올지 모르기에, 매 순간을 충실히 살아가고, 회개하며, 선을 행해야 한다는 메시지를 전달한다. 종말의 지연은 단순한 종말론적 불안감을 넘어, 삶의 유한성을 인식하고 매 순간을 소중히 여기는 태도를 기르도록 돕는 종교적 장치이기도 하다.

종교 – '기다림'을 통해 삶의 의미를 찾는 형식

메시아, 윤회, 종말 이 모든 종교적 개념들은 '기다림'이라는 공통된 형식을 통해 인간에게 삶의 의미와 방향성을 제시한다. 종교는 인간의 조급함을 다스리고, '지연'이라는 시간 속에서 인내하고, 희망하며, 스스로를 단련하는 법을 가르친다.

결국, 종교는 단순히 믿음의 대상만을 제시하는 것이 아니라, '지연된 시간' 속에서 인간이 어떻게 살아가야 하는지에 대한 '기다림의 형식'을 제공한다. 이 형식 안에서 우리는 불확실한 미래를 향한 믿음을 다지고, 현재의 삶을 성실하게 살아가며, 궁극적인 의미를 향해 '연착'하는 여정을 계속할 수 있을 것이다.

9장. 도래하지 않는 메시아 – 벤야민과 종말의 지연

　서구 문명의 오랜 역사에서 메시아의 도래는 희망의 상징이자, 모든 고통이 종식될 궁극적인 순간으로 여겨졌다. 그러나 메시아는 예고되었음에도 불구하고 아직 '도래하지 않았다'. 이러한 메시아의 '지연된 도래'는 단순한 시간적 간극을 넘어, 깊은 철학적, 신학적 의미를 지닌다. 특히 20세기 철학자 발터 벤야민(Walter Benjamin)은 이러한 '종말의 지연' 속에서 역사를 새롭게 이해하고, '지금'이라는 순간의 혁명적 가능성을 역설했다.

메시아적 시간 – 선형적 진보의 부정

　벤야민에게 역사는 단순한 선형적 진보가 아니었다. 그는 전통적인 진보주의 역사관이 과거의 고통과 실패를 망각하고 미래의 유토피아만을 향해 나아간다고 비판했다. 대신 벤야민은 '메시아적 시간'이라는 개념을 제시한다. 이는 종말이 '지금, 바로' 도래하지 않는다는 지연 속에서, 오히려 과거의 고통받은 자들의 외침에 귀 기울이고 '지금'이라는 순간을 혁명적으로 포착해야 할 책임이 우리에게 있음을 의미한다.

메시아는 외부에서 갑자기 나타나 모든 문제를 해결해 주는 존재가 아니다. 메시아의 '지연된 도래'는 우리로 하여금 수동적으로 기다리기만 하는 것이 아니라, 억압받았던 과거의 기억을 '구원'하고 '지금'의 부조리를 끝내기 위한 능동적인 행동에 나설 것을 촉구한다. 벤야민에게 혁명은 미리 정해진 미래를 향한 진보가 아니라, '지연된 구원' 속에서 과거의 불의를 현재에서 바로잡으려는 폭발적인 개입이다.

'지금'이라는 찰나 – 지연 속의 기회

메시아의 도래가 '지연'된다는 것은, 역사의 진행이 불가피하게 특정한 종착점을 향해 나아가는 것이 아니라는 의미이기도 하다. 오히려 이 지연된 시간 속에서 '지금'이라는 찰나의 순간이 결정적인 중요성을 띠게 된다. 벤야민은 이 '지금'(Jetztzeit)을 메시아가 잠재적으로 나타날 수 있는 기회의 순간으로 보았다.

우리가 통상적으로 경험하는 시간은 연속적이고 균질하지만, '메시아적 지금'은 이 연속성을 깨뜨리고 과거와 현재가 새로운 방식으로 조우하는 '정지된 현재'이다. 종말이 '지연'됨으로써, 우리는 과거의 '잃어버린' 기회와 '지연된' 정의를 현재의 행동으로 되찾을 수 있는 가능성을 얻는다. 즉, 도래하지 않는 메시아는 우리에게 미래를 단순히 기다리는 대신, 현재의 삶과 역사 속에서 적극적으로 구원의 가능성을 찾아 실현하도록 부른다.

종말의 지연이 주는 인간의 책임

벤야민의 통찰은 '지연'이 단순한 물리적 시간의 문제가 아니라, 윤리적이고 정치적인 책임의 문제임을 보여준다. 메시아의 '지연된 도래'는 신이나 역사의 손에 모든 것을 맡기는 수동적인 태도를 넘어서, 인간이 스스로 고통받는 이들을 '구원'하고 정의를 실현해야 할 책임을 부여한다.

- 현재에 대한 집중: 종말이 '지연'되므로, 우리는 막연한 미래의 구원을 기대하기보다 '지금, 여기'에서 불의에 맞서고 변화를 만들어내는 일에 집중해야 한다.
- 과거에 대한 책임: 지연된 구원은 과거의 억압받은 이들과 실패한 혁명들을 '기억'하고 그들의 목소리에 '응답'할 것을 요구한다.
- 희망의 재정의: 희망은 단순히 미래의 행복을 바라는 것이 아니라, '지연'이라는 현실 속에서도 정의와 구원의 가능성을 끊임없이 추구하는 능동적인 행위가 된다.

결국, 도래하지 않는 메시아는 역사의 '지연' 속에서 인간에게 주어진 가장 강력한 책임이자, '지금'이라는 찰나의 순간을 통해 세상을 변화시킬 수 있다는 역설적인 희망을 이야기한다. 이 지연된 구원의 길 위에서 우리는 진정한 의미의 '연착'을 만들어갈 수 있을 것이다.

10장. 참회는 행동보다 늦게 온다
— 죄의식의 시간 차이

　우리는 살면서 의도했든 의도하지 않았든 실수를 저지르고, 때로는 타인에게 상처를 주거나 도덕적 기준을 위반하는 행동을 한다. 하지만 대부분의 경우, 잘못된 행동을 하는 그 순간에는 자신의 잘못을 온전히 인지하지 못한다. 오히려 시간이 흐른 뒤, 상황이 정리되고 나서야 비로소 후회와 함께 '참회(懺悔)'나 '죄의식'이 밀려온다. 마치 밀물처럼 스며드는 이 감정은 행동이 일어난 순간보다 '늦게, 지연된 형태'로 도착한다. 이 '죄의식의 시간 차이'는 인간의 복잡한 내면과 성찰의 과정을 드러내는 중요한 현상이다.

행동의 즉시성과 의식의 지연
　잘못된 행동은 종종 순간적인 감정, 충동, 혹은 무지에서 비롯된다. 분노에 휩싸여 말을 뱉거나, 욕심에 눈이 멀어 부당한 결정을 내리거나, 상황을 제대로 파악하지 못해 실수를 저지를 수 있다. 이러한 행동들은 매우 빠르게, 즉시적으로 발생한다. 그러나 그 행동의 의미와 결과, 그리고 그것이 타인과 자신에게 미치는 영향에 대한 깊이 있는 인식과 윤리적 판단은 '지연된' 형태로 나타난다.

왜 죄의식은 즉시 오지 않는가?

- 인지적 방어: 인간의 정신은 고통스러운 현실이나 불편한 진실을 즉시 받아들이지 않으려는 방어 기제를 가지고 있다. 자신의 잘못을 인정하는 것은 고통스러운 일이기 때문에, 무의식적으로 이를 미루거나 외면하려는 경향이 있다.
- 상황 파악의 시간: 행동이 가져온 결과나 파급 효과를 온전히 이해하는 데는 시간이 필요하다. 즉각적인 상황 속에서는 미처 보지 못했던 것들이, 시간이 지나고 거리가 생겼을 때 비로소 명확하게 보이는 경우가 많다.
- 감정의 정화: 행동 당시의 격렬한 감정(분노, 욕망, 두려움 등)이 가라앉아야만 이성적인 판단과 윤리적인 성찰이 가능해진다. 감정의 폭풍이 지난 후에야 비로소 참회의 바람이 불어오는 셈이다.

이러한 '죄의식의 시간 차이'는 인간에게 주어지는 성찰의 기회이기도 하다. 즉시 모든 것을 알았다면 아마도 감당하기 힘들었을 죄의 무게를, 시간을 두고 서서히 깨닫고 받아들이도록 돕는 과정이다.

'지연된' 참회가 가져오는 성숙

참회와 죄의식이 행동보다 '늦게, 지연되어 도착'하는 것은 단순한 후회가 아니다. 그것은 자신의 인격과 삶을 깊이 있게 돌아보게 만드는 중요한 계기가 된다.

- 책임감의 심화: 시간이 지나 자신이 저지른 행동의 무게와 파급력을 온전히 인지하게 될 때, 추상적이었던 책임감이 구체적인 형태로 다가온다. 이는 단순한 사과를 넘어선 진정한 반성과 변화의 동력이 된다.
- 자기 이해의 확장: 왜 그런 행동을 했는지, 자신의 어떤 결함이나 욕망이 그러한 결과를 낳았는지 깊이 탐색하게 된다. 이 과정에서 자신의 약점과 강점을 더 분명하게 이해하게 되며, 이는 장기적인 인격 성숙의 발판이 된다.
- 관계 회복의 기회: 죄의식이 '연착(延着)'하여 도달함으로써, 상처받은 관계를 회복하거나 용서를 구하고, 피해를 만회할 수 있는 기회를 얻게 된다. 이는 즉시적인 반응으로는 얻기 어려운 진정성 있는 관계 개선으로 이어질 수 있다.

참회 – '지연'을 통한 내면의 성장

결국, 참회는 행동의 결과가 '지연'되어 나타나는 현상을 통해 우리가 삶을 더 깊이 이해하고 성숙해지는 과정이다. 죄의식이 뒤늦게 찾아오는 것은 우리에게 주어진 일종의 유예 기간이자, 더 나은 사람이 될 수 있는 기회다.

- 성찰의 시간 활용: 죄의식이 찾아왔을 때, 단순히 고통스러워하기보다 그 감정을 통해 자신의 행동을 되짚어보고, 앞으로 어떻게 행동할지 배우는 성찰의 시간으로 활용해야 한다.
- 진정한 사과와 회복: '지연된' 죄의식은 진정성 있는 사과와 잘못을 바로잡으려는 노력을 이끌어낸다. 이는 피상적인 형식적 사과를 넘어선 깊은 치유의 과정이다.
- 미래를 위한 교훈: 과거의 잘못을 통해 얻은 죄의식은 미래에 같은 실수를 반복하지 않도록 하는 강력한 교훈이 된다.

참회는 행동보다 늦게 도착하지만, 그 '지연된 도착' 속에서 우리는 인간으로서 더 깊은 윤리적 감수성과 책임감을 배우며, 진정한 의미의 성장과 해방에 '연착'할 수 있을 것이다.

11장. 윤회는 지금을 위한 것이 아니다
– 인과와 보상의 시차

동양 철학, 특히 불교와 힌두교의 근간을 이루는 윤회(輪廻) 사상은 생명이 죽음으로 끝나지 않고, 업(業, 카르마)에 따라 다양한 형태로 끊임없이 다시 태어나는 순환을 말한다. 이 윤회의 개념은 서구적 시간관념과는 달리, 단 한 번의 삶으로 모든 것이 결정되지 않는다는 점에서 근본적인 '지연(delay)'을 내포한다. 우리가 '지금' 겪는 고통이나 행복, 혹은 '지금' 행하는 선악의 결과는 즉시 나타나지 않고, 수많은 생을 거쳐 '지연된 형태'로 '연착(延着)'한다. 윤회는 바로 인과(因果)와 보상 사이의 거대한 '시차'를 통해 작동하는 우주적 질서를 보여준다.

인과의 씨앗, 지연된 열매 – 카르마의 시간성

윤회 사상에서 핵심은 카르마(Karma, 업), 즉 행위의 법칙이다. 모든 생각, 말, 행동은 에너지를 생성하고, 이 에너지는 좋든 나쁘든 언젠가 반드시 그에 상응하는 결과를 가져온다. 하지만 이 결과는 '지금' 발생하는 것이 아니다. 선한 행위를 했다고 해서 즉시 복을 받고, 악한 행위를 했다고 해서 바로 벌을 받는 것이 아니다. 카르마의 법칙은 마치 씨앗을 뿌리면 즉시 열매를 맺지 않고, 오랜 시간 동안 자라야 하는 것과 같다. 선악의 결과는 다음 생에, 혹은 그 다음 생에 '지연된' 형태로 나타날 수 있다.

이러한 '인과와 보상의 시차'는 인간에게 깊은 통찰을 준다. 당장의 이득이나 손실에만 집착하게 만들지 않고, 행위의 장기적인 결과에 대한 깊은 숙고와 책임감을 부여한다. 윤회는 '지금'이라는 찰나의 순간에만 머무르지 않고, 과거와 미래가 끊임없이 연결되는 '지연된 연속성' 속에서 삶의 의미를 찾도록 이끈다.

윤회는 '지금'만을 위한 것이 아니다

흔히 윤회를 현세의 고통을 참고 미래를 위한 준비로만 오해하기도 하지만, 윤회 사상의 진정한 깊이는 단순히 내세의 보상만을 위한 것이 아니다. 윤회는 우리에게 '지금'이라는 삶이 과거 수많은 '지연된' 행위의 결과이자, 미래의 삶을 결정할 '현재의 지연된 씨앗'임을 깨닫게 한다. 이는 '지금' 이 순간의 모든 선택과 행동이 얼마나 중요한지를 역설한다.

- **현재 행동의 중요성**: 결과가 '지연'된다고 해서 현재의 행동이 무의미한 것이 아니다. 오히려 '지연'되기에 현재의 행동 하나

하나가 미래를 바꿀 수 있는 강력한 잠재력을 지니게 된다.
- 고통의 의미 부여: 현재의 고통이나 어려움이 과거의 '지연된 업보'일 수 있음을 이해함으로써, 무작정 불평하기보다 자신의 행동을 성찰하고 더 나은 미래를 위한 교훈으로 삼을 수 있다.
- 지연된 보상에 대한 믿음: 선한 행위가 당장 보상받지 못하더라도, 언젠가 '연착'하여 도달할 것임을 믿으며 꾸준히 덕을 쌓는 인내심을 기르게 된다.

'지연'을 통한 삶의 깊이와 확장

윤회는 삶의 지평을 단순히 '지금'의 한 생으로 한정하지 않고, 거대한 '지연된 시간'의 흐름 속에서 무한히 확장시킨다.

이러한 이해를 통해 우리는 조급함에서 벗어나 긴 호흡으로 삶을 바라보는 관점을 얻게 된다. 당장의 성과에 일희일비하지 않고, 꾸준히 선을 행하며, 매 순간 자신의 업을 쌓아가는 데 집중하게 된다. 윤회는 '지금' 이 순간의 선택이 영원히 '지연되어' 다음 생과 연결되는 거대한 순환 속에서, 모든 존재가 서로에게 영향을 미치고 변화하는 삶의 섭리를 보여준다. '지연'이라는 시간의 굴레 속에서 우리는 진정한 의미의 책임과 자유를 발견하며, 고통과 성장의 과정을 통해 궁극적인 깨달음으로 '연착'할 수 있을 것이다.

12장. 불교의 무심
– 응답하지 않음이 응답이 되는 자리

우리는 삶에서 끊임없이 질문하고, 그에 대한 명확한 '응답'을 갈구한다. 고민이 생기면 해답을 찾으려 하고, 고통이 닥치면 즉시 사라지기를 바란다. 신에게 기도할 때도 즉각적인 회신을 기대한다. 그러나 때로는 아무리 애써도 명확한 응답이 오지 않을 때가 있다. 심지어 침묵만이 돌아올 뿐이다. 이런 상황에서 우리는 쉽게 좌절하고 불안해한다. 하지만 불교의 깊은 통찰, 특히 '무심(無心)'의 경지는 바로 이 '응답 없음'이라는 '지연(delay)'의 자리에서 역설적으로 완전한 '응답'을 발견하는 길을 제시한다.

갈망의 내려놓음 – '응답'에 대한 집착 벗기

인간의 고통은 대부분 '갈망'과 '집착'에서 비롯된다고 불교는 가르친다. 우리가 어떤 결과나 응답에 집착할수록, 그것이 '지연'되거나 오지 않을 때 고통은 증폭된다. '무심'은 이러한 마음의 작동 방식을 꿰뚫어 보고, 어떤 특정한 응답이나 결과를 향한 마음의 움직임을 멈추는 것이다.

이는 무기력하게 포기하는 것이 아니다. 오히려 자신의 내면에서 일어나는 생각과 감정, 그리고 외부의 상황 변화에 대한 기대를 객관적으로 관찰하고 그에 휘둘리지 않는 훈련이다. 마치 호수에 돌을 던져도 수면이 다시 고요해지듯이, 마음속에서 일어나는 번뇌와 기대를 가라앉히는 것이다. 우리가 어떤 응답이 '와야 한다'는 고정관념에서 벗어날 때, 그 '지연된 부재'는 더 이상 고통이 되지 않는다.

응답하지 않음이 곧 응답이 되는 자리

'무심'의 경지는 우리가 바라는 형식의 응답이 오지 않더라도, 그 상황 자체에서 의미와 평화를 발견하는 능력이다. 어떤 문제에 대한 해결책을 간절히 찾지만 끝내 오지 않을 때, 때로는 그 '응답 없음' 자체가 가장 본질적인 응답이 될 수 있다. 즉, '지금 이 상태 그대로가 가장 적절하다'거나, '문제가 사라지지 않는 것이 답이다'라는 깨달음에 이르는 것이다.

이것은 마치 복잡한 질문에 대한 정답을 찾으려 애쓰다가, 사실 그 질문 자체가 중요하지 않다는 것을 깨닫는 것과 같다. 혹은, 고통스러운 상황이 계속될 때, 그 고통을 제거하려 하기보다 고통 그 자체를 받아들이는 순간 오히려 고통에서 벗어나는 역설적인 경험과도 유사하다. '지연'과 '부재'의 상황을 피하려 하지 않고 그 속에 머무는 순간, 우리는 마음의 진정한 자유를 얻게 된다. 이는 외부로부터의 '연착(延着)하는 응답'이 아니라, 내면에서 스스로 발견하는 가장 근원적인 평화이다.

'무심'을 통한 삶의 초월

'무심'의 자세는 삶의 '지연'과 불확실성을 대하는 데 있어 가장 심오한 태도를 제공한다.

- 진정한 자유: 어떤 결과나 응답에 대한 집착에서 벗어남으로써, 상황에 구애받지 않는 내면의 자유를 얻는다. 이는 외부 조건이 아닌, 스스로의 마음에 달려 있는 평화다.
- 현재의 충만함: 미래의 응답에 대한 기대를 내려놓고 '지금, 여기'의 순간에 온전히 머물며, 그 자체의 충만함을 경험하게 된다.
- 궁극적인 깨달음: 삶의 모든 현상이 본질적으로 공(空)하며, 영원히 고정된 실체가 없음을 깨달음으로써, '응답'과 '응답 없음'이라는 이분법적 사고를 초월하게 된다.

결국, 불교의 '무심'은 '지연'된 응답에 대한 불만이나 고통을 넘어서, '응답하지 않음' 그 자체가 완벽한 '응답'이 되는 자리를 찾아가는 영적인 기술이다. 이 경지에 이를 때, 우리는 삶의 모든 지연과 부재 속에서도 흔들림 없는 평화와 궁극적인 깨달음을 얻을 수 있을 것이다.

에필로그

연착의 세계에 머무는 법

우리는 '지연(delay)'이라는 단어에 익숙하다. 버스가 늦고, 이메일 답장이 오지 않으며, 결과가 생각보다 오래 걸릴 때, 우리는 불편과 불안함을 느끼고, 때로는 그 기다림을 실패로 오해한다. 사회는 말한다. 즉시 반응하라. 빠르게 결단하라. 머뭇거림 없이 도달하라. 지연은 무능이고, 연착은 낭비다. 그러나 이 책이 말해온 것처럼, 지연은 예외가 아니다. 그것은 존재의 방식이며, 모든 실현은 지연을 거쳐 도착한다. 감정은 사건이 끝난 뒤에야 따라오고, 깨달음은 수많은 모색 끝에 불현듯 찾아온다. 진실은 언제나 느리게 도착한다.

연착은 종종 예고되지 않는다. 우리는 그것을 부드러운 착륙으로 상상하지만, 실제의 연착은 오히려 경착처럼 우리를 덮친다. 오지 않는 메시지, 미뤄진 진단, 뒤늦게 깨닫는 감정. 그것들은 어느 순간 삶을 예상치 못한 방향으로 밀어낸다. 문제는 지연이 아니라, 우리가 지연을 받아들이지 못하도록 길들여졌다는 점이다. 우리는 빠른 응답에 익숙해졌고, 지체 없는 결과에 중독되어 있다. 하지만 존재는 언제나 조금 늦게 도착하며, 진짜의 순간은 언제나 '준비되지 않은 자리'에서 우리를 부른다.

우리는 '지금'이라고 부르는 순간에 살고 있다고 믿지만, 우리가 인식하는 모든 지금은 이미 조금 지난 것이다. 별빛은 수억 년 전 출발했고, 음악은 공기를 타고 시간차를 두고 귀에 도달하며, 내가 느끼는 감정은 이미 지나간 자극의 그림자다. 지금은 늘 연착된 과거이며, 동시에 아직 도달하지 않은 미래의 전조다. 시간은 직선으로 흐르지 않는다. 과거는 아직 도착하지 않은 형태로 현재에 묻혀 있고, 미래는 이미 현재 속에서 조용히 미뤄지고 있다. 시간은 서로를 지연시키며, 그 지연 속에서 비로소 어떤 존재가 모습을 드러낸다.

'연착 감수성'은 느긋하게 기다리는 미덕이 아니다. 그것은 삶을 바라보는 근본적인 태도이며, 시간에 대한 전복적 감각이다. 빠름을 기준으로 삼는 삶에서, 늦음을 견디는 것이 아니라 늦음을 이해하고 함께 호흡하는 일. 중요한 것은 얼마나 빨리 움직였느냐가 아니라, 얼마나 늦게 오는 것을 받아들일 수 있었는가다. 감정은 나중에 오고, 이해는 더 늦게 온다. 큰 그릇은 천천히 채워지며, 한 우물을 꾸준히 파는 자만이 마침내 큰 물을 만난다. 삶은 수많은 가능성을 가로지르되, 어느 순간엔 깊이 머무는 용기를 통해 비로소 자신만의 시간을 만들어낸다.

지연은 실패가 아니라 조건이다. 모든 도착은 지연 위에 세워져 있다. 그러나 중요한 것은 무엇이 언제 오느냐가 아니라, 도착하지 않은 시간 속에서 우리가 어떻게 머무느냐이다. 결국 '연착 감수성'이란, 모든 응답이 지연되고 모든 이해가 늦게 오는 이 세계에서 조급하지 않고, 불안하지 않으며, 지금 이 자리의 충만함 속에 머무는 법을 배우는 것이다. 타인에게도, 세계에게도, 그리고 스스로에게도 늦게 도착해도 괜찮은 존재가 되는 일. 모든 빠름을 의심하고, 모든 늦음을 견뎌내며, 마침내 그 늦음 속에서 도착하는 삶의 진실을 마주하는 일.

그리고 그 진실은 언제나 조금 늦게 도착한다. 지금 막, 여기에….

참고문헌(Bibliography & References)

이 책은 '연착(延着)'이라는 하나의 창을 통해 세계를 재해석하려는 시도이다. 이러한 사유의 여정은 수많은 선배 사상가, 과학자, 예술가들의 어깨 위에서 비로소 가능했다. 그들의 빛나는 통찰은 때로 직접적인 영감을, 때로는 비판적 성찰의 계기를 제공했다. 독자 여러분께서 이 책이 제시하는 '연착 감수성'의 지도를 따라 더 넓고 깊은 세계로 나아가시는 데 도움이 되길 바라며, 이 책의 사상적 뿌리가 된 문헌들을 소개한다.

1부 & 2부: 지연의 끝에서 존재는 도약한다 / 존재의 늦은 도착
시간, 현전, 인식에 관한 철학적-과학적 기초

이 책의 철학적 토대를 이루는 시간과 존재, 인식의 문제를 다루는 고전과 현대의 주요 저작들이다. '지금'이라는 순간의 허구성과 모든 현상이 지연된 채 우리에게 나타나는 구조를 밝힌 저작 중심이다.

- Husserl, Edmund. 『내적 시간의식의 현상학』 (Vorlesungen zur Phänomenologie des inneren Zeitbewusstseins).
  - 인간 의식이 어떻게 시간을 구성하는지에 대한 가장 근원적인 탐구. 후설은 의식이 과거를 붙잡는 '파지(Retention)'와 미래를 예기하는 '예지(Protention)'를 통해 찰나의 '지금'을 구성한다고 보았다. 이는 이 책의 '인식은 항상 조금 늦은 구조'라는 주장의 핵심 이론적 배경이 된다.

- Heidegger, Martin. 『존재와 시간』 (Sein und Zeit).
  - 존재는 결코 눈앞에 고정된 사물처럼 '현전(present-at-hand)'하지 않는다고 주장한다. 하이데거의 '현존재(Dasein)'는 과거로부터 자신을 기투(project)하며 미래를 향해 달려가는 시간적 존재이다. 그의 사상은 '존재는 항상 지연된 채 나타난다'는 이 책의 중심 명제에 직접적인 영향을 주었다.

- Bergson, Henri. 『물질과 기억』 (Matière et Mémoire), 『창조적 진화』 (L'Évolution créatrice).
  - 시계가 측정하는 물리적, 공간적 시간과 의식이 체험하는 내적 시간, 즉 '지속(Durée)'을 엄격히 구분했다. 베르그송에게 시간은 과거가 소멸하는 것이 아니라 현재 속에 끊임없이 누적되고 압축되는 과정이다. '시간은 흐름이 아니라 누적'이라는 관점은 그의 철학에 빚지고 있다.

- Derrida, Jacques. 『목소리와 현상』 (La Voix et le Phénomène), 『그라마톨로지에 대하여』 (De la grammatologie).
  - 데리다는 '차연(différance)'이라는 개념을 통해 의미 생성이 공간적-시간적으로

끊임없이 지연되는 과정임을 밝혔다. '지금 여기'에 온전히 현전하는 것은 없다는 그의 해체주의적 통찰은 '실시간은 착각이다'라는 주장을 뒷받침하는 강력한 철학적 무기가 된다.

- Merleau-Ponty, Maurice. 『지각의 현상학』 (Phénoménologie de la Perception).
  - 인식 주체와 세계가 분리될 수 없으며, '몸'을 통해 세계를 지각하는 과정 자체가 시간성을 내포한다고 보았다. 우리의 감각이 세계의 정보를 비동기적으로 수용하고 뇌가 이를 종합하는 과정을 이해하는 데 중요한 관점을 제공한다. '벼락은 번개보다 늦게 들린다'는 장의 철학적 심화 버전이라 할 수 있다.

- Rovelli, Carlo. 『시간의 질서』 (The Order of Time).
  - 현대 물리학의 관점에서 우리가 경험하는 시간의 선형성, 단일성, 현재성이 사실은 매우 제한된 관점의 산물임을 명쾌하게 설명한다. 우주적 차원에서 '지금'이라는 개념이 얼마나 허구적인지를 보여주며, '실시간이라는 착각'이라는 프롤로그의 문제의식을 과학적으로 뒷받침한다.

- Bohr, Niels. "On the Constitution of Atoms and Molecules." Philosophical Magazine, 26 (1913).
  - 전자가 에너지를 흡수하거나 방출할 때 연속적인 궤도가 아닌 불연속적인 '양자 도약(Quantum Leap)'을 한다는 혁명적인 개념을 제시한 논문. '지연의 끝'에서 일어나는 불연속적 도약이라는 이 책의 핵심 은유는 보어의 발견에서 비롯되었다.

3부 & 5부: 마음의 시차 / 고통과 포기의 심리
감정, 상처, 성장의 지연된 반응

감정의 발생과 해소, 심리적 고통의 의미, 그리고 성장이 왜 즉각적으로 일어나지 않는지에 대한 심리학적, 뇌과학적 통찰을 제공하는 문헌들이다.

- Kahneman, Daniel. 『생각에 관한 생각』 (Thinking, Fast and Slow).
  - 인간의 정신을 직관적이고 빠른 '시스템 1'과 이성적이고 느린 '시스템 2'로 구분한다. 화와 같은 즉각적인 감정 반응(시스템 1)과 용서나 성찰과 같은 지연된 감정 처리(시스템 2)의 메커니즘을 이해하는 데 결정적인 틀을 제공한다.

- Damasio, Antonio. 『데카르트의 오류』 (Descartes' Error: Emotion, Reason, and the Human Brain).
  - 감정이 이성적 판단에 필수적인 역할을 한다는 것을 뇌과학적으로 증명했다. 특히 감정이 신체적 반응과 인지적 해석 사이의 복잡한 상호작용을 통해 '천천히 따라온다'는 사실을 보여주어, 마음이 늦게 움직이는 이유를 설명하는 데 중요

한 근거가 된다.

- LeDoux, Joseph. 『불안』(Anxious: Using the Brain to Understand and Treat Fear and Anxiety).
  - 공포와 불안의 신경 회로를 연구하며, 편도체를 통한 즉각적인 생존 반응과 전두엽을 통한 느리고 의식적인 감정 평가 과정이 분리되어 있음을 밝혔다. 위협에 대한 몸의 즉각적 반응과 감정의 '소화' 과정 사이에 시차가 발생하는 이유를 설명한다.

- Selye, Hans. 『삶의 스트레스』(The Stress of Life).
  - 스트레스에 대한 신체의 반응이 '경고-저항-소진'의 단계를 거친다는 '일반 적응 증후군(GAS)'을 제시했다. 스트레스라는 자극이 발생한 후 우리 몸과 마음이 이를 처리하고 회복하는 데 시간이 걸리는 '지연된 과정'임을 보여준다.

- Kübler-Ross, Elisabeth. 『인생 수업』(On Death and Dying).
  - 죽음이나 상실을 받아들이는 5단계(부정-분노-타협-우울-수용) 모델을 통해, 실연이나 이별과 같은 큰 상실을 겪은 후 감정이 시간차를 두고 단계적으로 처리되는 과정을 설명한다. '실연은 끝나고 나서 아프다'는 현상의 심층적인 이해를 돕는다.

- Dweck, Carol S. 『마인드셋』(Mindset: The New Psychology of Success).
  - 능력은 고정된 것이 아니라 노력에 따라 성장할 수 있다는 '성장 마인드셋'을 강조한다. 이는 '고통은 진짜 실패일까, 그냥 지연일까'라는 질문에 대한 답을 제공하며, 결과가 지연되더라도 과정을 견디는 힘의 중요성을 역설한다.

4부 & 6부: 연착 감수성의 확장 / 학습과 체화의 지연
교육, 예술, 성공, 학습의 숙성 과정

지식과 기술이 내면화되고, 창의성이 발현되며, 사회적 성공이 이루어지기까지 필요한 '숙성의 시간'을 다각적으로 조명하는 문헌들이다.

- Polanyi, Michael. 『암묵적 차원』(The Tacit Dimension).
  - "우리는 말할 수 있는 것보다 더 많이 알 수 있다"는 명제로 유명하며, 언어나 공식으로 표현할 수 없는 '암묵지(Tacit Knowledge)'의 중요성을 강조했다. 지식이 체화되어 '바로 쓰지 못하는' 이유는 명시적 지식이 암묵적 지식으로 전환되는 데 시간이 걸리기 때문임을 설명한다.

- Ericsson, Anders & Pool, Robert. 『1만 시간의 재발견』(Peak: Secrets from the New Science of Expertise).

- 전문성이란 단순한 시간의 투입이 아니라, 피드백과 교정을 동반한 '의식적인 연습(deliberate practice)'의 누적된 결과임을 보여준다. '어느 날 갑자기 스타가 되다' 현상 이면에 숨겨진 보이지 않는 노력의 '연착된' 발현 과정을 과학적으로 증명한다.

- Gladwell, Malcolm. 『아웃라이어』 (Outliers: The Story of Success).
  - 성공은 개인의 재능뿐만 아니라, 그가 속한 문화적 배경, 기회, 그리고 누적된 노력의 시간(1만 시간 법칙)이 결합된 결과임을 주장한다. 성공이 '지연된' 형태로 나타나는 사회적, 환경적 요인을 분석한다.

- Csikszentmihalyi, Mihaly. 『몰입』 (Flow: The Psychology of Optimal Experience).
  - 창의성과 최상의 퍼포먼스가 발현되는 '몰입'의 상태를 탐구한다. 이는 '예술의 연착'에서 영감이 무의식 속에서 숙성된 후 어느 순간 의식으로 떠오르는 과정을 심리학적으로 설명하는 데 도움을 준다.

- Vygotsky, Lev. 『사고와 언어』 (Thought and Language).
  - 아동의 학습과 발달이 사회적 상호작용을 통해 내면화되는 과정을 설명하며 '근접 발달 영역(ZPD)' 개념을 제시했다. 교육의 효과가 즉시 나타나지 않고, 학생의 내면에서 숙성되고 체화되는 '지연된 과정'임을 이해하는 데 필수적인 고전이다.

- Schoenfeld, Alan H. "Mathematical Problem Solving." (1985).
  - 수학 문제 해결 능력이 단순히 지식을 암기하는 것이 아니라, 수많은 시행착오와 성찰을 통해 '메타인지' 전략이 발달하는 과정임을 보여준다. '오늘 공부한 건 다음 달에 나온다'는 학습의 지연 효과를 인지과학적으로 설명한다.

7부 & 8부: 몸과 감각의 연착 / 느리게 흐르는 사회
스포츠, 정치, 사회 시스템의 시간차

인간의 신체 반응부터 거대한 사회 시스템의 변화에 이르기까지, 다양한 영역에 내재된 반응과 결과 사이의 시간차를 분석한 문헌들이다.

- Libet, Benjamin et al. "Time of conscious intention to act in relation to onset of cerebral activity (readiness-potential)." Brain, 106(3) (1983).
  - 우리가 어떤 행동을 하겠다고 '의식적으로' 결심하기 약 0.5초 전에 뇌가 이미 그 활동을 준비하기 시작한다는 것을 보여준 충격적인 연구. '공은 떠났고, 몸은 아직 반응하지 않았다'는 장에서 다루는 의식과 신체 반응의 시차에 대한 결정적인 뇌과학적 증거이다.

- Sterman, John D. "System Dynamics Modeling: Tools for Learning in a Complex World." California Management Review, 43(4) (2001).
  - 시스템 다이내믹스 이론을 통해, 시스템 내의 피드백 루프와 시간 지연(time delay)이 어떻게 '유령 정체'나 경제 위기와 같이 예상치 못한 결과를 낳는지를 설명한다. 원인은 이미 사라졌는데 결과만 남는 시스템의 '연착' 현상을 분석하는 핵심적인 방법론을 제공한다.
- Pierson, Paul. "Increasing Returns, Path Dependence, and the Study of Politics." American Political Science Review, 94(2) (2000).
  - 정치나 제도 변화가 왜 어려운지를 '경로 의존성(path dependence)' 개념으로 설명한다. 한번 특정 경로에 들어서면 시스템의 관성 때문에 변화가 매우 느리고 지연될 수밖에 없음을 보여주며, '정치는 항상 한 박자 늦다'는 명제를 이론적으로 뒷받침한다.
- Sunstein, Cass R. 『넛지』 (Nudge: Improving Decisions About Health, Wealth, and Happiness) (with Richard H. Thaler).
  - 인간의 비합리적 선택을 부드럽게 유도하는 '넛지'의 중요성을 설명한다. 이는 사회적 합의나 변화가 논리적 설득만으로 즉각 이루어지지 않고, 사람들의 인식이 천천히 바뀔 때까지 '지연된' 개입이 필요함을 시사한다.
- Ichimoku Kinko Hyo (일목균형표) 관련 저작들.
  - 주식 시장의 기술적 분석 지표인 일목균형표는 현재의 주가를 과거의 데이터(후행스팬)와 비교하고, 과거의 데이터를 미래로 투사(선행스팬)하여 현재의 의미를 입체적으로 분석한다. 이는 '정보의 시간차'를 하나의 차트 안에서 시각적으로 이해하려는 독창적인 시도이다.

9부 & 10부: 자본주의와 기술의 딜레이 / 기술의 연착
속도, 경제, 디지털 시대의 시간차와 착취

'실시간'과 '즉시성'을 강요하는 현대 자본주의와 기술 문명의 이면에 숨겨진 다양한 형태의 지연과 그 정치경제학적 함의를 탐구한 문헌들이다.

- Virilio, Paul. 『속도와 정치』 (Vitesse et Politique).
  - 속도(dromology)가 권력의 본질이며, 현대 기술이 시간을 압축하고 거리를 소멸시키면서 새로운 형태의 통제와 재앙을 낳는다고 주장했다. '속도는 권력이다'라는 명제와 '딜레이를 견디지 못하는 문명'에 대한 비판적 성찰은 비릴리오의 사상에 크게 의존한다.
- Castells, Manuel. 『네트워크 사회의 도래』 (The Rise of the Network Society).

- 정보 기술 혁명이 만들어낸 '영원의 시간(timeless time)' 개념을 통해, 네트워크 속에서 시간의 선형적 순서가 파괴되고 모든 것이 즉각적으로 처리되는 것처럼 보이는 현상을 분석한다. '실시간은 착각이다'라는 주장을 사회학적으로 심화시킨다.

- Baudrillard, Jean. 『시뮬라시옹』 (Simulacres et Simulation).

  - 현대 사회가 실재보다 더 실재 같은 복제, 즉 '시뮬라크르'에 의해 지배된다고 주장했다. AI가 과거 데이터로 미래를 '흉내 내는' 현상이나, SNS 속에서 즉각적으로 반응하고 판단하는 모습은 실재가 지연되고 시뮬라크르가 앞서는 보드리야르적 상황으로 해석될 수 있다.

- Zuboff, Shoshana. 『감시 자본주의의 시대』 (The Age of Surveillance Capitalism).

  - 거대 기술 기업들이 우리의 행동 데이터를 수집하여 미래 행동을 예측하고 판매하는 새로운 자본주의 형태를 고발한다. 이는 AI의 예측이 어떻게 '지연된' 데이터를 기반으로 하며, 그 예측과 실제 사이의 간극에서 어떻게 이윤이 창출되는지를 보여준다.

- Lewis, Michael. 『플래시 보이스』 (Flash Boys: A Wall Street Revolt).

  - 초단타매매(HFT)를 통해 마이크로초 단위의 시간차를 이용해 막대한 이익을 얻는 월스트리트의 현실을 폭로한다. 데이터 전송의 물리적 지연(latency)이 어떻게 자본주의 시스템 속에서 상품화되고 구조적 착취로 이어지는지를 생생하게 보여주는 사례이다.

11부 & 12부: 자연과 우주의 시간 / 기다림의 철학
인간의 조급함을 넘어서는 거대한 시간과 지혜

인간의 시간을 넘어선 자연과 우주의 장구한 '연착'을 통해, 기다림의 의미를 성찰하고 '느림의 미학'을 발견하게 하는 문헌들이다.

- Sagan, Carl. 『코스모스』 (Cosmos).

  - 우주의 나이(138억 년)를 1년으로 압축한 '우주 달력'을 통해 인류의 역사가 얼마나 찰나에 불과한지를 보여준다. '우주는 느리고, 인간은 참지 못한다'는 자각을 통해 우리를 겸손하게 만들고, 기다림의 지혜를 가르쳐주는 최고의 교과서이다.

- McPhee, John. 『시간의 분지』 (Basin and Range).

  - 지질학의 세계를 통해 수억 년에 걸쳐 지층이 쌓이고 산이 깎이는 '심원한 시간(Deep Time)'의 개념을 대중에게 소개했다. '지층은 시간을 덮는다'거나 '산은 무너지지 않는다'는 장의 내용은 그의 작업에 깊은 영감을 받았다.

- Haskell, David George. 『나무의 노래』 (The Songs of Trees: Stories from Nature's Great Connectors).
  - 한 그루의 나무를 중심으로 그 주변에서 벌어지는 느리고 복잡한 생태계의 연결망을 섬세하게 묘사한다. '식물은 자라지 않는 것처럼 자란다'는 자연의 지연된 성장을 아름답게 보여준다.
- Fromm, Erich. 『소유냐 존재냐』 (To Have or to Be?).
  - 즉각적인 '소유'에 집착하는 현대인의 삶의 방식을 비판하고, 과정 자체를 즐기는 '존재'의 양식을 대안으로 제시한다. '지금의 함정에서 벗어나기' 위한 철학적 기반을 제공하며, 기다림을 '과정'으로 이해하는 삶의 태도를 역설한다.
- Handke, Peter. 『느린 귀향』 (Langsame Heimkehr).
  - 속도와 효율을 강요하는 세계에서 벗어나, 느리게 걷고 관찰하며 자신의 내면으로 돌아가는 과정을 그린 문학 작품. '느림의 미학'과 '연착하는 삶의 지혜'를 문학적으로 형상화했다.

13부 & 14부: 연착 감수성과 존재론적 삶 / 딜레이를 감내하는 지혜
기다림의 실천과 영적 차원

'연착'의 개념을 삶의 궁극적인 문제인 죽음과 구원, 그리고 일상 속 수행의 차원으로 확장하여, 기다림의 기술과 정신적 평화에 대한 통찰을 주는 문헌들이다.

- Benjamin, Walter. 『역사철학테제』 (Über den Begriff der Geschichte).
  - 선형적 진보의 시간을 거부하고, 언제든 도래할 수 있는 혁명의 순간, 즉 '메시아적 시간'을 이야기했다. 그의 사상은 '도래하지 않는 메시아'와 종말의 지연 속에서 '지금'이라는 찰나를 어떻게 살아야 하는지에 대한 깊은 성찰을 제공한다.
- Lévinas, Emmanuel. 『시간과 타자』 (Le Temps et l'Autre).
  - 시간의 진정한 의미가 고독한 주체의 내면이 아니라, 예측할 수 없이 다가오는 '타자'와의 만남에 있다고 보았다. 미래란 우리가 계획하고 통제하는 것이 아니라, 언제 올지 모르는 채로 '기다려야' 하는 것임을 강조하며 기다림에 윤리적, 존재론적 깊이를 부여한다.
- 『바가바드 기타』 (Bhagavad Gita).
  - 힌두교의 핵심 경전 중 하나로, 행위의 '결과'에 대한 집착을 버리고 행위 자체에 헌신할 것을 가르친다. 이는 '인과와 보상의 시차'를 받아들이고, 딜레이를 견디는 힘의 근원이 어디에 있는지를 보여주는 동양적 지혜의 정수이다.
- 스즈키, D. T. (Suzuki, D. T.). 『선(禪)과 일본문화』 (Zen and Japanese Culture).

- 불교의 '무심(無心)' 사상을 서구에 소개한 대표적 저작. '응답하지 않음이 응답이 되는 자리'라는 개념은, 즉각적인 답이나 결과를 갈망하는 마음을 내려놓을 때 비로소 더 깊은 차원의 깨달음이 온다는 역설적 지혜를 담고 있다.

• Frankl, Viktor. 『죽음의 수용소에서』 (Man's Search for Meaning).
- 극한의 고통 속에서도 삶의 '의미'를 찾는 것이 인간을 어떻게 초월적 존재로 만드는지를 증언한다. 구원이 지연되는 절망적 상황 속에서도 '기다림'이 어떻게 희망의 근거가 될 수 있는지를 보여주는 실존적 기록이다.

• Taleb, Nassim Nicholas. 『안티프래질』 (Antifragile: Things That Gain from Disorder).
- 불확실성과 예측 불가능한 충격(블랙 스완) 속에서 오히려 더 강해지는 시스템의 속성을 '안티프래질'이라 명명했다. 이는 딜레이와 불확실성을 단순히 견디는 것을 넘어, 그것을 성장의 기회로 삼는 '연착 감수성'의 궁극적인 경지를 설명하는 데 유용한 개념이다.

저자 소개

헐화 윤용진(歇和 尹容振)은 대한민국을 기반으로 활동하는 선불교 영화감독이자 철학자, 작가이다. 그는 선(禪), 윤리, 인공지능의 접점을 탐구하는 플랫폼인 '가상사 연구소(Kasangsa Institute)'의 설립자이다. 그는 한국에서 환경공학을 전공한 뒤, 일본에서 그래픽 디자인을 공부하였다. 상업 광고(C.F.) 감독으로 활동하던 중 마흔 무렵 겪은 공황장애를 계기로 선불교 수행의 길에 들어섰고, 이후 20여 년간 선불교의 경전과 철학에 깊이 몰입하며 이를 영화와 저술, 공적인 사유의 언어로 통합해 왔다.

그의 작품 - 극영화『그 사람, 경허선사』, 『할(喝)』, 『Zen Buddhism: The Gateless Gate』, 그리고 다큐멘터리 영화『칼 융이 보내온 편지』 - 는 세계 유수의 국제 영화제에서 수상하며 영적 통찰과 철학적 깊이를 영상 언어로 구현한 독창성을 인정받았다.

저술가로서 그는 심리적 위기를 선불교적 관점에서 되짚은『공황장애는 가짜다』, 고전 선문답을 현대적으로 재해석한『세상 벽암록』을 출간했다. 또한 최근 호주에서 출판 예정인『선악의 해체』는 도덕 이분법을 해체하고, 판단 없는 자각과 관계적 감응을 통해 윤리를 재구성하는 급진적 철학의 비전을 제시한다. 그는 한국어와 영어로 글을 쓰고 번역하며, 창작과 사유를 통해 동서 철학의 가교 역할을 지속하고 있다.

❖『할(喝, haːl)』공식 초청 상영 이력
감독: 윤용진(Hulwha Yoon Yong Jin / 歇和 尹容振)
제작년도: 2012년
장르: 철학 다큐멘터리(선불교)
주제: 언어의 해체, 선불교 공안, '할(喝)'의 수행적 의미

- 주요 초청 상영
  1. The 26th World Fellowship of Buddhists (WFB) Conference
     장소: 여수, 대한민국
     일시: 2012년 6월
     주최: 세계불교도우의회(World Fellowship of Buddhists, WFB)
     비고: 세계 40여 개국 불교 대표단이 참가한 국제 회의에서, 선불교 수행 정신을 시청각적으로 형상화한 작품으로 공식 초청 상영됨.
  2. The Inner Path - A Festival of Buddhist Films, Exhibition, Philosophy, Performances

장소: ICCR, Azad Bhavan, Indraprastha Estate, New Delhi, India
일시: 2012년 4월 27일
주최:
  · NETPAC India
  · Devki Foundation
  · Indian Council for Cultural Relations (ICCR)
개막식 참석: 인도 문화부 장관 쿠마리 셀자(Hon'ble Kumari Selja, Union Minister of Culture)
비고: 불립문자(不立文字), 언어도단(言語道斷), 일갈(一喝)로 상징되는 선불교 수행의 핵심을 영상미학으로 풀어낸 수작으로 주목받음.

❖ 『선종 무문관』
영문 제목: Zen Buddhism: The Gateless Gate
감독: 윤용진(Hulwha Yoon Yong Jin / 歇和 尹容振)
제작 및 개봉: 2018년
장르: 철학 다큐멘터리 / 선불교
주제: 『무문관(無門關)』을 중심으로 한 선종(禪宗) 공안의 구조와 수행적 의미를 현대적 영상 언어로 재해석한 작품

• 수상 및 초청 이력
  1. 제52회 WorldFest-Houston International Film Festival
    장소: 휴스턴, 미국
    일시: 2019년 4월
    수상 부문: 종교 · 윤리 · 영성 부문 Gold Remi Award
    비고: 선불교의 수행 언어와 깨달음의 구조를 국제적 시청각 문법으로 해석한 수작으로, 해당 부문 최고상 수상
  2. 제25회 불교언론문화상
    주최: 대한불교조계종 및 불교언론기관협의회
    수상 연도: 2017년
    수상 부문: 특별상
    비고: 불교 철학과 교리를 대중적으로 전달하고, 수행 정신을 영상 언어로 승화시킨 공로로 수상

❖ 『칼 융이 보내온 편지』
영문 제목: A Letter from Carl Jung
감독: 윤용진(Hulwha Yoon Yong Jin / 歊和 尹容振)
제작 및 개봉: 2022년
장르: 철학 다큐멘터리 / 분석심리학·종교·무의식
주제: 칼 융(Carl Jung)의 분석심리학을 중심으로, 불교·무속·상징과 자아의 치유 여정을 성찰하는 명상적 다큐멘터리

- 수상 및 공식 선정 이력
    1. 제12회 마드리드 국제영화제(Madrid International Film Festival)
    장소: 마드리드, 스페인
    일시: 2022년
    수상 부문: 다큐멘터리 부문 대상(Best Documentary Feature)
    비고: 서양의 심리학과 동양의 영성 철학을 연결하는 깊이 있는 서사와 영상 언어로 높은 평가를 받아 수상
    2. 제6회 토론토 국제 놀리우드 영화제(Toronto International Nollywood Film Festival)
    장소: 토론토, 캐나다
    일시: 2022년
    수상 부문: 다큐멘터리 부문 대상(Best Documentary Feature)
    비고: 융 심리학과 동양 종교사상의 융합을 통해, 상징·신화·자기의 통합을 영상적으로 탐색한 작품으로 주목받음
    3. 제15회 필라델피아 독립영화제(Philadelphia Independent Film Festival)
    장소: 필라델피아, 미국
    일시: 2022년
    선정 부문: 다큐멘터리 경쟁 부문 공식 선정
    비고: 예술성과 철학적 깊이를 갖춘 국제 다큐멘터리 부문 공식 초청작으로 상영

❖ 『그 사람, 경허선사』
영문 제목: The Man, Kyung Heo
각본·감독: 윤용진(Hulwha Yoon Yong Jin / 歊和 尹容振)
제작 및 개봉: 2024년

장르: 역사극 / 선불교

주제: 한국 선불교의 거장 경허선사의 생애와 깨달음을 철학적 미학으로 그려낸 영화. 교리와 언어를 초월해 침묵 속에 머문 선사의 길을, 시적인 대화와 수행적 영상미로 담아낸 작품.

- 수상 및 공식 선정 이력
    1. 제58회 월드페스트-휴스턴 국제영화제(WorldFest-Houston International Film Festival)
    장소: 미국 휴스턴
    일시: 2025년 4월
    수상 부문: 역사극 부문 은상(Silver Remi Award-Historical Drama Category)
    비고: 경허선사의 깨달음을 시적 영상언어로 형상화한 작품으로, 동서양의 영성 담론을 영화적으로 연결한 점에서 높은 평가를 받음.
    2. 제78회 살레르노 국제영화제(FESTIVAL INTERNAZIONALE DEL CINEMA DI SALERNO)
    장소: 이탈리아 살레르노
    일시: 2024년 11월
    선정 부문: 공식 상영작(Official Selection)
    비고: 내면의 전환과 선적 사유를 예술적으로 풀어낸 점에서 주목받음.
    3. 제27회 아르파 국제영화제(Arpa International Film Festival, Arpa IFF)
    장소: 미국 로스앤젤레스
    일시: 2024년 11월
    선정 부문: 공식 상영작(Official Selection)
    비고: 영성과 문화 간 대화를 이끄는 작품으로 선정됨

Author Biography of Hulwha Yoon Yong Jin(歇和 尹容振)

Hulwha Yoon Yong Jin (歇和 尹容振) is a Zen Buddhist filmmaker, philosopher, and author based in South Korea. He is the founder of the Kasangsa Institute, a platform dedicated to exploring the intersection of Seon (Zen), ethics, and artificial intelligence.

He studied environmental engineering in South Korea and later pursued graphic design studies in Japan. After working as a commercial film (C.F.) director, he experienced a life-changing episode of panic disorder in his forties, which led him to the path of Zen Buddhism. Over the past two decades, he has immersed himself in Seon texts and philosophy, integrating them into film, writing, and public discourse.

His films—including the feature 'The Man_Kyung Heo', 'Katsu (喝)', 'Zen Buddhism: The Gateless Gate' and the documentary 'A Letter from Carl Jung'—have received numerous awards at major international film festivals. His work is recognized for its distinctive use of cinematic language to embody spiritual insight and philosophical depth.

As an author, he has published Panic Disorder Is a Lie, a Zen-based reflection on psychological crisis, and The Secular Blue Cliff Record, a contemporary reinterpretation of classic Zen koans. His latest work, The Deconstruction of Good and Evil, presents a radical philosophical vision that dismantles the dualism of morality and reimagines ethics through the lens of non-judgmental awareness and relational resonance.

He writes and translates in both Korean and English, and continues to bridge Eastern and Western thought through his creative and philosophical practice.

Filmography & Awards of Hulwha Yoon Yong Jin(歇和 尹容振)

❖ ha:l (喝) – Official Screening History
Written and Directed by: Hulwha Yoon Yong Jin (歇和 尹容振)
Year of Production: 2012

Genre: Philosophical Documentary / Zen Buddhism

Theme: The deconstruction of language through Zen koans; the performative power of "Katsu (喝)" as a spiritual breakthrough

- Official Invitations & Screenings
    1. The 26th World Fellowship of Buddhists (WFB) Conference
    Venue: Yeosu, South Korea
    Date: June 2012
    Organizer: World Fellowship of Buddhists (WFB)
    Note: Officially invited as a featured film during the global Buddhist assembly attended by delegates from over 40 countries.
    The film was acclaimed for its cinematic embodiment of Zen awakening and the spiritual force of non-verbal realization.
    2. The Inner Path – A Festival of Buddhist Films, Exhibition, Philosophy, Performances
    Venue: ICCR, Azad Bhavan, Indraprastha Estate, New Delhi, India
    Date: April 27, 2012
    Organized by:
    o NETPAC India
    o Devki Foundation
    o Indian Council for Cultural Relations (ICCR)
    Inaugurated by: Hon'ble Kumari Selja, Union Minister of Culture (India)
    Note: Selected as an official opening film. Praised for translating the Zen principle of Katsu (喝) into a powerful visual expression that transcends conceptual thought, drawing upon classic koans from the Blue Cliff Record and Gateless Gate.

❖ Zen Buddhism: The Gateless Gate
Written and Directed by: Hulwha Yoon Yong Jin (歙和 尹容振)
Year of Production & Release: 2018
Genre: Philosophical Documentary / Zen Buddhism
Theme: A cinematic interpretation of The Gateless Gate (Mumonkan), focusing on the structure of Zen koans and their experiential meaning in meditative practice

- Awards & Official Screenings
    1. The 52nd WorldFest-Houston International Film Festival
        Venue: Houston, Texas, USA
        Date: April 2019
        Award: Gold Remi Award – Religion, Ethics & Spirituality category
        Note: Honored with the highest award in its category for its innovative translation of Zen Buddhist philosophy into a universal visual language. The film explores the performative and paradoxical nature of awakening through classic koans.
    2. The 25th Buddhist Media Cultural Awards
        Organizer: Jogye Order of Korean Buddhism & Buddhist Media Association
        Date: 2017
        Award: Special Jury Prize
        Note: Recognized for its outstanding contribution to the public understanding of Buddhist philosophy and for elevating Zen teachings through the cinematic medium.

❖ A Letter from Carl Jung
Written and Directed by: Hulwha Yoon Yong Jin (歇和 尹容振)
Year of Production & Release: 2022
Genre: Philosophical Documentary / Depth Psychology & Spirituality
Theme: A contemplative journey through Carl Jung's analytical psychology, exploring its intersections with Buddhism, shamanism, and the symbolic language of the unconscious

- Awards & Official Selections
    1. 12th Madrid International Film Festival
        Venue: Madrid, Spain
        Date: 2022
        Award: Best Documentary Feature
        Note: Received the Grand Prize in the documentary category for its profound philosophical narrative and visual interpretation of Jungian thought in relation to Eastern spirituality.
    2. 6th Toronto International Nollywood Film Festival (TINFF)
        Venue: Toronto, Canada

Date: 2022

   Award: Best Documentary Feature

   Note: Honored for its innovative fusion of Western depth psychology and Eastern religious philosophy, offering a meditative reflection on self, myth, and healing.

3. 15th Philadelphia Independent Film Festival

   Venue: Philadelphia, USA

   Date: 2022

   Official Selection – Documentary Competition

   Note: Selected as an official entry in the international documentary section for its artistic depth and philosophical resonance.

❖ The Man_Kyung Heo

Written and Directed by: Hulwha Yoon Yong Jin (歇和 尹容振)

Year of Production & Release: 2024

Genre: Historical Drama / Zen Buddhism

Theme: A philosophical portrayal of the life and awakening of Venerable Kyung Heo, a pivotal figure in Korean Seon (Zen) Buddhism. Through poetic dialogues and meditative visuals, the film explores the inner struggle, realization, and silence of a master who transcended both doctrine and convention.

- Awards & Official Screenings

   1. The 58th WorldFest-Houston International Film Festival

      Venue: Houston, Texas, USA

      Date: April 2025

      Award: Silver Remi Award – Historical Drama Category

      Note: Recognized for its evocative rendering of a spiritual biography and its cinematic articulation of Zen awakening beyond words and forms.

   2. The 78th FESTIVAL INTERNAZIONALE DEL CINEMA DI SALERNO

      Venue: Salerno, Italy

      Date: November 2024

      Selection: Official Selection

      Note: Selected for its unique artistic depiction of inner transformation and cultural heritage.

3. The 27th Arpa International Film Festival (Arpa IFF)

    Venue: Los Angeles, California, USA

    Date: November 2024

    Selection: Official Selection

    Note: Celebrated for its contribution to spiritual cinema and intercultural dialogue.

모든 존재는 연착(延着)한다
– 도착하지 않은 시간 속에 머무는 법

초판 1쇄 인쇄 2025년 9월 11일
초판 1쇄 발행 2025년 9월 18일

지은이 윤용진
펴낸이 김재광
펴낸곳 솔과학
편 집 바다
영 업 최희선
디자인 본문·표지 장덕종
등 록 제10-140호 1997년 2월 22일
주 소 서울특별시 마포구 독막로 295번지 302호(염리동 삼부골든타워)
전 화 02)714-8655
팩 스 031)422-4656
E-mail solkwahak@hanmail.net

ISBN 979-11-7379-033-1 03300

ⓒ 솔과학, 2025
값 29,000원

이 책의 내용 전부 또는 일부를 이용하려면 반드시 저작권자와 도서출판 솔과학의 서면 동의를 받아야 합니다.